Realschule Bayern

Deutschbuch

Arbeitsheft 9

Lösungen

Cornelsen

Eine Bewerbung verfassen

Seite 4

1 a Markierungen:
Der Bürgermeister – Hauptstraße 60 – 82131 Gauting – 1. September 20.. – Verwaltungsfachangestellten – Bewerbung – gern digital – bis zum 1. März 20.. – Frau Weichlieb (d.weichlieb@beispiel.net, Tel.: 089 21586800)
b Anforderungen:
kontaktfreudig – können gut mit Menschen umgehen – teamfähig – zuverlässig – motiviert – engagiert – gute EDV-Kenntnisse – Mittlere Reife – Deutsch und Mathe – mit soliden Noten

2 a Ihr Ausbildungsplatzangebot im Tagesblatt vom 13.03.20.. hat mein Interesse geweckt A – wobei mich ... angesprochen haben N – Durch mein Profilfach BWR ... Engagement und Lernbereitschaft D – Über eine Einladung zu einem persönlichen Gespräch würde ich mich sehr freuen A
b Fehlende Bausteine in richtiger Reihenfolge:
1 Absender – 2 Empfänger – 3 Ort und Datum – 4 Betreffzeile – 5 Grußformel – 6 handschriftliche Unterschrift – 7 Hinweis auf Anlagen

Beispiellösung für eine vollständige Bewerbung:

Laura Meier
Arndtstraße 24
82131 Gauting
Tel.: 089 XXXXXX
E-Mail: l.meier@beispiel.de

Der Bürgermeister
Frau D. Weichlieb
Hauptstraße 60
82131 Gauting

Gauting, 15.03.20..

Bewerbung um eine Ausbildung zur Verwaltungsfachangestellten

Sehr geehrte Frau Weichlieb,

Ihr Ausbildungsplatzangebot im Tagesblatt vom 13.03.20.. hat mein Interesse geweckt, wobei mich das beschriebene Anforderungsspektrum und besonders die Aussicht auf den Kontakt mit den Bürgerinnen und Bürgern angesprochen haben. Aus diesem Grund bewerbe ich mich zum 1. September 20.. um den oben genannten Ausbildungsplatz in Ihrem Haus. Zurzeit besuche ich die Staatliche Realschule Gauting, die ich im Sommer mit dem Realschulabschluss beenden werde. Durch mein Profilfach BWR konnte ich bereits Einblicke in die kaufmännische und Verwaltungsarbeit gewinnen. Auch ein Praktikum in der Verwaltung einer Versicherung bestärkte mich in meinem Wunsch, den Beruf der Verwaltungsfachangestellten zu erlernen. Während meines Praktikums entdeckte ich zudem, dass mir der Umgang mit Kunden großen Spaß bereitet. In meiner Freizeit lese ich sehr gern, fahre Fahrrad und pflege die Homepage meines Tennisvereins. Dadurch bin ich sehr sicher im Umgang mit Software, Web-Anwendungen und dem PC ganz im Allgemeinen. Zuverlässigkeit, Pünktlichkeit und Kommunikationsfähigkeit zählen ebenso zu meinen Stärken wie Engagement und Lernbereitschaft.

Über eine Einladung zu einem persönlichen Gespräch würde ich mich sehr freuen.

Mit freundlichen Grüßen
Laura Meier

Anlagen
Lebenslauf
Zeugniskopien
Praktikumsbescheinigung

Angemessen formulieren

Seite 5

1
- mit **Praktika und Nebenjobs in den Ferien** sowie guten Noten habe ich **zielstrebig darauf hingearbeitet,** eine Ausbildung als ... zu absolvieren.
- schon immer **habe ich mich für dieses Gebiet begeistert,** nun möchte ich diesen Beruf ergreifen und in Ihrem Unternehmen die Ausbildung dazu absolvieren.
- Ihre **Stellenanzeige vom TT. MM. JJJJ** hat mich sofort angesprochen.
- Sie sind **eines der erfolgreichsten Unternehmen** Deutschlands und bilden **kontinuierlich Mitarbeiter** aus. Danach strebe ich ...

Seite 6

2 a Fehler in Oliver Kees' Bewerbungsschreiben:

Oliver Kees Bastianstraße 13 97228 Rottendorf [...]	V (Telefon und E-Mail-Adresse fehlen)
V 03. 05. 20..	V (Ort fehlt)
Sehr geehrte Damen und Herren,	J (Name des Empfängers ist bekannt → Sehr geehrter Herr Kopp,)
hiermit bewerbe ich mich bei ihnen um einen Ausbildungsplatz V in Ihrem Haus.	R (Pronomen der Höflichkeitsanrede werden großgeschrieben), V (fehlt: Ausbildung in welchem Beruf?)
Ihre Stellenanzeige habe ich im Internet V am 1. 5. V gefunden. V	V (genaue Angabe der Website wäre sinnvoll) V (01. 05. 20..) A („gefunden" hört sich nach Zufall an → gelesen) V (An dieser Stelle könnte Oliver noch deutlicher sein Interesse bekunden, z. B.: „Ihr Angebot einer fundierten kaufmännischen Ausbildung in einer zukunftsorientierten Branche interessiert mich sehr.")
Ich besuche [...]. Ich mag [...]. Ich interessiere mich [...].	W (Wiederholung, Sätze möglichst nicht zu häufig mit „Ich" beginnen)
Realschule Rottendorf	V (fehlt: Angabe, wann die Schule mit welchem Abschluss verlassen wird)
Ich mag am liebsten Biologie und Sport.	J (nichts schreiben, das nichts mit dem Beruf zu tun hat oder womöglich dagegenspricht)
Meine Hobbys sind Spielekonsolen und mich mit Freunden treffen, weil ich gut mit Menschen reden kann. V	J (Hobbys, die nichts mit dem Beruf zu tun haben, nicht erwähnen) V (weitere Stärken fehlen, z. B. Zuverlässigkeit, Lernbereitschaft, Aufgeschlossenheit)
Dass hat mein Wunsch bestärkt [...].	R (Demonstrativpronomen *das*, kann durch *dieses* ersetzt werden) Gr (meinen Wunsch – Akkusativ)
Es wäre toll, wenn sie ...	A (keine Umgangssprache verwenden), R (Pronomen der Höflichkeitsanrede großschreiben)
Mit freundlichen Grüßen,	Sz (kein Komma nach der Grußformel)
Anlagen	V (müssen aufgelistet werden, z. B. Lebenslauf, Zeugnisse, Praktikumsbescheinigungen)

b Beispiellösung:

Oliver Kees
Bastianstraße 13
97228 Rottendorf
Tel.: 0162 2081430
E-Mail: Oli.Kees@beispiel.de

Autohaus Kopp
Herrn Dieter Kopp
Bergstraße 34
97000 Würzburg

Rottendorf, 03. 05. 20..

Bewerbung um eine Ausbildung zum Automobilkaufmann

Sehr geehrter Herr Kopp,

hiermit bewerbe ich mich um einen Ausbildungsplatz zum Automobilkaufmann in Ihrem Haus. Ihre Stellenanzeige habe ich am 01. 05. 20.. im Internet auf der Website „Ausbildung im Kfz-Gewerbe" gelesen. Ihr Angebot einer fundierten kaufmännischen Ausbildung in einer zukunftsorientierten Branche interessiert mich sehr.
Derzeit besuche ich die Realschule Rottendorf, die ich im Sommer mit dem Realschulabschluss beenden werde. Meine Lieblingsfächer sind Physik, Mathematik und IT. Schon seit meiner Kindheit interessiere ich mich für Fahrzeuge, deren Technik und Design. Außerdem habe ich gerne mit anderen Menschen zu tun. Das hat meinen Wunsch bestärkt, gerade diesen Beruf zu erlernen. Erfahrungen im Umgang mit Kunden konnte ich bereits während eines Praktikums im

Einzelhandel (Firma Autotuning KG) sammeln. Dort konnte ich auch meine Stärken Zuverlässigkeit, Lernbereitschaft und Aufgeschlossenheit unter Beweis stellen. Meine Hobbys sind Fußball und Handball – Mannschaftssportarten, die die Teamfähigkeit fördern.

Ich würde mich sehr freuen, wenn Sie mich zu einem Bewerbungsgespräch einladen würden.

Mit freundlichen Grüßen
Oliver Kees

Anlagen
Lebenslauf
Zeugniskopien
Praktikumsbescheinigung

Der Lebenslauf

Seite 7

1 Lebenslauf mit Ergänzungen:

Lebenslauf

Persönliche Daten

Name:	Oliver Christoph Kees
Adresse:	Bastianstraße 13 97228 Rottendorf
Mobil:	0162 2081430
E-Mail:	Oli.Kees@beispiel.de
Geburtsdatum:	...
Geburtsort:	...

Schulische Ausbildung

201_–201_:	Hexenbruch-Grundschule Rottendorf
seit 201_:	Realschule Rottendorf
voraussichtlich 202_:	Realschulabschluss

Praktische Erfahrungen

06/201_:	Praktikum bei Firma Autotuning KG
seit 201_:	Reporter im Team der Schülerzeitung

Interessen und besondere Kenntnisse

Computerkenntnisse:	gute Kenntnisse in allen Office-Anwendungen
Sprachkenntnisse:	Englisch (gut in Wort und Schrift)
Persönliche Interessen:	Fußball, Handball, Fotografie

Rottendorf, den 03. Mai 202_
Oliver Kees

Schriftlich argumentieren – Informationsmaterial nutzen

Eine eingliedrige Erörterung mit Material schreiben

Sich dem Thema nähern

Seite 8

1 A Themabegriff: Einsatz für den Umweltschutz, Schlüsselbegriff: positive Auswirkungen
B Themabegriff: Luftverschmutzung, Schlüsselbegriff: Ursachen
C Themabegriff: Benutzung öffentlicher Verkehrsmittel in der Stadt, Schlüsselbegriff: Vorteile

2 Themabegriff: Energie sparen, Schlüsselbegriff: Möglichkeiten jeder/jedes Einzelnen
Themafrage: Wie kann jede/-r Einzelne Energie sparen?

Stoff sammeln und ordnen

Seite 9

1 Dafür braucht die/der Einzelne Energie: zum Heizen, zur Fortbewegung, für Haushaltsgeräte, zum Kommunizieren.

2 Hauptaussagen: *Im Jahr 2018 wurde die meiste Energie im Bereich Verkehr aufgewendet. Ein Fünftel der in Deutschland verbrauchten Energie wird in Haushalten und hier vor allem für die Wärmeerzeugung verbraucht.*

Seite 10

3 a + b Beispiellösung für die Vorstrukturierung (Behauptungen = doppelt unterstrichen, Begründungen = einfach unterstrichen, Beispiele = nicht unterstrichen; zur besseren Übersicht sind inhaltlich zueinanderpassende Teile von Argumentationen hier schon geordnet aufgelistet):
- Wärmedämmung: entweicht weniger Energie, Fenster und Türen abdichten, Haus dämmen
- Heizung modernisieren: geringerer Brennstoffverbrauch, Brennwerttherme, Pelletofen
- bewusster Umgang mit elektrischen und elektronischen Geräten: unnötigen Stromverbrauch vermeiden, schaltbare Steckdosenleiste, Ausschalten des Stand-by-Modus, keine unnötige Beleuchtung
- stromsparende Geräte: verringern Stromverbrauch, Energiesparlampen, effizienter Kühlschrank
- öffentliche Verkehrsmittel benutzen: weniger Kraftstoff, Schulbus statt „Taxi Mama", Urlaubsreise mit dem Zug
- unnötige Fahrten und Flüge vermeiden: es wird kein Benzin, Diesel, Kerosin verbraucht, zu Fuß oder mit dem Rad zum Training, Urlaub mit dem Rad oder zu Hause, Fahrgemeinschaften
- **ungeeignet:** Bau von Biogasanlagen, Stromimporte aus dem Ausland, Modernisierung energieintensiver Industrieanlagen, Nutzung von Wasserkraft

4 Der Text links passt zum Beispiel *Fenster und Türen abdichten.*
Der Text rechts passt zum Beispiel *effizienter Kühlschrank.*

Die Gliederung erstellen

Seite 11

1 a + b Beispiellösung für die **Gliederung** (Verbesserungen sind unterstrichen):

A) Der hohe Energieverbrauch belastet die Umwelt und die Finanzen jedes Privathaushalts.
B) Welche Maßnahmen jeder/jedes Einzelnen helfen beim Energiesparen?
1. Maßnahmen zur Wohnraumdämmung
2. Modernisierung des Heizsystems
3. Energieeffiziente Nutzung elektrischer und elektronischer Geräte
4. Verwendung stromsparender Elektrogeräte im Haushalt
5. Benutzung öffentlicher Verkehrsmittel
6. Vermeidung unnötiger Fahrten und Flüge

C) Energiesparmaßnahmen haben finanzielle Vorteile und helfen, die Umwelt zu schonen.

Die Einleitung verfassen

Seite 12

1 A allgemeine Feststellung – B persönlicher Bezug – C aktuelles Ereignis

2 Mögliche Lösung:
(Einleitungsgedanke, persönlicher Bezug:) Meine Eltern haben sich, nachdem unser alter Kühlschrank entsorgt werden musste, für eine Kühl-/Gefrierkombination der Energieeffizienzklasse A+++ entschieden.
(Überleitung:) Auch die Verbraucherzentrale Bayern empfiehlt: „Kühlschränke und Kühl- und Gefrierkombinationen [...] laufen das ganze Jahr durch und verbrauchen etwa 10 Prozent des Haushaltsstroms. Deshalb ist es besonders wichtig, schon beim Kauf auf die Stromkosten zu achten" (M2, Z. 1–5).
(Themafrage:) Darüber hinaus gibt es zahlreiche weitere Möglichkeiten, wie jede/-r Einzelne Energie einsparen kann.

3 Fehler: Überleitungssatz („Da sollte [...] duschen muss") passt nicht zur Themafrage und zum Einleitungssatz, ist ein Beispiel. – „Welche weiteren [....]?": Wassersparen = falsches Thema – Einleitung ist insgesamt sehr kurz.
Möglicher ausformulierter Einleitungssatz:
Der moderne Mensch braucht nicht nur Energie in Form von Nahrung, sondern er benötigt sehr viel davon, um sich zu wärmen, seine Umgebung zu beleuchten, seine Geräte zu betreiben und mobil zu sein. Da allerdings die Folgen des Energieverbrauchs das Klima und die Umwelt des Menschen schädigen und die Kosten dafür die Privathaushalte stark belasten, sollte jede/-r Einzelne überlegen, wie sie/er Energie sparen kann.

Argumentationen ausarbeiten

Seite 13

1 + 2 Die drei **Argumentationen** (in Klammern steht der jeweilige Gliederungspunkt):

(1) Zunächst einmal sind, wenn es um das Einsparen von Heizenergie geht, alle Maßnahmen zur Wohnraumdämmung besonders effektiv. Denn eine sorgfältige Abdichtung verhindert, dass Wärme aus dem Inneren der Wohnung oder des Hauses nach außen entweichen kann. Ein einfaches und kostengünstiges Mittel zur Wärmedämmung ist beispielsweise das Ersetzen von alten Dichtungsprofilen an Türen und Fenstern. Damit kann der Verlust und also auch der Verbrauch von Energie in Form von Wärme merklich reduziert werden.
(3) Außerdem hat jede/-r Einzelne durch den bewussten und energieeffizienten Umgang mit elektrischen und elektronischen Geräten im eigenen Haushalt eine Vielzahl von Möglichkeiten, seinen Energieverbrauch zu senken. Da für solche Geräte sehr viel Strom benötigt wird, sollte man öfter darüber nachdenken, ob ihr Gebrauch wirklich notwendig ist. Zum Beispiel kann man eine Zitrone auch mit der Handpresse entsaften. Zudem lohnt es sich, geeignete Hilfsmittel zum Stromsparen einzusetzen. Diesem Zweck dienen etwa schaltbare Steckdosenleisten, mit denen man mehrere Geräte wie Fernseher, Receiver und DVD-Player gleichzeitig vom Netz nehmen kann. Auf diese Weise vermeidet man, dass die Geräte im Stand-by-Modus unnötig Strom verbrauchen. Dies alles zeigt, dass man durch den sorgsamen Umgang mit Geräten im eigenen Haushalt den unnötigen Verbrauch elektrischer Energie vermeiden kann.
(5) Schließlich lässt sich der Energieverbrauch der/des Einzelnen bei der Fortbewegung durch die Benutzung öffentlicher Verkehrsmittel erheblich reduzieren. Bei der Fahrt mit Bus, Zug oder Straßenbahn wird nämlich pro Person weit weniger Energie verbraucht als im Individualverkehr mit dem Auto. So kann man zum Beispiel mit dem Bus in die Schule fahren, statt sich mit dem Auto hinbringen zu lassen. Und die Familie kann mit der Bahn statt mit dem Pkw in die Ferien reisen. Wenn man also auf den Individualverkehr verzichtet und ein Verkehrsmittel benutzt, das weniger Kraftstoff pro Reisenden benötigt, lässt sich bei der Fortbewegung sehr viel Energie einsparen.

Teile der Erörterung sinnvoll verknüpfen

Seite 14

1 a + b **aneinanderreihend:** daneben, darüber hinaus, des Weiteren, ferner;
weitere Beispiele: auch, desgleichen, ebenfalls, genauso, neben, schließlich, sowie, weiterhin, zudem, zusätzlich –
folgernd/begründend: da, daher, damit, darum, demzufolge, denn, so, sodass, somit, weil;
weitere Beispiele: deswegen, insofern, folglich, aufgrund dessen –
einschränkend: allerdings, obwohl, trotz, wenn auch, zwar;
weitere Beispiele: jedoch, trotzdem –
einen Gegensatz ausdrückend: dagegen, dennoch, einerseits ..., andererseits, zum einen ..., zum anderen;
weiteres Beispiel: hingegen

2 Verschiedene Möglichkeiten der Überleitung (unterstrichen; diese Argumentation bezieht sich auf Gliederungspunkt 2):

(2) Außerdem / Ebenso / Des Weiteren / Darüber hinaus / Ferner / Daneben kann man in Wohnungen oder Häusern Heizenergie sparen, indem man das Heizsystem modernisiert. Denn eine moderne, energieeffiziente Heizung benötigt sehr viel weniger Brennstoff als ein veraltetes System. Bei der Anschaffung einer solchen Anlage entstehen zwar erhebliche Kosten, sie verringert den jährlichen Bedarf an Heizenergie aber / allerdings / jedoch deutlich. Zu nennen sind beispielsweise eine moderne gasbetriebene Brennwerttherme statt einer alten Ölheizung, ein Ofen, der mit Pellets statt mit Braunkohle beheizt wird, oder Solarpaneele zur Warmwassergewinnung statt eines elektrischen Boilers.

3 ●●● Beispiellösung für **Argumentationen zu den Gliederungspunkten 4 und 6** (Überleitungen sind wieder unterstrichen):

(4) Darüber hinaus verbessert der Einsatz energiesparender Geräte im Haushalt die persönliche Energiebilanz, weil solche Apparate aufgrund moderner Technologien oft sehr viel weniger Strom verbrauchen. So kommen zum Beispiel energiesparende Leuchtmittel mit einem Bruchteil des Stroms aus, den alte Glühlampen verbrauchen. Desgleichen benötigt ein effizienter moderner Kühlschrank viel weniger Kilowatt als ein altes Gerät, das ständig vereist und viel Strom frisst.
(6) Weiterhin kann der Einzelne seinen Energieverbrauch bei der Fortbewegung erheblich vermindern, indem er so weit wie möglich auf kraftstoffgetriebene Verkehrsmittel verzichtet. Auf diese Weise wird überhaupt kein Benzin, Diesel oder Kerosin verbraucht. Beispielsweise kann man zu Fuß oder mit dem Fahrrad zum Training gelangen, statt sich von Mutter, Vater oder Geschwistern mit dem Auto hinbringen zu lassen. Außerdem kann man im Urlaub einmal alle Schwimmbäder, Sportstätten und Museen, die man zu Fuß bzw. per Rad erreicht, erkunden oder eine Radtour entlang der Donau unternehmen, statt nach Mallorca zu fliegen. Oft kann man auch durch Fahrgemeinschaften überflüssige Fahrten vermeiden. So können Kollegen, die in der gleichen Gegend wohnen, den Weg zur Arbeitsstelle gemeinsam in einem Pkw bewältigen, anstatt getrennt zu fahren. Somit kann der Einzelne auch bei der Fortbewegung erheblich Energie einsparen.

Den Schluss verfassen

Seite 15

1 Zu streichen sind A, C und D.

2 Mögliche Markierungen:
Belastung, Feinstaub, Erkrankungen der Atemwege, nicht abheilen, verschlimmern

3 a Zum einen möchte ich ... hinweisen, weil jede/-r ... trägt, obwohl gerade ... Verbrennung deshalb die Umwelt. Trotzdem führt ... Problemen. Allerdings sollten ... ferner ... trägt demgegenüber zum ...
b Zum Schluss / Abschließend möchte ich darauf hinweisen, dass jede/-r Einzelne Verantwortung für den ressourcensparenden Umgang mit Energie trägt, denn gerade die fossilen Brennstoffe sind nicht unendlich und belasten bei der Verbrennung zudem/außerdem die Umwelt. So führt zum Beispiel die Schadstoffbelastung vor allem in Großstädten regelmäßig zu erheblichen gesundheitlichen Problemen, darunter Erkrankungen der Atemwege durch Feinstaub. Deswegen/Deshalb/Darum sollten auch Jugendliche schon einen Beitrag zum Energiesparen leisten, indem sie ihre Eltern bei allen Maßnahmen zur Reduzierung des Energieverbrauchs unterstützen. Dies bringt nicht nur erhebliche finanzielle Vorteile für die Familie, sondern trägt auch / darüber hinaus / ebenso zum Umweltschutz bei.

Eine materialgestützte Erörterung schreiben

Das Thema erschließen

Seite 16

1 a Zutreffend, also nicht zu streichen, sind:
Themabegriff: Konsum von Alkohol – Schlüsselbegriffe: viele Jugendliche, Ursachen, Gründe, Nachteile, Probleme
Art der Erörterung: Es handelt sich um eine zweigliedrige Erörterung (→ es geht um Gründe/Ursachen und um negative Auswirkungen/Folgen des Alkoholkonsums Jugendlicher)
b Zutreffende Fragen: B, E

Das Material auswerten, Stoff sammeln und ordnen

Seiten 17 bis 20

1 a + b Siehe unten.
c Ergänzungen und Zutreffendes: 12,9 – abgenommen – 10 – weiblicher
M1 Mögliche markierte Aspekte: Jugendliche zwischen 12 und 17 Jahren, mindestens wöchentlich Alkohol, 2004 bis 2019 (Konsum insgesamt gesunken, aber Anstieg 2019 bei weiblichen Jugendlichen) → Einleitung
M2 Alkohol – nicht – Kinder und Jugendliche unter 16 Jahren verkauft – verzehrt → Einleitung
M3 Mögliche markierte Aspekte: mehr Alkohol im Blut – geringer die Kontrolle → Einleitung
ein Glas Bier (0,25 Liter) – erwachsenen Mann 0,18 – Frau bereits 0,3 oder mehr Promille – Jugendlichen – körperliche Entwicklung noch nicht abgeschlossen – geringe Mengen Alkohol riskant → Hauptteil, Folgen
In den beiden Abschnitten „Körperliche Reaktionen" und „Psychische Folgen" kann fast alles markiert und dem Hauptteil, Folgen zugeordnet werden.
d Mögliche Unterstreichungen:
M4 Chris: großen Bruder – Wodka aus dem Supermarkt
Mario: Trinkspiele – neugierig – wer – vertragen kann
Damian: Tanke – checkt nie meinen Ausweis
Finn: gut, dass ich schon 16 bin – Bier, Wein, Sekt – gebongt – Hausbar – füllen – Eltern regelmäßig auf
Lucky: denk – nicht an die Schule – beknackten Noten – Gemecker meiner Eltern
Chris: geile Party – Goodbye, Langeweile!
Mario: Mädels einladen – Trinkspielen – noch lustiger – finde Mia – cool – die weiß es – nicht
Mögliche Stichworte und Zuordnung:
leichte Beschaffung von Alkohol, ältere Geschwister, Supermarkt, Tankstelle, mangelnde Ausweiskontrollen, Verfügbarkeit von Alkohol aus der elterlichen Hausbar, Kauf von Bier, Wein und Sekt für Jugendliche ab 16 möglich, Angeberei → Trinkspiele, auch mit Mädchen, Trinkmenge, Trinkwetten, Unterdrücken/Ausblenden von Problemen mit Eltern oder Schule, Mut, Kontakte zu knüpfen → Hauptteil, Ursachen
M5 Mögliche markierte Aspekte: Leiterin der Bundeszentrale für gesundheitliche Aufklärung – noch nie so wenige Jugendliche – Alkohol konsumiert – gemeinsamen Anstrengungen in der Alkoholprävention – Zielgruppe erreichen – trinken sich – nach wie vor zu viele Jugendliche und – junge Erwachsene in einen Alkoholrausch – auch zukünftig weiterer Anstrengungen – um – für einen verantwortungsbewussten Umgang zu sensibilisieren → Schluss (Hinführung zum Hauptteil in der Einleitung möglich)
M6 Mögliche markierte Aspekte: Alkohol – Ursache für Aggression und Gewaltvorfälle – Kriminalstatistik – Zusammenhang zwischen dem Konsum von Alkohol und Straftaten – 13 % aller Tatverdächtigen – unter Alkoholeinfluss – Sachbeschädigung (27 %) – gefährlicher und schwerer Körperverletzung (34 %) – Risiko, selbst Gewalt auszuüben – Gefahr, ein Opfer von Gewalt zu werden → Hauptteil, Folgen

M7 Mögliche markierte Aspekte: Rettungskräfte – betrunkenen Jugendlichen – angegriffen – beschimpfte – schlug – Glasflaschen und Steine – geworfen – traten – schlugen → Hauptteil, Folgen → Beispiel

M8 Mögliche markierte Aspekte: Statistiken – 2018 – 3789 Kinder und Jugendliche im Freistaat mit Alkoholvergiftung – Klinik – deutlich weniger Jungen – stieg die Zahl bei den Mädchen leicht an – neigen – männlichen Heranwachsenden häufiger zum hemmungslosen Alkoholkonsum – 2018 – 2123 Jungen – 1666 Mädchen – von 10 bis 19 Jahren nach Alkoholmissbrauch – Klinik behandelt – Gesundheitsministerin Melanie Huml – betonte – nicht nachlassen – Kinder und Jugendliche – zu sensibilisieren → Einleitung (Handlungsbedarf) oder Hauptteil, Folgen oder Schluss (keine Entwarnung)

M9 Mögliche markierte Aspekte: Alkoholwerbung mit Nebenwirkungen – Hersteller von Alkoholika präsentieren – Produkte – schönen Bildern – gut gelaunten Menschen – Botschaft – Alkohol – macht gute Laune – Ziel – Werbung – gute Gefühle auslösen – mit – Produkt – verknüpfen – Werbung für Alkohol – ausschließlich an Erwachsene – Verdacht, dass Alkoholwerbung den Alkoholkonsum Jugendlicher fördert → Hauptteil, Ursachen (Werbung, Präsentation von Alkohol als Erzeuger von Lebensfreude erhöht Konsum)

Seite 20

2 + 3 Zuordnung und Beispiellösung für weitere Ideen:

Ursachen	Negative Folgen
– oft erster Kontakt mit Alkohol auf Familien- oder Vereinsfeiern – Vergessen der Probleme – Stressbewältigung – positives Image von Alkohol – Vergnügen und Spaß – Neugier – billige legale Alltagsdroge – Probleme mit den Eltern oder der Schule – geringes Selbstbewusstsein	– Komasaufen – Ausnüchterungszelle – Alkoholvergiftung – (Verkehrs-)Unfälle – Aggressivität – Probleme mit den Eltern oder der Schule
– Trinkfestigkeit als Zeichen von Männlichkeit – Gruppenzwang (Trinkspiele) – Pubertät: bewusst gegen Verbote von Erwachsenen verstoßen, eigene Grenzen ausloten, Kick erleben, „cool“ sein – Vorbilder (Eltern, ältere Jugendliche, Clique, Stars) – keine oder zu nachlässige Ausweiskontrollen – mangelhaftes Jugendschutzgesetz	– psychische Probleme – Gesundheitsschäden (Gehirn, Leber) – Sucht – Verbreitung abstoßender Fotos in sozialen Netzwerken – Absinken von (schulischen) Leistungen – Verletzungen beim Sport

Die Gliederung erstellen

Seite 21

1 Beispiellösung:

A) Laut einer Statistik trinken knapp 12 Prozent der Jugendlichen mindestens einmal pro Woche Alkohol.

B) Warum trinken Jugendliche Alkohol? Welche möglichen negativen Folgen hat ihr Alkoholkonsum?

I. Mögliche Ursachen
1. Vermeintlich positive Wirkung von Alkohol
2. Schulische oder private Probleme
3. Leichte Beschaffung
4. Positives Image von Alkohol in der Gesellschaft
5. Gezielte Werbung

II. Mögliche negative Folgen
1. Psychische Auswirkungen
2. Körperliche Konsequenzen
3. Unfallgefahren im Straßenverkehr
4. Aggression, Gewalt und möglicherweise Straftaten

C) Ein gesellschaftliches Umdenken ist erforderlich.

Die Einleitung zu einer materialgestützten Erörterung verfassen

Seite 22

1

a Ausgangspunkt für den Einleitungsgedanken: Statistik

b Passende Überleitung: B

c C Ein Themenzusammenhang ist nicht erkennbar. A Es wird bereits eine Argumentation angeführt.

d Beispiellösung für eine Einleitung auf der Grundlage von M1:

Eine Statistik der Bundeszentrale für gesundheitliche Aufklärung von 2020 zeigt, dass im Jahr 2019 knapp 10 Prozent der Jugendlichen zwischen 12 und 17 Jahren mindestens wöchentlich Alkohol konsumiert haben. Insgesamt ist seit 2007 die Zahl der jugendlichen Alkoholkonsumierenden gesunken, aber im Jahr 2019 stieg sie leicht an. Vor allem weibliche Jugendliche tranken mehr Alkohol als in den Jahren zuvor (vgl. Material 1). Angesichts dieser beunruhigenden Zahlen sollte man unbedingt darüber nachdenken: Warum trinken Jugendliche Alkohol? Welche möglichen negativen Folgen hat ihr Alkoholkonsum?

Argumentationen entwickeln

Seite 23

1 a

Behauptung II. 4	**Begründung**	**Beispiel**
Negative Folgen des Alkoholkonsums von Jugendlichen sind Aggression, Gewalt und Straftaten.	Hilfsfrage: *Warum/Inwiefern ist das so?* a) M3: Mit steigender Promillezahl schlägt die positive Stimmung schnell um. b) M6: Kriminalstatistik: – 13 % Tatverdächtige unter Alkoholeinfluss – bei Sachbeschädigung **27 %** – bei gefährlicher und schwerer Körperverletzung **34 %**	Hilfsfrage: Worin zeigt sich das? M3: – Schwächung des **Urteilsvermögens** – weniger **Kritik**fähigkeit – Steigen der **Risiko**bereitschaft → Gereiztheit und Aggression M7: Angriff Jugendlicher auf Sanitäter: – betrunkene Jugendliche beschädigen Einsatzwagen, schlagen Sanitäter, werfen Flaschen und Steine

b Beispiellösung für eine vollständige Argumentation (II. 4):

Mögliche weitere negative Folgen des Alkoholkonsums von Jugendlichen sind Aggression, Gewalt und Straftaten. Ein Grund dafür ist die Wirkung von Alkohol: Die zuerst positive Stimmung schlägt mit steigender Promillezahl um, wie aus Material 3 zu entnehmen ist. Geringe Mengen Alkohol würden demnach meistens entspannend und stimmungssteigernd wirken, Angstgefühle würden gedämpft. Aber: „Wer zu viel Alkohol trinkt, schwächt sein Urteilsvermögen und wird weniger kritikfähig, die Risikobereitschaft steigt" (Material 3). Durch das Trinken von Alkohol können sich Streit oder sogar Schlägereien mit gefährlicher und schwerer Körperverletzung entwickeln. Die Kriminalstatistik von Material 6 belegt dies: 13 Prozent der Tatverdächtigen standen unter Alkoholeinfluss, bei Sachbeschädigung spielte Alkohol in 27 Prozent, bei Körperverletzung sogar in 34 Prozent der Fälle eine Rolle. Ein Beispiel für die enthemmende Wirkung von Alkohol findet man in Material 7: Es kommt immer wieder vor, dass gerade Rettungskräfte von betrunkenen Jugendlichen angegriffen werden. So wurden Sanitäter während eines Einsatzes beschimpft und geschlagen, mit Flaschen und Steinen beworfen, zudem wurde der Einsatzwagen durch Tritte und Faustschläge beschädigt.

c Rückführung: Möglichkeiten 1 und 2 sind richtig.

2 Überleitungen und Verknüpfungen sind unterstrichen (II. 2):

Darüber hinaus hat Alkoholkonsum körperliche Konsequenzen – und zwar solche, die sich sofort zeigen, und andere, die später auftreten. Bereits ab 0,2 Promille werden Entfernungen falsch eingeschätzt, je mehr getrunken wird, desto „langsamer und unkoordinierter" laufen Bewegungen ab, wie Material 3 verdeutlicht. In einem solchen Zustand gefährdet man vor allem im Straßenverkehr sich und andere. „Häufiges Rauschtrinken kann sogar zu einer Schrumpfung des Hirngewebes führen", wird in Material 3 gewarnt. Zu hoher Alkoholkonsum birgt die Gefahr, ins Koma zu fallen, was tödlich enden kann. Wie sich Material 8 entnehmen lässt, kann durch Rauschtrinken gerade bei Jugendlichen eine lebensgefährliche Alkoholvergiftung entstehen. So mussten einer Statistik aus dem Jahr 2018 zufolge 3789 Kinder und Jugendliche stationär in einer Klinik versorgt werden. Gravierend sind vor allem die langfristigen gesundheitlichen Schäden, da Alkohol beispielsweise das Gehirn an der Reifung hindert und vorhandene Gehirnzellen zerstört. Daneben schädigt er die inneren Organe, insbesondere die Leber. Gerade für Jugendliche sind diese Gefahren besonders groß, weil ihre körperliche Entwicklung noch nicht abgeschlossen ist (s. Material 3). Außerdem steigt das Risiko von Alkoholmissbrauch und Sucht, wenn der Konsum in jungem Alter beginnt.

Seite 24

3 Beispiellösung für eine vollständige Argumentation (I. 3):

In der leichten Beschaffung der legalen Droge Alkohol liegt ein weiterer Grund, weshalb Jugendliche Alkohol trinken. In den Supermärkten ist das Angebot groß: In den Regalen stehen die verschiedensten Sektmarken, Bier- und Weinsorten aus aller Welt – und das Jugendschutzgesetz erlaubt schon Jugendlichen ab 16 den Kauf dieser alkoholhaltigen Getränke, wie Material 2 zu entnehmen ist. Ab 18 Jahren ist auch der Kauf von hochprozentigem Alkohol möglich, und Ausweise werden an den Kassen teils mangelhaft kontrolliert. Im Chat von Material 4 sprechen Chris und Damian über diese leichte Verfügbarkeit von Alkohol. Dazu kommt noch, dass der Preis für Alkoholika selbst für Jugendliche erschwinglich ist: Eine Dose Bier kostet beim Discounter nur 29 Cent, auch Billigsekt und Wein im Kanister belasten den Geldbeutel wenig. Selbst im Restaurant unterscheiden sich die Preise für Limonade oder Wasser und Bier nur wenig.

4 a + b Fehler und Beispiellösungen für Verbesserungen:
Sophie: Killerphrase („Das weiß doch jeder"), klischeehafte Verallgemeinerungen („Die Eltern sind immer schuld", „Kein Wunder") → Auch Fehler in der Erziehung können meiner Meinung nach zur Suchtgefährdung beitragen. Denn wenn schon im Kleinkindalter jedes Bedürfnis befriedigt wird, sind diese Menschen später möglicherweise anfälliger für Alkohol sowie andere Drogen und können nicht Nein sagen, wenn ihnen ein Drink angeboten wird.
Fritz: Wiederholung der Behauptung statt Begründung → Jugendliche mit einem geringen Selbstbewusstsein, die von ihren eigenen Fähigkeiten wenig überzeugt sind, rutschen leichter in die Sucht ab, weil sie sich unter Alkoholeinfluss stärker und sicherer fühlen. Wie Material 3 belegt, nimmt Alkohol die Angst und erhöht die Selbsteinschätzung bis zur Selbstüberschätzung. Angetrunken sind manche Jugendliche risikobereiter, wofür auch Mario im Chat (Material 4) ein Beispiel bietet. Erst unter dem Einfluss von Alkohol glaubt er, sich stark genug zu fühlen, Mia seine Zuneigung zu gestehen.

5 Missachtete Zitierregeln: 1, 3

6 **Hinweis:** Bei den folgenden Argumentationen handelt es sich um sehr ausführliche Beispiellösungen. Eine Argumentation muss nicht so umfangreich sein, um zu überzeugen.

Mögliche Argumentation zu I. 1:

Zunächst ist als eine der Ursachen, warum Jugendliche Alkohol trinken, die vermeintlich positive Wirkung zu nennen. Denn Alkohol kann, in geringen Mengen konsumiert, entspannend und stimmungssteigernd wirken. Dies wird in der Aufstellung „Promille und Folgen" bestätigt (vgl. Material 3). In dem Text wird darauf aufmerksam gemacht, dass bereits ein kleines Glas Bier (0,25 l) 10 Gramm reinen Alkohol enthält, was selbst bei Erwachsenen deutlich mehr als 0,1 Promille Alkohol im Blut ergibt. Schon ab diesem Grenzwert wird die enthemmende Wirkung von Alkohol spürbar. Auf diese Wirkung hoffen die Jungen im Chat von Material 4 nach dem Genuss von Wodka und anderen alkoholischen Getränken: „Das wird 'ne geile Party!", meint Chris. Und Mario erwartet vor allem bei den Trinkspielen mit den Mädchen, dass er sich unter dem Einfluss von Alkohol traut, Mia seine Zuneigung zu gestehen. Die Wirkung des Alkohols ist folglich wohl für viele Jugendliche der Grund, Bier, Schnaps und andere alkoholische Getränke zu konsumieren.

Mögliche Argumentation zu I. 2:

Eine weitere wichtige Ursache können schulische oder private Probleme sein. Stress in der Schule oder mit den Eltern, schlechte Noten oder Prüfungsangst können zum Trinken verleiten, um dem Ärger zu entfliehen. Wie Material 3 belegt, wirkt Alkohol entspannend und dämpft Angstgefühle. So freut sich zum Beispiel Lucky in dem Chat (Material 4), dass er auf der Party „wenigstens mal für ein paar Stunden nicht an die Schule" und seine „beknackten Noten und das Gemecker" seiner Eltern denkt, und Chris ist froh, mit der „geilen Party" einmal der Langeweile zu entfliehen. Da Alkohol die Wahrnehmung und das klare Denken beeinflusst (vgl. Material 3), hoffen manche Jugendliche, mit seiner Hilfe die Sorgen des Alltags auszublenden. Bisweilen soll der „Seelentröster Alkohol" also den Jugendlichen die Flucht vor ihren Sorgen und Problemen ermöglichen.

Mögliche Argumentation zu I. 4:

Auch gesellschaftliche Ursachen spielen eine wichtige Rolle. Das positive Image des Alkohols verführt viele schon in der Jugend dazu, ihm einen festen Platz im Leben einzuräumen. Denn wenn Menschen feiern, gehören alkoholische Getränke oft „automatisch" dazu: Sekt zum Geburtstag, Punsch an Weihnachten, Bier zur Vereinsfeier. So trinken viele Jugendliche das erste Glas Wein, Sekt oder Bier sogar mit Erlaubnis der Eltern bei einer Familienfeier oder zusammen mit dem Vereinsleiter nach dem Sieg ihrer Mannschaft. Aber selbst wenn sich Erwachsene einfach nur im Alltag entspannen wollen, greifen sie oft zum Alkohol: ein Glas Rotwein am Abend, ein Bier vor dem Fernseher. Damit erleben junge Menschen schon früh den Zusammenhang von Fröhlichkeit oder Entspannung mit Alkohol.

Mögliche Argumentation zu I. 5:

Viele Jugendliche werden sicher auch durch die Werbung zum Alkoholkonsum verführt. Wie in dem Artikel „Alkoholwerbung mit Nebenwirkungen" (Material 9) deutlich wird, steht in Werbespots oder auf Werbeplakaten für alkoholische Getränke häufig ein besonderer Lebensstil im Vordergrund. „Ein Segelschiff auf hoher See, eine Strandparty in der Karibik, der raue Nordseestrand": Junge Darsteller leben scheinbar vor, dass Alkohol gute Laune macht, und an dem Mix von Alkoholgenuss, Lifestyle und Spaß orientieren sich Jugendliche gern. Sie lassen sich durch die Werbung einreden, sie gehörten dazu, wenn sie das Produkt konsumieren. Angesichts der ständigen Gegenwart von Werbung in allen Medien und auf den Straßen, des Sponsorings von Veranstaltungen durch Brauereien oder der Produktplatzierung von Alkohol in Fernsehsendungen und Filmen ist gerade bei leicht beeinflussbaren Jugendlichen der Konsum von Alkoholika nicht verwunderlich.

Mögliche Überleitung zur zweiten Themafrage:

Die Ausführungen zu den Ursachen des Alkoholkonsums Jugendlicher zeigen, dass viele junge Menschen die Droge Alkohol durchaus positiv sehen. Wie riskant Alkoholkonsum tatsächlich ist, wird von vielen Jugendlichen jedoch gerne übersehen. Dabei sind die negativen Folgen für den Einzelnen und die Gesellschaft schwerwiegend.

Mögliche Argumentation zu II.1:

Zunächst hat der Alkoholkonsum starke psychische Auswirkungen, die sich unmittelbar oder als Spätfolgen zeigen. In Material 3 wird deutlich darauf hingewiesen, dass durch Alkohol die Kritik- und Urteilsfähigkeit abnehmen, das Reaktionsvermögen langsamer wird und die Risikobereitschaft steigt. Wer sich Mut angetrunken hat, traut sich oft Dinge zu, die er im nüchternen Zustand nie wagen würde, zum Beispiel durch einen See zu schwimmen, auf einen Eisenbahnwaggon zu steigen oder an Hausfassaden zu klettern – oft mit verheerenden Folgen. In den Medien erfährt man immer wieder von solchen Experimenten unter Alkoholeinfluss, bei denen Jugendliche Gefahren unterschätzen und sich und andere gefährden. Überdies enthemmt Alkohol (vgl. ebenfalls Material 3). Das kann beispielsweise zu aufdringlichen Annäherungsversuchen führen oder zum Posten von Fotos im Internet, für die man sich im besten Fall schämt, wenn man wieder nüchtern ist, und schlimmstenfalls eine Anzeige riskiert. Zu den langfristigen psychischen Auswirkungen zählen Probleme mit Eltern und Freunden sowie das Nachlassen der schulischen Leistungen. Die sich daraus ergebenden Konflikt- und Stresssituationen entwickeln sich für alle Beteiligten oft zu einer großen Belastung.

Mögliche Argumentation zu II.3:

Gerade im Straßenverkehr kann Alkoholgenuss zu schwerwiegenden Folgen führen, da laut Material 3 bereits 0,2 Promille Alkohol im Blut (ein Viertelliter Bier) dafür sorgen, dass man Entfernungen falsch einschätzt. Dadurch steigt die Unfallgefahr, und zwar nicht nur bei Autofahrenden, sondern auch, wenn man mit Mofa, E-Scooter, Fahrrad oder zu Fuß unterwegs ist. Mit steigendem Konsum wird das Blickfeld immer kleiner und die Konzentration immer schlechter (s. Material 3). Jugendlichen im Vollrausch kann es zum Beispiel schnell passieren, dass sie gar nicht mehr darauf achten, ob sie sich auf dem Bürgersteig oder mitten auf der Straße befinden.

Den Schluss schreiben

Seite 25

1 a + b A: Persönliche Meinung – B: Appell – C: Mögliche Gegenmaßnahmen – D: Vorsicht! neues Argument → für den Schluss ungeeignet

2 Beispiellösung:

Abschließend muss man feststellen: Jede/-r Einzelne und die Gesellschaft tragen beim Thema „Alkohol" eine große Verantwortung. Darauf weist auch die Leiterin der BZgA, Dr. med. Heidrun Thaiss, in Material 5 hin. Darin mahnt sie, dass sich insgesamt nach wie vor zu viele Jugendliche und junge Erwachsene in einen Alkoholrausch trinken. Deshalb bedürfe es auch künftig weiterer Anstrengungen und neuer Impulse in der Alkoholprävention, um junge Menschen und verstärkt junge Erwachsene für einen verantwortungsbewussten Umgang mit Alkohol zu sensibilisieren. Ich bin der Meinung, Alkohol sollte, wenn überhaupt, nur sehr bewusst und maßvoll getrunken werden. Deshalb sollte in allen Teilen der Gesellschaft und vor allem in der Familie Aufklärung stattfinden und Eltern, Lehrer/-innen, Trainer/-innen und Stars sollten ihrer Vorbildfunktion gerecht werden. Vor allem ist es jedoch wichtig, dass die Jugendlichen selbst überzeugt Nein zum Alkoholkonsum sagen.

Hinweis: Die grau unterlegten Texte ergeben eine Erörterung zu der Gliederung auf S. 8 in diesem Lösungsheft. Allerdings musst du dazu die Argumentationen in der Reihenfolge der Gliederungspunkte lesen. Dafür ist der entsprechende Gliederungspunkt bei jedem Argumentationsbeispiel angegeben.

Mit Hilfe der folgenden Checkliste kannst du überprüfen, ob deine materialgestützte Erörterung gelungen ist:

Eine materialgestützte Erörterung schreiben

- Habe ich das **Thema** umfassend erschlossen, die Themafrage und alle Schlüsselbegriffe berücksichtigt?
- Habe ich das **Material** sorgfältig gelesen und im Hinblick auf das Thema ausgewertet?
- Habe ich genügend Informationen aus dem Material in meinem Aufsatz verwendet und korrekt nachgewiesen?
- Habe ich in der **Gliederung** die Gliederungspunkte deutlich voneinander abgegrenzt und aussagekräftig formuliert, sodass sie die Themafragen beantworten?
- Sind in der Gliederung wirklich nur Behauptungen, keine Begründungen und Beispiele enthalten?

- Habe ich auf einen einheitlichen Stil (Nominal- oder Verbalstil) geachtet sowie Einleitung und Schluss in einem vollständigen Aussagesatz formuliert?
- Führt die **Einleitung** auf das Thema hin, ohne Argumente vorwegzunehmen?
- Gibt es eine sinnvolle Überleitung zum Thema, das am Ende der Einleitung als Frage- oder Aussagesatz formuliert ist?
- Entsprechen die **Argumentationen im Hauptteil** der Gliederung?
- Sind die Argumentationen nachvollziehbar und überzeugend? Wurde der Aufbau Behauptung – Begründung – Beispiel/Beleg – Rückführung oder Schlussfolgerung eingehalten?
- Rundet der **Schluss** den Aufsatz sinnvoll ab, indem ich z. B. eine eigene Meinung zum Thema begründe oder Vorschläge, Wünsche bzw. Forderungen äußere?
- Ist der Schluss frei von neuen Argumenten?
- Sind alle Teile der Erörterung durch passende **Überleitungen** sinnvoll miteinander verbunden?

Eindrücke und Stimmungen schildern

Eine Situation schildern – Den Text aufbauen

Seite 26

1 Hinführung – Situation – Stimmungen – Sinneseindrücke – Abrunden – Nachdenken; Lösungswort: ERFOLG im Beruf

2 Beispiele für Einträge in der Mind-Map: **Was ist zu sehen?** Blick in einen fast leeren Raum und auf mehrere Glastüren; moderne Design-Sitzbänke aus hellem Leder; große Pflanzkübel lockern die kühle Atmosphäre auf – **Was ist zu hören?** leise hinter einer der verschlossenen Türen ein Gespräch; feste, tiefe Stimme stellt Fragen, leise, zaghafte Stimme antwortet – **Was ist zu riechen?** Kaffee, den ein Sekretär gerade in eines der Büros gebracht hat – **Was schmecke ich?** frischen Pfefferminzgeschmack meines Kaugummis, der meine Nervosität vertreiben soll – **Was ist zu fühlen/spüren?** Herzklopfen, mir ist heiß und kalt zugleich – **Was denke ich?** Mein Kopf ist leer, Kaugummi herausnehmen!, Nervosität, hoffentlich kann ich die Fragen beantworten!

Seite 27

3 Einleitung A ist besser gelungen. Mögliche Begründung: weil sie kurz und gezielt auf die Situation hinführt und klar wird, welche Person schildert. (Einleitung B enthält viele umgangssprachliche Formulierungen und sprachliche Wiederholungen sowie ein genaues Datum, das in einen Bericht, aber nicht in eine Schilderung gehört.)

4 a In dieser Reihenfolge passen die inneren Monologe in den Text: F – E – D – B – C – A.
Sie sind unten eingefügt und markiert. B, C und D können auch in anderer Abfolge eingebaut werden.

b Sichtbares ist hier einfach unterstrichen, Hörbares doppelt, Riechbares mit einer Punktlinie, Gefühle und Empfindungen mit einer fetten Linie:
Als ich das Büro betrete, empfängt mich eine freundlich lächelnde Sekretärin in schwarzen Jeans und führt mich in den hellen Wartebereich. Hier sitze ich nun wie verloren auf einer der Design-Lederbänke und blicke auf den dunklen Parkettboden. Das Grün der großen Pflanztröge gibt dem sparsam in Schwarz und Beige möblierten Raum Farbe. Typisches Architektendesign, denke ich. Das kühle Leder unter mir wärmt sich langsam auf. Da höre ich hinter einer der großen Glastüren leise Stimmen. Ich versuche, nicht mehr zu atmen, um etwas verstehen zu können: Der Tonfall verrät, dass eine feste, männliche Stimme Fragen stellt, während eine kaum wahrnehmbare Stimme zaghaft etwas Unverständliches antwortet. Hört sich nach einem zweiten Bewerber an, geht es mir durch den Kopf, und ich spüre, dass ein aufsteigendes Konkurrenzgefühl meinen Herzschlag beschleunigt. Diese Warterei macht mich richtig fertig! Tagelang habe ich mich auf dieses Vorstellungsgespräch vorbereitet. Aber jetzt ist mein Kopf leer wie nie zuvor. Hoffentlich kann ich die Fragen beantworten! Mit feuchten Händen krame ich das Kuvert mit der Einladung zum Vorstellungsgespräch aus meiner Tasche. 14:15 Uhr steht darauf. Ich blicke auf die Uhr. Okay. Noch fünf Minuten. Ich halte durch! Nervös rutsche ich auf dem inzwischen heißen Lederpolster hin und her. Unruhig kaue ich auf meinem Daumennagel wie eine Erstklässlerin. Eine der Glastüren öffnet sich. Frischer Kaffeegeruch dringt in meine Nase. Ich schließe die Augen. Hm, riecht das gut! Langsam beruhige ich mich wieder.

Seite 28

5 Richtige Reihenfolge: B – D – C – A

6 a Beispiele für Umformulierungen:
A Von der Decke baumeln bunte Lichterketten und verbreiten gedämpftes Licht. – B Der Rhythmus der Musik fährt mir in die Beine. – C Von draußen dringt das Schlagen von Autotüren an mein Ohr. – D Immer mehr steigt meine Nervosität. – E Die große Vorfreude bringt mich ins Schwitzen. – F Der Geruch der Pizza, die in der Küche im Ofen liegt, vermischt sich mit dem Duft der frisch gebackenen Muffins auf dem Tisch. – G In meinem Mund verbreitet sich der süße Geschmack der Gummibärchen, die mich zum Naschen verleitet haben. – H Wann wohl endlich der erste Gast klingelt?

b Beispiel für eine vollständige Schilderung:

Warten auf die Gäste meiner Geburtstagsparty

Endlich ist es so weit: Mein 15. Geburtstag ist da! Die Vorfreude macht sich mit einem Kribbeln in meinem Bauch bemerkbar. Bin ich aufgeregt! Mama holt gerade die frisch gebackene, wunderbar duftende Pizza aus dem Ofen. Während sie die Leckerei in gerechte Stücke zerschneidet, dringt schon die erste rockige Partymusik an mein Ohr. Letzte Vorbereitungen bei der Dekoration sind noch zu treffen. Mit meinem Bruder hänge ich Luftschlangen auf und fülle Knabberzeug in kleine Schüsselchen. Leise wie eine Katze husche ich heimlich in die Küche und nasche von der leckeren Pizza. Währenddessen schaue ich immer wieder auf die Uhr. Wo bleiben denn nur meine Gäste? Hoffentlich kommen sie bald. Vor Aufregung beginne ich schon zu schwitzen. Plötzlich steigt der betörende Geruch von Muffins in meine Nase. Die hatte ich wegen meiner Träumerei ja komplett vergessen. Zum Glück kann man sie noch essen.
Meine Nervosität steigt, denn ich höre viele Autos auf der Straße vorbeifahren, aber keines hält an. Doch da! Ein Motor wird draußen abgestellt. Endlich! Nun klingelt es an unserer Haustür. Schnell renne ich hin und öffne meiner Freundin Sarah die Tür. Sie drückt mir freudestrahlend ihr Geschenk in die Hand und umarmt mich stürmisch. Bis die anderen kommen, setzen wir uns in den dekorierten Partyraum und reden über Jennys neuen Freund. Mit Sarah vergeht die Zeit wie im Flug. Das Zimmer, in dem das Fest steigen soll und in dem wir auf die anderen Gäste warten, befindet sich im Keller unseres Hauses. Aber mit einer großen, leuchtenden Diskokugel, der Partymusik und vielen Luftballons wirkt es richtig schön. Ich spüre, wie die Freude wächst. Werden meine Freundinnen und Freunde auch alle kommen? Mit zitternden Händen ziehe ich mein neues Smartphone aus der Hosentasche und lese die Nachrichten. Niemand hat sich abgemeldet. Bin ich erleichtert! Langsam packe ich Sarahs Geschenk aus und bedanke mich mit einer Umarmung. Fantastisch! Genau das, was ich mir gewünscht habe: ein Schminkset mit rundem Spiegel, der am Rand mit glitzernden Steinchen verziert ist. Es klingelt. Aufgeregt laufe ich wieder hinauf zur Haustür. Das wird bestimmt die beste Party, die ich je hatte!

Mit Hilfe der Checkliste auf S. 14 in diesem Lösungsheft kannst du überprüfen, ob deine Schilderung gelungen ist.

Anschaulich und ausdrucksstark schildern

Seite 29

2 Beispiel für die Inhaltszusammenfassung:
Der Jugendbuchauszug schildert die Hochsommeratmosphäre in einem Stadtviertel, in dem sich die Hauptfigur Jeffrey, genannt Maniac Magee, mit anderen Jungen trifft. Es herrschen extreme Hitze und eine fröhliche Straßenfeststimmung.

Seite 30

3 a Beispiele: **anschauliches Adjektiv:** „heiß" (Z. 1, 7, 9, 11), „nackten" (Z. 23) – **Verb, das Sinneseindrücke wiedergibt:** „brennen" (Z. 4), „stolperten" (Z. 10), „sprudelte" (Z. 12), „baumeln" (Z. 24) – **Personifikation:** „Radios plärrten" (Z. 19) – **Übertreibung:** „dass dir [...] die Sonne ein Muster in die Haut brennen konnte" (Z. 2–4), „dass [...] die Bonbons [...] zu Suppe verlaufen waren" (Z. 7 f.), „dass die Hunde über ihre eigenen Zungen stolperten" (Z. 9 f.), „der Feuerhydrant [...] sprudelte wie die Niagarafälle" (Z. 11 f.) – **Vergleich:** „der Feuerhydrant [...] sprudelte wie die Niagarafälle" (Z. 11 f.), „als würde ein Straßenfest in einem Schwimmbad veranstaltet" (Z. 17–19) – **Ellipse:** „So heiß, dass [...]" (Z. 7 f., 9 f.), „Und so heiß, dass [...]" (Z. 11–14)
b Mit Hilfe der Checkliste auf S. 14 in diesem Lösungsheft kannst du überprüfen, ob deine Schilderung gelungen ist.

4 a Beispiellösungen: A Heiß brennt die Sonne vom wolkenlosen dunkelblauen Himmel. – B Der Straßenbelag, der in der Hitze flimmert und langsam aufweicht, riecht aufdringlich nach Teer. – C In meinem Kopf, der zu glühen beginnt, hämmert das Blut. – D Unter der schweren Schultasche läuft der Schweiß in Strömen über meinen klatschnassen Rücken.
b Mit Hilfe der Checkliste auf S. 14 in diesem Lösungsheft kannst du überprüfen, ob deine Schilderung gelungen ist.

5 ●●● Mit Hilfe der Checkliste auf S. 14 in diesem Lösungsheft kannst du überprüfen, ob deine Schilderung gelungen ist.

Eine Schilderung überarbeiten

Seite 31

1 a Die Einleitung ist zu ausführlich.
b + c Gelungene Textstellen sind hier markiert, weniger gelungene unterstrichen:
[...] Und nun ist er da: der letzte Abend unserer Klassensprecherfahrt. [...] Wir wollten doch in eine coole Großstadt, am besten in ein schickes Hotel. Und stattdessen ging es zum Campen mitten in die einsame Pampa an den nahe gelegenen See, noch dazu vier Tage lang. Ich blicke in das lodernde Lagerfeuer [...]. Dahinter spiegelt sich der rot glühende Abendhimmel im großen Steinsee. [...] Gemeinsam mit meinen neu gewonnenen Freunden hab ich es mir hier gemütlich gemacht. Die einen quatschen über die Erlebnisse der vergangenen drei Tage, die anderen genießen still die superentspannte Atmosphäre. Was für ein herrlicher Sommerabend! Ich höre die leisen Klänge der Gitarre. Ich höre die Grillen zirpen. Da es am Nachmittag kurz geregnet hat, spüre ich die Feuchtigkeit des weichen Moosbodens unter meiner Decke. In der schwülwarmen Luft fühlen sich auch alle möglichen Insekten wohl. [...]

2 Beispiellösung für die vollständige Schilderung:

Mein letzter Abend bei der Klassensprecherfahrt

Wie schnell doch die Zeit vergeht! Drei Tage sind wir nun schon hier am großen Steinsee mitten in der Natur. Und nun ist er da: der letzte Abend unserer Klassensprecherfahrt. Als unsere Verbindungslehrerin das Ziel verkündet hat, waren wir zuerst richtig enttäuscht. Wir wollten doch in eine pulsierende Großstadt. Aber stattdessen ging es zum Campen mitten in die Einsamkeit der Natur an den nahe gelegenen See.
Ich blicke in das lodernde Lagerfeuer, für das wir zusammen Holz gesammelt haben. Dahinter spiegelt sich der rot glühende Abendhimmel im großen Steinsee. Die Sonne ist gerade untergegangen. Das ist ja fast wie in einem kitschigen Heimatfilm, lächle ich in mich hinein und lausche dem Zirpen der Grillen. Gemeinsam mit meinen neu gewonnenen Freunden habe ich es mir hier gemütlich gemacht. In Decken gehüllt sitzen wir im Kreis um die wärmende Feuerstelle. Nachdem es am Nachmittag kurz geregnet hat, fühlt sich der weiche Moosboden unter meiner Decke noch feucht an. Allerdings schwirren in der schwülwarmen Luft auch alle möglichen Insekten herum. Gut, dass ich ein Mückenspray dabeihabe! Ein Neuntklässler holt seine Gitarre hervor und alle lauschen den leisen Klängen. Einfach schön, diese Atmosphäre hier gemeinsam am See! Rundherum sehe ich vom Feuer beleuchtete, zufriedene Gesichter. Jeder scheint irgendwie glücklich zu sein und ganz im Augenblick zu leben. Die einen unterhalten sich über die Erlebnisse der vergangenen drei Tage, die anderen genießen still die entspannte Atmosphäre. Was für ein herrlicher Sommerabend!
Ohne dass wir es merken, verrinnt die Zeit. Keiner möchte schlafen gehen. Das Holz für das Lagerfeuer reicht die ganze Nacht. So bleiben wir in unserer gemütlichen Runde sitzen, bis wir im Morgengrauen schließlich alles zusammenpacken und uns bei Sonnenaufgang müde, aber glücklich über unser wunderbares Gemeinschaftserlebnis in der freien Natur auf den Heimweg machen.

Mit Hilfe der folgenden Checkliste kannst du überprüfen, ob deine Schilderungen gelungen sind:

Eine Schilderung schreiben

Inhalt
- Habe ich die Situation genau erfasst und ausführlich genug geschildert?
- Habe ich alle Sinne (sehen, hören, riechen, schmecken, fühlen/spüren) angesprochen?
- Habe ich Gedanken und Gefühle, die durch die Situation ausgelöst werden, zum Ausdruck gebracht?

Aufbau
- Einleitung: Werden die Leser/-innen kurz zur geschilderten Situation (Ort, Zeit, evtl. weitere Personen) hingeführt?
- Hauptteil: Werden passende Sinneswahrnehmungen, Gedanken und Gefühle lebendig und ausdrucksstark dargestellt?
- Schluss: Wird die Schilderung sinnvoll abgerundet?

Sprache
- Habe ich im Präsens geschrieben?
- Enthält meine Schilderung innere Monologe, anschauliche Adjektive und treffende Verben?
- Verwende ich Vergleiche, Metaphern oder Personifikationen?
- Habe ich die Wiederholung von „Ich"-Sätzen vermieden und auf abwechslungsreiche Satzanfänge geachtet?

Auszüge aus Erzähltexten erschließen

Den Inhalt eines Textes erschließen und zusammenfassen

Seite 33

1 a Figuren: Colin, ein 14-jähriger Junge, der am Asperger-Syndrom leidet; Mr. Turrentine, sein Sportlehrer – Ort: Turnhalle der Highschool – Gelegenheit: vor der ersten Sportstunde zu Beginn des Schuljahres
b Richtig: B

Seite 34

2 Zutreffend: C

3 Zutreffende Aussagen über Colin mit Textbelegen: B (Vgl. Z. 44–48, 52–56.) – C (Vgl. Z. 91 f.) – F (Vgl. Z. 94–96.)

4 a Beispiellösung: Äußere Merkmale des Lehrers: hochgewachsen, mager, graue Augen, großer Schnauzbart (vgl. Z. 14–21) – Eigenschaften/Verhaltensweisen: legt Wert auf korrektes Verhalten in der Turnhalle („und du verkratzt meinen Boden mit deinen Schuhen", Z. 24 f., „Das ist schon mal kein guter Anfang", Z. 27 f.); lässt sich von einem Gutachten nicht beeindrucken (vgl. Z. 66 f.); lehnt eine Unterrichtsbefreiung ab, ohne auf die Behinderung weiter einzugehen (vgl. Z. 71–74)

b Beispiellösung:

Mr. Turrentine ist Sportlehrer an der Highschool, die der am Asperger-Syndrom leidende Colin nun besucht. Er ist ein magerer, hochgewachsener Mann mit grauen Augen und einem großen Schnauzbart (Z. 14–21). Eifrig bereitet er die Sporthalle für den Unterricht vor (Z. 15 f.) und legt Wert auf eine sorgfältige Behandlung des Bodens („und du verkratzt meinen Boden mit deinen Schuhen", Z. 24 f.). Gründlich befasst er sich mit der schriftlichen Befreiung vom Unterricht, die ihm Colin gibt (Z. 31 f.), akzeptiert sie aber nicht. Seiner Miene ist aber kein Grund für die Ablehnung zu entnehmen. Von Colins Behinderung nimmt er nicht Notiz, sondern behandelt ihn wie einen gesunden Jungen. Das lässt auf Lebenserfahrung und pädagogisches Verständnis schließen. Seinen Äußerungen ist ein gewisser Hang zum Humor zu entnehmen („Nur das Beste vom Besten im Hause Turrentine", Z. 93), den allerdings Colin wegen seiner Krankheit nicht nachvollziehen kann.

5 Beispiellösung:

Der Auszug aus dem 2012 erschienenen Roman „Der beste Tag meines Lebens" von Ashley Edward Miller und Zack Stentz handelt von dem Versuch des Schülers Colin Fischer, vom Sportunterricht befreit zu werden, weil er am Asperger-Syndrom leidet. Dies lehnt Mr. Turrentine, der Sportlehrer, jedoch ab.

6
1 Der Junge legt eine Bescheinigung vor, die ihn vom Sportunterricht befreien soll, und erklärt das „Asperger-Syndrom".
2 Mr. Turrentine überlegt eine Weile und lehnt die Entschuldigung schließlich ab.
3 Colin ist entsetzt, beruft sich auf die Bescheinigung.
4 Mr. Turrentine fordert Colin auf, sich aus den Fundsachen getragene Sportkleidung herauszusuchen.
5 Wenig später läuft Colin hinaus auf den Basketballplatz.

7 Beispiellösung:

Colin betritt in Straßenkleidung die Turnhalle seiner neuen Schule. Die starken Gerüche der Halle sind ihm unangenehm. In dem Gebäude trifft er auf den Sportlehrer Mr. Turrentine, der Colin auf sein unpassendes Schuhwerk hinweist. Der Junge legt dem Lehrer eine Bescheinigung seiner Krankheit vor, durch die er vom Sportunterricht befreit werden möchte. Zunächst überlegt Mr. Turrentine eine Weile, während Colin ihm das Asperger-Syndrom erklärt. Zu Colins Entsetzen lehnt der Lehrer die Empfehlung der Eltern und Therapeuten zur Befreiung vom Sport schließlich ab und schickt Colin zum Umziehen, wobei er den Jungen mit der empfindlichen Haut auffordert, sich aus den Fundsachen getragene Sportkleidung herauszusuchen. Wenige Minuten später läuft Colin hinaus auf den Basketballplatz.

Sprachliche Gestaltungsmittel und ihre Wirkung darstellen

Seite 35

1 a + b Colin: C gewählte Formulierungen (z. B. Z. 44 f.), D wissenschaftliche Erklärungen in Satzgefügen (z. B. Z. 44–48, 52–56), G Fremdwörter, Fachbegriffe (z. B. Z. 44, 45, 52, 55) → Aussage über die Figur: intelligenter Junge, manchmal etwas altklug, anders als andere Jugendliche – Mr. Turrentine: A Ellipsen (z. B. Z. 34), B ironische Fragen (z. B. Z. 51, 75 f.), E scherzhafte Ausdrücke (z. B. Z. 93), F umgangssprachliche Wendungen (z. B. Z. 43) → Aussage über die Figur: wirkt locker, burschikos, spricht eher Umgangs-/Schülersprache als Colin, Kontrast zu dem Jungen

2 a + b A Aufzählung → Wirkung: Schildert, was Colin beim Betreten der Turnhalle riecht, wirkt anschaulich. – B Lautmalerei → Wirkung: Verdeutlicht, was Colin hört, fällt auf, wirkt anschaulich und witzig, erinnert an Comics. – C bildhafter Vergleich → Wirkung: Vergegenwärtigt Colins ersten Eindruck von seinem Sportlehrer, wirkt lustig und anschaulich. – D Ironie → Wirkung: Zeigt ironischen Humor des Lehrers, wirkt unterhaltsam.

Seite 36

3 Beispiellösung:

Auffällig an der Sprache des Auszugs ist zunächst, dass sich die Sprechweisen der beiden Figuren deutlich unterscheiden. So benutzt Colin komplexe Satzgefüge, um seine Krankheit zu erklären: „Meine Diagnose lautet, dass ich sehr gut funktioniere, doch ich habe nur schwach ausgeprägte soziale Fähigkeiten und Probleme mit der Zuordnung von Sinneseindrücken, was zu ernsten Defiziten im Bereich der körperlichen Koordination führt" (Z. 52–56). Darin zeigt sich, dass Colin sehr klug ist, doch diese Intelligenz wirkt auf den Leser etwas befremdlich. Der Lehrer hingegen spricht eine eher alltägliche Sprache. Er verwendet Ellipsen, z. B. „Asperger-Syndrom" (Z. 34), und stellt einfache Fragen (vgl. Z. 42 f., 51). Auch bei der Wortwahl finden sich deutliche Unterschiede. So erklärt der Junge seine Erkrankung in gewählter Ausdruckweise mit Fremdwörtern und Fachausdrücken, z. B. „ein neurologisches Leiden, vergleichbar dem Autismus" (Z. 44 f.). Dies wirkt ernsthaft und etwas altklug. Im Gegensatz dazu steht die eher umgangssprachliche, burschikose Ausdrucksweise des Lehrers, z. B. „Was zum Teufel" (Z. 42 f.), „jeden mit zwei linken Füßen" (Z. 72 f.). Das ist doch sehr ungewöhnlich, denn normalerweise sprechen die Schüler eher nachlässig und stellen Fragen, während der Lehrer in gehobener Sprache etwas erklärt.

Damit verdeutlicht die sprachliche Gestaltung des Dialogs, dass der Junge anders als andere Jugendliche ist.
Viele Textstellen wirken durch unterschiedliche Stilmittel sehr anschaulich. So kann man sich Colins Geruchseindrücke beim Betreten der Turnhalle durch eine Aufzählung, z. B. „Kalter Schweiß, Schimmel, Urin von einer kaputten Toilette neben der Umkleide für Jungen, notdürftig zugedeckt vom Fichtennadelaroma eines ätzenden Reinigungsprodukts" (Z. 2–5), besonders gut vorstellen. Eine Lautmalerei gibt wieder, was der Junge hört: „Kratz. Kratz" (Z. 12). Die Darstellung des Geräuschs der Straßenschuhe in der Turnhalle erinnert an die Comicsprache und wirkt besonders im Kontrast zu Colins klugen Erklärungen witzig. Unterhaltsam erscheinen für den Leser auch die bildhaften Vergleiche, die Colin beim Anblick des Sportlehrers einfallen. Dieser trägt einen „Schnauzbart, der ihn an Bösewichte in Stummfilmwestern oder auch an den sowjetischen Diktator Stalin erinnerte" (Z. 21–23). Mr. Turrentine selbst zeigt Ironie, etwa wenn er dem entsetzten Colin versichert, die Tonne mit der getragenen Sportkleidung enthalte „Nur das Beste vom Besten im Hause Turrentine" (Z. 93).

Einen kreativen Schreibauftrag bearbeiten

1 Beispiellösung:

Du liebe Zeit, was ist denn das für ein Knabe! Kommt mit einem Attest für eine Behinderung – und zwar eine ganz seltene: Asperger-Syndrom. Gewählt ausdrücken kann er sich, das muss man ihm lassen. Scheint eigentlich ein ganz netter Bursche zu sein. Ich denke fast, ich tu ihm einen Gefallen, wenn ich das nicht akzeptiere, denn vielleicht sind ein bisschen Sport und etwas Gesellschaft gut für ihn. Mal sehen, wie er reagiert, wenn ich die Befreiung vom Sport ablehne.

2 Beispiellösung:

Vater: „Hallo Colin, wie war dein Tag in der Schule?"
Colin: „Ganz gut, aber stellt euch vor, der neue Sportlehrer möchte, dass ich am Sportunterricht teilnehme. Er wusste nicht einmal, was das Asperger-Syndrom ist, und hat mich nach einem alten Film gefragt. Er kann gut kombinieren, denn er wusste, dass ich keine Sportkleidung dabeihatte. Und dann musste ich mit den anderen Sport machen. In geliehenen Klamotten!"
Mutter: „Ach, dabei solltest du doch vom Sportunterricht befreit werden! Soll ich vielleicht nochmal mit deinem Lehrer reden und ihm die Situation erklären?"
Colin: „Ja, das ist eine gute Idee. Mach das, bitte!"

Die mögliche Autorenabsicht beschreiben

1 a Wahrscheinliche Autorenabsichten: A einen spannenden Jugendroman schreiben – D das Asperger-Syndrom anhand einer Romanfigur darstellen – F Schwierigkeiten und Chancen eines Jugendlichen, der am Asperger-Syndrom leidet und eine Regelschule besucht, aufzeigen – G die Leserin / den Leser zu einem normalen Umgang mit Krankheiten und Behinderungen ihrer Mitmenschen anregen

b Beispiellösung:

Die Autoren des Romans wollten das Asperger-Syndrom anhand einer Romanfigur darstellen und die damit verbundenen Chancen und Schwierigkeiten eines Jugendlichen, der eine Regelschule besucht, aufzeigen. Die Lesenden sollen dadurch zu einem normalen Umgang mit Krankheiten und Behinderungen ihrer Mitmenschen angeregt werden.

Eine Stellungnahme / Den Schluss verfassen

1 a Für den Schlussteil geeignete Aussagen: B – C – D

b Beispiellösung:

Ich finde es interessant, dass in diesem Roman ein behinderter Jugendlicher einen Kriminalfall löst, und nicht ein Superheld, wie das sonst oft in Jugendromanen der Fall ist. Wie schon die Sprachuntersuchung des Dialogs gezeigt hat, spielen die Figuren in diesem Buch offensichtlich andere Rollen, als man das normalerweise erwarten würde. Dies ist in meinen Augen ein guter Ansatz, um auf die Probleme – und vor allem auf die Chancen – behinderter Jugendlicher aufmerksam zu machen. Mich hat der Auszug neugierig gemacht, wie das Buch wohl weitergeht, denn wir haben im Unterricht oft über Inklusion diskutiert, aber das blieb immer sehr theoretisch. Außerdem hat mich der Text nachdenklich gestimmt, denn bisher habe ich mich viel zu wenig mit dem Leben von Menschen wie Colin beschäftigt.

Den Textinhalt zuordnen und beschreiben

Seite 39

1 Beispiellösungen für zwei Aussagen:
- Auftakt: Ein junger Mann – der Geselle Olivier Brusson – bringt der Scuderi ein Schmuckkästchen mit Schmuck des berühmten Goldschmieds Cardillac.
- Paris ist entsetzt über nächtliche Morde an Menschen.
- Brusson wird wegen angeblichen Mordes an Cardillac verhaftet.
- Brusson – Sohn einer früheren Pflegetochter – darf zur Scuderi und erzählt, dass Cardillac der berüchtigte Mörder war und von einem Bewaffneten in Notwehr erstochen wurde.
- Die Scuderi und Brussons Verlobte Madelon bitten beim König um die Freilassung Brussons.
- Der König lässt nachforschen und verkündet der Scuderi nach einigen Wochen die Freilassung Olivier Brussons.
- Weitere Lebensplanung von Olivier und Madelon

2 a Die Sätze in der richtigen Reihenfolge: B–1; E–2; A–3; F–4; C–5; G–6; I–7; D–8; H–9

b Zu Beginn kleidet sich die Scuderi für den Besuch beim König prächtig und legt Cardillacs Geschmeide an. Der König kommt ihr verwundert entgegen, als sie eintritt, und erkennt Cardillacs Schmuck. Daraufhin erzählt die Scuderi ihm, wie sie in den Fall Olivier Brusson einbezogen ist und was sie darüber weiß. Sie wirft sich dem Monarchen zu Füßen und bittet um Gnade für Olivier Brusson. Nun möchte der Herrscher Madelon sehen. Diese überreicht ihm weinend eine Bittschrift. Dadurch wird der König an eine frühere Geliebte erinnert und verabschiedet sie. Eine Weile hört die Scuderi nichts von der Sache, erfährt aber, dass der Monarch sich genau erkundigt. Später verkündet dieser der Scuderi die Freilassung Brussons.

Einen kreativen Schreibauftrag bearbeiten

Seite 40

1 Beispiellösung:

Liebste Freundin,

wie geht es dir? Ich hoffe, du bist besser aufgelegt als ich, denn mich bewegt etwas ganz Besonderes. Gestern war ich beim König wegen des Prozesses gegen Olivier Brusson – du erinnerst dich gewiss, er ist der Sohn meiner ehemaligen Pflegetochter. Du hast sicher gehört, dass er der vielen Raubmorde und des Mordes an seinem Arbeitgeber, dem Goldschmied Cardillac, angeklagt ist. Nun habe ich alles versucht, um den König von seiner Unschuld zu überzeugen. Die Raubmorde hat Cardillac begangen, und ein Edelmann, nicht Brusson, hat den Goldschmied in Notwehr erstochen! Brusson hat den Sterbenden nur nach Hause gebracht. Der König war von meinen Worten überrascht, aber sehr freundlich. Er wollte sogar Madelon, Brussons Verlobte, sehen. Zum Glück hatte ich sie mitgebracht. Das schöne Mädchen überreichte dem König eine Bittschrift und erinnerte ihn offenbar an die Valliere. Ob das gut oder schlecht war, weiß ich nicht, denn der König äußerte sich nicht auf unsere Bitten. Nun bin ich sehr verunsichert. Es bleibt mir nichts übrig, als abzuwarten. Sobald ich eine Nachricht vom König bekomme, werde ich dir gleich schreiben.

Mit vielen Grüßen und Küssen
deine Scuderi

Eine begründete Stellungnahme verfassen

1 Falsche Aussagen und mögliche Stichpunkte:
Der König hält nicht viel vom Fräulein von Scuderi. – respektiert, bewundert ihre Wortgewandtheit
Madelon wird schroff abgewiesen. – König reagiert mild, gütig, ist gerührt
Der König hat nicht vor, sich um den Fall zu kümmern. – lässt gründlich nachforschen

2 Beispiellösung:

Der König verhält sich der Scuderi gegenüber sehr freundlich und zeigt sich sogar humorvoll, indem er sie als Braut des Goldschmieds bezeichnet. Er hört sie geduldig an und möchte sogar die Verlobte des Beschuldigten sehen, äußert sich allerdings nicht. Er wirkt bewegt, als die Maintenon seine frühere Geliebte Valliere erwähnt, der Madelon ähnlich sieht. Der König richtet sich meiner Meinung nach sehr nach seiner momentanen Laune und ist empfindlich, wenn er auf etwas stößt, an das er nicht gern erinnert werden möchte. Anstatt der Scuderi, die er durchaus mag und schätzt, wenigstens zu sagen, dass er sich kümmern werde, lässt er sie im Ungewissen, sodass sie weiterhin um den jungen Mann bangen muss. Darin steckt eine gewisse Grausamkeit, denn von seinen Nachforschungen (Gespräch mit dem Adligen, der Cardillac erstochen hat, Kontakt zu den polizeilichen Behörden, Untersuchung des Hauses von Cardillac) erfährt sie nur zufällig. Der König wird hier vom Autor trotz der menschlichen Züge als der autoritäre Herrscher dargestellt, der er tatsächlich war („Der Staat bin ich").

Die sprachliche Gestaltung des Textausschnitts

1 a Beispiellösung: Die Scuderi zeigt Fantasie für den Besuch beim König, indem sie sich ganz besonders schön kleidet und den Schmuck des vielfachen Mörders anlegt.
Die Darstellung der jungen Madelon als traurige Schönheit regt die Fantasie des Königs an, der an seine frühere Geliebte denken muss, die jetzt im Kloster ist.
b Beispiellösung: Als Madelon weinend vor dem König liegt, denn sie erinnert den König durch ihren Schmerz um Olivier an seine eigene gefühlvolle Liebe für die Valliere.

Seite 41

2 **treffende Adjektive:** „edle", „ehrwürdigen" (Z. 18), „feierlichen" (Z. 19), „schmerzerfüllten" (Z. 33), „glanzvoll" (Z. 33 f.) – **Vergleiche:** „wie unsere schöne Braut um ihren Bräutigam trauert" (Z. 30 f.), „vielleicht ging es dem Könige wie dem Träumer" (Z. 127 f.) – **Aufzählungen:** „Sie schilderte Madelons wilden Schmerz, [...] die Art [...]" (Z. 43–47), „Angst – Bestürzung – scheue Ehrfurcht – Liebe und Schmerz –" (Z. 95 f.) – **Metaphern:** „in die gestellte Falle zum zweiten Mal zu gehen" (Z. 75 f.), „mochte alles aufbieten, das Opfer, das ihm entrissen werden sollte, zwischen den Zähnen festzuhalten" (Z. 164 f.)

Einleitungs- und Schlussmöglichkeiten

1 Beispiellösung: Die Novelle „Das Fräulein von Scuderi" von E. T. A. Hoffmann erschien erstmals 1820 beim Verlag G. Reimers in Berlin im 3. Band von „Die Serapionsbrüder". In dem vorliegenden Ausschnitt wird dargestellt, wie das Fräulein von Scuderi den König um Gnade für Olivier Brusson, den Sohn ihrer ehemaligen Pflegetochter, bittet.

2 A Der Schluss gibt zwar richtige Tatsachen an, geht aber zu wenig auf die eigentliche Leistung der Scuderi ein. Dass Brusson Madelon geheiratet hat, wird im Textausschnitt nicht beschrieben.
B Der Schluss beinhaltet eine treffende Stellungnahme und geht auf die Leistung der Scuderi ein. Auch dass es sich um eine frühe Kriminalgeschichte handelt, ist richtig dargestellt.
C Welche Schwierigkeiten die Schülerin / der Schüler beim Lesen hatte, ist für den Schluss nicht wichtig. Das vermeintlich übertriebene Verhalten entspricht dem Stil der Romantik.

Kurzgeschichten erschließen

Seite 42

1 Beispiele für Schlüsselwörter: Und weg – Schule war zu Ende – Junge – in einem Zimmer – Glück ist das nicht – 18 – Asien – drei Monate unterwegs – was erleben – Mädchen kennen gelernt – komisch – Fernseher – Leute – völlig fremd – einsam – sehnt sich nach Stefan Raab – nicht existiert, wenn er nichts hat, was er kennt – keiner anruft – Denkt er – in die heiße Nacht gegangen – nicht für ihn interessiert – wie tot sein – weint – stimmt so gar nicht mit den Bildern überein, die er zu Hause von sich hatte – cool sein – Heimweh – Internetcafé – liest seine E-Mails – Freunden – antwortet – alles großartig sei – nicht mehr allein – wieder am Leben – weit weg von zu Hause

Die Einleitung schreiben

Seite 43

1 a Fehler: <u>Der Text</u> – Hauptsache weit *(Anführungszeichen fehlen)* – 2004 – „Das Unerfreuliche <u>zuletzt</u>. Herrengeschichten" – <u>Es</u> handelt <u>um</u>
b Passende Kernaussage: C, Beispiellösung (Verbesserungen sind unterstrichen):

<u>Die Kurzgeschichte</u> „Hauptsache weit" von Sibylle Berg wurde <u>2001</u> in ihrem Buch „Das Unerfreuliche <u>zuerst</u>. Herrengeschichten" veröffentlicht. <u>Sie</u> handelt <u>von einem</u> Jungen, der auf einer Reise durch Asien von Heimweh und Einsamkeit geplagt wird und nur durch den Kontakt über das Internet Trost findet.

Den Inhalt der Kurzgeschichte zusammenfassen

1 a Fehler: Nach dem Abitur (I, nicht im Text) – Weil er will etwas erleben und neue Menschen kennenlernen (Sb) – Dort will (W) – Thailand, Kambodscha und Indien (I, zu ausführlich) – versifften (A) – erfüllten (Z) – Er leidet [...] ... Er sehnt sich [...] (W) – unter den Schmutz und den Ungeziefer (Gr) – die andere Reisende (Gr) – nach [...] soziale Kontakte (Gr) – der Junge ... dem Jungen (W) – sodass er sogar beginnt zu weinen (Sb) – stieß (Z) – mit seinen Freunden, Bill Gates, Fred Apple und SAT.1 (I, teilweise sachlich falsch) – ihm gefällt es (Gr)
b Beispiellösung (Verbesserungen sind unterstrichen):

Nach <u>Abschluss der Schule</u> hat einen jungen Mann das Fernweh gepackt. <u>Weil</u> er etwas erleben und neue Menschen <u>kennenlernen will</u>, ist er nach Asien geflogen. Dort <u>möchte</u> der Junge mehrere Monate bleiben und <u>verschiedene</u>

Länder bereisen. Allerdings sitzt der 18-Jährige in Fernost schon bald deprimiert in einem heruntergekommenen Pensionszimmer, denn seine Erwartungen haben sich nicht erfüllt. Er leidet unter dem Schmutz und dem Ungeziefer, die anderen Reisenden erscheinen ihm aufdringlich. Der Jugendliche sehnt sich nach vertrauten Dingen, wie den heimischen Fernsehstars, seiner Muttersprache und sozialen Kontakten. Als der Junge durch die nächtlichen Straßen und in ein Lokal geht, wächst sein Gefühl der Einsamkeit, sodass er sogar zu weinen beginnt. Sein gegenwärtiges Leben passt so gar nicht zu seinen Vorstellungen vor der Abreise. Es geht dem jungen Mann erst wieder besser, nachdem er auf ein Internetcafé gestoßen ist. Sogleich beginnt er, mit den Menschen zu Hause zu kommunizieren. Er lügt sie allerdings an und erzählt, ihm gefalle es in Asien gut / dass es ihm in Asien gut gefällt.

Sprachliche Besonderheiten und ihre Wirkung beschreiben

Seite 44

1 a Richtige Zuordnung: A2c Ellipse: „Ein Computer, ein Internetcafé" (Z. 65). → formuliert Wendepunkt, fällt auf, drückt die unverhoffte Freude aus – B3d unvollständiger komplexer Satz mit ungewöhnlicher Stellung/Wiederholung eines Satzglieds: „Die Schule war zu Ende, das Leben noch nicht, hatte noch nicht begonnen, das Leben" (Z. 1–3). → fällt auf, verdeutlicht verschlungene Gedankengänge des Jungen, betont das wiederholte Wort – C4a Fragen: „Und nun? Warum kommt der Spaß nicht?" (Z. 9 f.). → verdeutlichen Verunsicherung; zeigen, dass die Realität nicht mit den Erwartungen an die Reise übereinstimmt – D1b kurzer Aussagesatz: „Dann gibt es ihn nicht" (Z. 45 f.). → hebt Inhalt hervor, zeigt Einsamkeit: Ohne Freunde verliert der Mensch seine Identität.

●●● b Weitere Beispiele: zu A: „Magen gegen Tom Yam, Darm gegen Curry" (Z. 16). → teilweise andere Wirkung als Beispiel A: fällt auch auf, drückt aber Ekel und Abscheu aus – zu B: „Mädchen, die aussahen wie dreißig und doch so alt waren wie er, seit Monaten unterwegs, die Mädchen, da werden sie komisch" (Z. 28–30). → gleiche Wirkung wie Beispiel B: fällt auf, verdeutlicht verschlungene Gedankengänge des Jungen, betont das wiederholte Wort

2 a Auffällig: umgangssprachliche Ausdrücke
b Beispiele: „irgendwie" (Z. 6 f.), „was Kreatives" (Z. 8), „hockt" (Z. 10), „was erleben" (Z. 21), „dran denken" (Z. 32), „drauf" (Z. 35), „rumbekommen" (Z. 55), „cool sein" (Z. 60)
c Wirkung: wirken lebensnah, geben die Gedankenwelt der Figur glaubhaft wieder

3 Wiederholtes Verb: denken – „hatte er gedacht" (Z. 1), „hatte er sich gedacht" (Z. 18), „Denkt er" (Z. 46), „denkt der Junge" (Z. 51), „denkt an" (Z. 55), „er denkt an" (Z. 76) → Wirkung: verdeutlicht, dass die Gedanken des Jungen wiedergegeben werden, weist auf den Widerspruch zwischen seinem ursprünglichen Selbstbild / seinen Plänen und der Realität hin

Seite 45

4 Beispiellösung:

Wenn man die Sprache der Kurzgeschichte betrachtet, fallen beim Satzbau komplexe, teilweise unvollständige Sätze auf, in denen Satzglieder zur besonderen Hervorhebung wiederholt oder an ungewohnter Stelle genannt werden, z. B. „Die Schule war zu Ende, das Leben noch nicht, hatte noch nicht begonnen, das Leben" (Z. 1–3) oder „Mädchen, die aussahen wie dreißig und doch so alt waren wie er, seit Monaten unterwegs, die Mädchen, da werden sie komisch" (Z. 28–30). Solche Sätze, die an die Alltagssprache erinnern, stechen in einem literarischen Text hervor, sie verdeutlichen die verschlungenen Gedankengänge des Jungen, aus denen die Geschichte zum großen Teil besteht. Die Fragen „Und nun? Warum kommt der Spaß nicht?" (Z. 9 f.) zeigen die Verunsicherung, die der früher so selbstbewusste Jugendliche während seiner Reise erlebt. Er erfährt, dass die Realität nicht mit seinen Erwartungen übereinstimmt. Kurze Aussagesätze fallen ins Auge, betonen den Inhalt, z. B.: „Dann gibt es ihn nicht" (Z. 45 f.). Der knappe Satz führt dem Leser die Verlassenheit des Achtzehnjährigen vor Augen: Ohne Freunde verliert der Mensch seine Identität. Eine besonders kurze und damit auffällige Ellipse, die zugleich eine Aufzählung ist, formuliert den Wendepunkt der Geschichte: „Ein Computer, ein Internetcafé" (Z. 65). Ohne Gefühle oder Stimmungen zu nennen, wird so die unverhoffte Freude des Jungen ausgedrückt. Auch mit der Wortwahl nähert sich die Geschichte der Perspektive des Achtzehnjährigen. Auffällig sind umgangssprachliche Ausdrücke, etwa „irgendwie" (Z. 6 f.), „was Kreatives" (Z. 8), „was erleben" (Z. 21), „rumbekommen" (Z. 55) oder „cool sein" (Z. 60). Diese Wortwahl wirkt lebensnah und passt zur Darstellung der Gedankenwelt der Figur. Dass es in der Geschichte um die Gedanken des Jungen geht, verdeutlicht auch die wiederholte Verwendung des Verbs „denken" (vgl. Z. 1, 18, 46, 51, 55, 76). Zugleich verweist diese Wiederholung auf den Widerspruch zwischen seinem ursprünglichen Selbstbild bzw. seinen Plänen und der Wirklichkeit während der Reise.

5 Beispiellösung (Ergänzungen sind unterstrichen):

Bei den Stilmitteln fallen vor allem Sprachbilder auf, die die Gefühle des Jungen und seine Einsamkeit in der Fremde verdeutlichen, zum Beispiel der Vergleich „Das ist wie tot sein" (Z. 50 f.). Auch die Personifikation „selbst die Tiere reden ausländisch" (Z. 63) zeigt, dass der Junge niemanden zum Reden hat. Besonders betont wird die Fremdheit auch durch Wiederholungen, z. B. „aus seinem heißen Zimmer in die heiße Nacht" (Z. 46 f.) und „hat fremdes Essen vor sich, von einer fremdsprachigen Serviererin gebracht" (Z. 48 f.). Die Metapher, auf der Bettdecke seien „schon einige Kriege ausgetragen" (Z. 15) worden, bringt wirkungsvoll den Ekel des jungen Reisenden vor dem schmutzigen Zimmer zum Ausdruck.

Der Stimmungsumschwung des Achtzehnjährigen nach Entdeckung des Internetcafés wird ebenfalls mit sprachlichen Bildern dargestellt: Die Metapher „er [...] taucht in den Bildschirm ein" (Z. 75) macht klar, dass er nichts mehr um sich herum wahrnimmt, sondern vollkommen in der Internetwelt verschwindet. Der Vergleich „wie ein weiches Bett" (Z. 75 f.) für den Bildschirm verdeutlicht, wie sehr der Kontakt mit den Freunden dem jungen Mann ein Gefühl der Geborgenheit verschafft.

Die Textsorte bestimmen

1 Beispiellösung für Stichworte zu den zutreffenden Textsortenmerkmalen:
A ausschnitthafte Momentaufnahme: höchstens ein halber Tag während der dreimonatigen Reise – B nicht näher charakterisierte Figur(en): ein namenloser 18-Jähriger, über dessen Aussehen, Vorlieben und Zukunftspläne man wenig erfährt – C keine genauen Angaben zu Ort und Zeit der Handlung: in einer Pension, auf der Straße, in einem Lokal irgendwo in Asien, an einem Nachmittag und Abend – E prägendes Erlebnis oder innerer Konflikt der Hauptfigur: wachsendes Heimweh in der Fremde (vgl. Z. 61), Konflikt zwischen früherem Selbstbild (gelassener Weltreisender, vgl. Z. 21 f., 58 ff.) und deprimierender Wirklichkeit – F unerwartete Wende: Entdeckung des Internetcafés (vgl. Z. 65) → Umschlagen der Stimmung – G unmittelbarer Beginn und offener Schluss: abrupter Beginn mit Gedanken des Jungen, man erfährt nicht, ob er früher heimfliegt oder die Asienreise fortsetzt (vgl. Z. 77–79)
Nicht zutreffend: D Die Reise eines 18-Jährigen nach Asien ist eine Ausnahmesituation, keine Alltagssituation.

2 Beispiellösung:

Der Text weist viele Merkmale der Kurzgeschichte auf. Die Handlung umfasst etwa einen halben Tag während der dreimonatigen Asienreise eines jungen Mannes und stellt somit eine ausschnitthafte Momentaufnahme vor. Typisch für die Textsorte ist auch, dass die Hauptfigur nicht näher charakterisiert wird. Im Mittelpunkt steht ein 18-Jähriger, der gerade die Schule beendet hat. Über dessen Aussehen, Vorlieben und Zukunftspläne erfährt man wenig und er bleibt – charakteristisch für die Kurzgeschichte – namenlos. Ort und Zeit der Handlung sind ebenfalls nicht näher bestimmt: Sie spielt in einer Pension, auf der Straße und in einem Lokal irgendwo in Asien an einem Nachmittag und Abend. Außerdem kann man die Erfahrung des wachsenden Heimwehs in der Fremde als prägendes Erlebnis deuten. Darüber hinaus zeigt sich ein innerer Konflikt der Hauptfigur in der Geschichte, denn der Jugendliche erlebt den Widerspruch zwischen seinem früheren Selbstbild als Reisender, z. B. „cool" (Z. 60), „entspannt" (Z. 58 f.), und der deprimierenden Gegenwart „mit Sonnenbrand und Heimweh" (Z. 60 f.). Des Weiteren ist eine unerwartete Wende charakteristisch für die Kurzgeschichte. In dieser Erzählung findet sie sich in Zeile 65, als der Junge ein Internetcafé entdeckt. Vor dem PC, beim Lesen und Schreiben von E-Mails, schlägt seine Stimmung plötzlich um. Ein Kennzeichen der Textsorte ist schließlich auch der unmittelbare Beginn – man wird gleich in die Gedankenwelt des Jungen mitgenommen – und der offene Schluss. In den letzten Zeilen erfährt man nicht, ob der junge Mann früher heimfliegen oder seine Reise fortsetzen wird: „[...] und für ein paar Stunden ist er wieder am Leben, in der heißen Nacht weit weg von zu Hause" (Z. 77–79).

Eine Figur charakterisieren

Seite 46

1 a Beispiellösung: **Äußeres:** Alter: 18 Jahre (vgl. Z. 17) – Aussehen: schön; lange, dunkle Haare (vgl. Z. 4 f.) – Lebensumstände: hat gerade die Schule beendet (vgl. Z. 1), befindet sich allein auf einer Asienreise, besitzt wenig Lebenserfahrung (vgl. Z. 2–4) – Hobbys/Vorlieben: spielt Gitarre (vgl. Z. 5 f.), komponiert am Computer (vgl. Z. 6); **innere Vorgänge:** Zukunftswünsche: unklar, vielleicht in London Künstler werden (vgl. Z. 6 ff.) – Gründe für / Erwartungen an die Asienreise: Leben in Deutschland ist ihm zu langweilig (vgl. Z. 21), etwas erleben (vgl. Z. 21), Leute kennenlernen (vgl. Z. 24 f.), mit Wasserbüffeln spielen (vgl. Z. 59), in Straßencafés sitzen (vgl. Z. 59 f.), cool sein (vgl. Z. 60)

b Beispiellösung: A Er ekelt sich vor der schmutzigen Unterkunft, verträgt wie andere Reisende das asiatische Essen schlecht.
B Er hat Heimweh, denn ihm ist alles fremd; er erkennt, dass er ohne Heimat und Freunde nicht leben kann.
C Der Junge kommt mit dem fremden Essen nicht zurecht und fühlt sich allein.
D Er fühlt sich lediglich als Beobachter, der nicht am Leben der anderen Menschen teilnimmt.

c Er will seinen Freunden gegenüber nicht zugeben, dass er Heimweh hat und dass er sich die Auslandsreise anders vorgestellt hat. Dies wäre ihm peinlich, denn er wollte ja „cool sein" (Z. 60).

2 Beispiellösung:

Die männliche Hauptfigur, deren Name nicht genannt wird, ist 18 Jahre alt (vgl. Z. 17), sieht gut aus (vgl. Z. 4 f.) und hat lange, dunkle Haare (vgl. Z. 5). Der Junge, der gerade die Schule abgeschlossen hat (vgl. Z. 1), spielt gerne Gitarre und komponiert Musik am Computer (vgl. Z. 5 f.). Vom ersten Satz an erscheint er unreif und naiv, denn er hat keine Lebenserfahrung, hat „noch keine Enttäuschungen" (Z. 4) erlebt und das Leben hat für ihn noch nicht begonnen (vgl. Z. 2).
Er möchte eine weite Reise unternehmen, um dem langweiligen Alltag zu entkommen, etwas Neues zu erleben (vgl. Z. 21) und Menschen kennenzulernen (vgl. Z. 24 f.). Als er nach dem Ende seiner Schulzeit für drei Monate nach Asien fährt, erfüllen sich seine Erwartungen dort jedoch ganz und gar nicht.
Statt wie erhofft etwas zu erleben und Kontakte zu knüpfen, sitzt der Jugendliche allein in einem schäbigen Zimmer (vgl. Z. 10 f.) und hat Heimweh. Er fühlt sich in dem fremden Land unwohl, weil er einsam ist, das Klima und das Essen nicht verträgt und sich vor dem Schmutz ekelt (vgl. Z. 14–17, 34 f., 48–50, 71 f.). Die Sehnsucht nach seinen Freunden und

den Unterhaltungsmedien zu Hause ist groß. Es geht dem Jungen erst wieder gut, als er sich über E-Mails mit den Freunden daheim austauschen kann (vgl. Z. 65 ff.). Allerdings schreibt er ihnen nichts über seine Einsamkeit und seine wahren Gefühle, sondern berichtet nur Gutes über seine Erfahrungen im Ausland (vgl. Z. 68). Wahrscheinlich möchte er seinen Freunden gegenüber „cool" (Z. 60) erscheinen. Es ist ihm wichtig, seine Erlebnisse in ein positives Licht zu rücken und seine Enttäuschung zu verbergen. Der junge Mann möchte sein Gesicht nicht verlieren.

Eine begründete Stellungnahme schreiben

Seite 47

1 a Für die Themafrage nicht relevant und deshalb zu streichen: als Au-pair arbeiten, mit dem Rucksack unterwegs sein. – Inhaltlich ähnlich sind: a) Verantwortungsbewusstsein / Man wird selbstständiger. / Man lernt, mit Problemen umzugehen. (= Entwicklung der eigenen Persönlichkeit); b) Aussprache einer Fremdsprache verbessern / den Wortschatz einer Fremdsprache erweitern (= Verbesserung der Fremdsprachenkenntnisse)

b Beispiel für die Formulierung von Gliederungspunkten (im Nominalstil): Entwicklung der eigenen Persönlichkeit – Knüpfen neuer Kontakte – Verbesserung der Fremdsprachenkenntnisse – Kennenlernen einer neuen Kultur – Erholung/Abenteuer vor dem Berufsleben

2 Die Teile der Argumentation (Behauptung doppelt unterstrichen, Begründung einfach unterstrichen, Beispiel mit Punktlinie unterstrichen, Rückführung: nicht gekennzeichnet):

Für einen längeren Aufenthalt im Ausland spricht, dass diese Erfahrung der Entwicklung der eigenen Persönlichkeit dient und auf das spätere Leben vorbereitet. Da man während dieser Zeit ohne Eltern und Freunde zurechtkommen muss, also auf sich allein gestellt ist, wird man verantwortungsbewusster, handelt selbstständiger und lernt, Probleme zu bewältigen. So muss man sich beispielsweise selbst um Unterkunft und Verpflegung kümmern, das verfügbare Geld sinnvoll einteilen und sich an fremden Orten zurechtfinden. Folglich wird man also schneller erwachsen, wenn man als junger Mensch für längere Zeit ins Ausland geht.

3 a Warum/Inwiefern lernt man bei längeren Auslandsaufenthalten eine neue Kultur kennen?

- Viele Sehenswürdigkeiten
- Einblick in geschichtliche Ereignisse
- Man lernt die traditionellen Feste, Tänze, Essen, Musik usw. kennen.

b Beispiellösung (Unterstreichungen wie bei Aufgabe 12):

Des Weiteren lernt man bei längeren Auslandsaufenthalten die Kultur des jeweiligen Landes kennen. Schließlich hat man über einen längeren Zeitraum genügend Möglichkeiten, Museen und historische Bauwerke zu besichtigen, Einblicke in die geschichtlichen Ereignisse des Landes zu erhalten und traditionelle Feste, Tänze, Musik oder Gerichte usw. kennenzulernen. In Thailand wird man zum Beispiel mit dem buddhistischen Glauben vertraut, da Reisenden überall die Gelegenheit geboten wird, Tempel zu besichtigen und an religiösen Feiern, bei denen oft getanzt und gesungen wird, teilzuhaben. So erfährt man gerade bei längeren Auslandsaufenthalten vieles über die Kultur und die Traditionen eines Volkes und beginnt, aufgeschlossener und toleranter durchs Leben zu gehen.

4 ●●● Beispiellösung (Unterstreichungen wie bei Aufgabe 12):

Nicht zu vergessen ist, dass man bei einem Auslandsaufenthalt viele neue Leute kennenlernt und neue Kontakte knüpfen kann. Gerade wenn man alleine unterwegs ist, ist man kontaktfreudiger und aufgeschlossener gegenüber anderen Menschen und kommt schneller mit Fremden ins Gespräch. Beispielsweise spricht man in Unterkünften, Restaurants oder auf der Straße Einheimische oder andere Ausländer/-innen an, die vielleicht die gleichen Reiseziele haben wie man selbst und denen man sich möglicherweise für eine gewisse Zeit anschließt. So haben sich aus Auslandsreisen schon oft lebenslange Freundschaften ergeben.

Den Schluss schreiben

1 Über das Smartphone (soziale Medien, Messengerdienste, WhatsApp usw.)

2 Beispiellösung:

Ich träume selbst davon, nach meinem Realschulabschluss für ein halbes Jahr als Au-pair nach Irland zu gehen. Daher habe ich die Kurzgeschichte „Hauptsache weit" mit Interesse gelesen. Sie hat mich zum Nachdenken gebracht. Allerdings gehe ich nicht so naiv in den Auslandsaufenthalt wie die Figur in der Geschichte, sondern bereite mich gründlich vor und rechne auch damit, dass es Schwierigkeiten geben könnte. Außerdem würde ich kein Internetcafé aufsuchen müssen, denn ich habe ein Smartphone. So wäre es mir möglich, über die sozialen Medien und Messengerdienste Kontakt zu meiner Familie und meinen Freunden zu halten.

Kreative Schreibaufträge bearbeiten

Seite 49

1 Richtig: A und F – Fehler und Beispiele für die Verbesserung: B ein vegetarisches Gericht → ein Fleischgericht (vgl. Z. 26) – C schlechten Noten in Mathematik und Englisch → in Mathematik und Französisch (vgl. Z. 19 f.) – D weil sie so gerne Volksmusik hört → damit sie sich nicht mit dem Vater unterhalten muss (vgl. Z. 48 f.) – E da Daniela noch einen Termin hat → da Danielas Vater noch einen Termin hat (vgl. Z. 76) – G Heinz ist zwei Jahre älter → ist vier Jahre älter, denn sie ist zwölf und Heinz 16 (vgl. Z. 64, 121 f.)

Einen inneren Monolog schreiben

Seite 50

1 a Stellen im Text, die zeigen, dass Daniela kein gutes Verhältnis zu ihrem Vater hat: Z. 15–25, 27–29, 30–36, 44–49, 52 f., 60–66, 74–79, 126–130

b Beispiel: Entschluss: Ich werde ihm sagen, dass ich ihn erst mal nicht mehr treffen will!

c Beispiellösung:

Boah, bin ich froh, dass wir jetzt heimfahren! Ich bin ihm doch völlig egal! Warum sagt er mir nicht gleich, dass er kein Interesse an mir hat? Er weiß ja wirklich gar nichts über mich! Nicht mal, wie alt ich bin. Peinlich ist das! Da braucht er sich nicht zu wundern, dass ich ihm nichts von mir erzähle. Er wäre der Letzte, dem ich sagen würde, dass ich einen Freund habe. Von meinen schlechten Noten ganz zu schweigen ... Mr. Perfect hat ja immer alles richtig gemacht – super Noten in der Schule, ein toller Beruf und an der Scheidung ist auch nur Mama schuld. Wie arrogant er neben mir im Auto sitzt! Hat eben nicht jeder das Geld für so einen teuren Sportwagen! Aber für mich will er keinen Cent ausgeben. Muss ihn sogar um einen Wintermantel anbetteln, den ich dringend brauche ... Jetzt schaut er tatsächlich schon wieder auf die Uhr. Ob er glaubt, dass mir das nicht auffällt? Er wird's schon noch rechtzeitig zu seinem Date schaffen. Wahrscheinlich will er wieder zu irgendeiner Flamme ... Nee, das war jetzt wirklich der letzte Sonntag mit Papa. Wenn ich aussteige, sag ich ihm, dass ich ihn erst einmal nicht mehr treffen möchte. Ich habe wirklich genug! ... Oh, wie mir diese grässliche Volksmusik auf die Nerven geht! Ich dreh sie trotzdem lauter – dann hab ich wenigstens meine Ruhe, bis wir zu Hause sind. Sonst stellt er mir sowieso nur blöde Fragen.

2 ●●● Beispiellösung:

Ach, selbst jetzt im Auto weiß ich nicht, was ich mit Daniela reden soll. Wir schweigen uns nur noch an. Früher haben wir so viel miteinander gelacht, sie hat sich an mich geschmiegt oder auf meinem Schoß gesessen. Mein Mädchen! Wie konnte es nur so weit kommen? Ich finde einfach keinen Draht mehr zu ihr. Obwohl ich doch wirklich alle möglichen Themen angeschnitten habe: die Schule, meine Arbeit, Autos – alles wichtige und interessante Themen! Sogar einen neuen Wintermantel habe ich ihr bewilligt. Was soll ich denn noch machen? ... Und wie verächtlich sie mich manchmal ansieht. Wahrscheinlich denkt sie, ich habe später wieder eine Verabredung mit irgendeiner Frau. Dabei muss ich ins Büro. Natürlich ist es nicht leicht für das Kind, die Scheidung zu verkraften ... Aber mit ihrer Mutter hätte ich es nicht mehr länger ausgehalten. Daniela muss das doch verstehen! Oder gibt sie allein mir die Schuld an der Trennung? Vielleicht ist sie auch einfach nur in der Pubertät ... Wahrscheinlich wird schon das Treffen am nächsten Sonntag unterhaltsamer. Junge Mädchen sind eben an einem Tag so gelaunt und am nächsten Tag wieder ganz anders ...

Einen Dialog verfassen

1 a Beispiellösung: Gedanken von Danielas Mutter: Daniela wollte sich doch mit Brigitte treffen! Hat sie mich etwa belogen? Wer ist wohl der Junge neben ihr? Das wird doch nicht ihr Freund sein! – Danielas Gedanken: Was macht Mama denn plötzlich hier? Hat sie keine Kopfschmerzen mehr? Das gibt jetzt sicher Ärger! Soll ich Heinz als meinen Freund oder als einen Bekannten vorstellen?

b Beispiellösung:

Danielas Mutter *(überrascht):* Daniela? Was machst du denn hier? Wolltest du dich nicht mit Brigitte treffen?
Daniela *(genauso überrascht):* Das Gleiche könnte ich dich auch fragen. Du hattest doch so starke Kopfschmerzen!
Danielas Mutter *(gereizt):* Muss ich mich etwa vor dir rechtfertigen? Ich hatte Hunger und wollte mir nur schnell meine Pizza abholen, die ich bestellt habe. Dass ich dich hier treffen könnte, hätte ich wirklich nicht gedacht. Wer ist das überhaupt? *(Danielas Mutter deutet auf Heinz.)*
Daniela: Mama, das ist Heinz. Er ist an unserer Schule. Er ist schon in der zehnten Klasse und gibt mir manchmal Nachhilfe in Französisch und Mathe.
Danielas Mutter *(misstrauisch):* Warum hast du mir nie etwas von der Nachhilfe und Heinz erzählt? Und warum belügst du mich und behauptest, dass du zu Brigitte gehen würdest?

Daniela: Sie hatte doch keine Zeit und dir geht's ja nicht gut, deswegen habe ich Heinz angerufen, ob er sich mit mir treffen will.
Danielas Mutter: Daniela, du kannst mir jetzt erzählen, was du willst, aber du bist erst zwölf und kannst dich nicht einfach mit irgendwelchen fremden Jungs verabreden. Ich möchte schon vorher wissen, mit wem du dich triffst! Ich habe dir doch stets vertraut! Lass uns nun bitte nach Hause gehen, dann können wir in Ruhe darüber reden.
Daniela: Meinetwegen. Ich komm gleich nach. Ich will mich wenigstens noch von Heinz verabschieden.
Danielas Mutter: Beeil dich aber. Ich hole inzwischen meine Pizza an der Theke. *(zu Heinz:)* Tschüss, Heinz.
(Danielas Mutter holt ihre bestellte Pizza ab, bezahlt und geht nach draußen. Daniela verabschiedet sich noch hastig von Heinz und folgt ihr.)

Einen persönlichen Brief schreiben

Seite 51

1 a + b Zu streichen sind: F – H – J – N – O.
Richtige Zuordnung und weitere Ideen: Briefkopf: K – Anrede: E – Einleitung: M – Hauptteil: A, C, G, I – Weitere Ideen: kein Verständnis für meine schlechten schulischen Leistungen; erzählt mir Sachen, die mich nicht interessieren; muss mich rechtfertigen, damit er mir den Wintermantel bezahlt; redet schlecht über Mama – Schluss: D, L – Weitere Ideen: mehr Interesse für mich und meine Probleme zeigen – Grußformel/Unterschrift: B, P
c Beispiellösung:

Ingolstadt, den 5. Oktober 20..

Lieber Papa,

du wunderst dich sicher darüber, einen Brief von mir zu erhalten, da wir uns sowieso jeden Sonntag sehen und an diesen Tagen eigentlich genügend Zeit zum Reden haben. Aber ich bin heute so enttäuscht von unserem Treffen, dass ich mir das gleich von der Seele schreiben möchte. Ich will dir einmal aufzeigen, warum ich so unzufrieden bin.
Ehrlich gesagt, war ich heute froh, als du sagtest, dass du um vier Uhr noch einen Termin hättest, denn ich habe mich überhaupt nicht wohlgefühlt. Irgendwie kommt es mir vor, als würdest du mich gar nicht kennen. Du bist doch mein Vater und weißt nicht einmal, wie alt ich bin! Außerdem interessiere ich mich nicht für deine Autos oder deine Arbeit als Ingenieur, weißt du das denn nicht mehr? Können wir uns nicht über interessantere Dinge unterhalten? In deiner Gegenwart komme ich mir immer so klein und blöd vor, denn du bist stets erfolgreich und hast immer das Richtige getan. Du bist derjenige, der nie Probleme in der Schule hatte und in allen Fächern gut war. Tja, nun wirst du enttäuscht von mir sein: Ich habe nämlich große Probleme in der Schule, ich werde wahrscheinlich wegen Französisch und Mathematik durchfallen. Aber ich habe mich nicht getraut, dir dies ins Gesicht zu sagen, weil du sicher kein Verständnis dafür hast. Hast du denn wirklich nie schlechte Noten geschrieben? Jetzt verdienst du als Ingenieur viel Geld, was man an deinem neuen Sportwagen sehen kann. Mir gegenüber bist du aber ziemlich geizig. Warum muss ich dich denn anbetteln, wenn ich dringend einen Wintermantel brauche? Und meinst du etwa, dass ich das Geld anderweitig ausgebe, da ich dir sogar den Kassenzettel zeigen muss? Vertraust du mir denn so wenig? Mama und ich müssen stets aufs Geld achten, auch wenn du Alimente für mich bezahlst. Nur deshalb hat mich Mama gebeten zu fragen, ob du diesen Mantel vielleicht bezahlen könntest. Mama will wirklich nur das Beste für mich, auch wenn du jeden Sonntag über sie schimpfst. Am schlimmsten an unserem Treffen heute fand ich aber, dass du andauernd auf die Uhr geschaut hast. Das hat mir gezeigt, dass du es gar nicht erwarten konntest, bis es vier war und du mich losgeworden bist. Willst du mich denn überhaupt noch treffen? Hast du noch Interesse an mir und meinen Problemen?
Bitte schreibe mir baldmöglichst zurück, damit ich weiß, ob wir uns nächsten Sonntag wiedersehen oder ob ich mir etwas anderes vornehmen soll. Du bist mir wirklich wichtig und ich möchte dich auch weiterhin treffen. Aber bitte zeige Verständnis für meine Probleme und schimpfe zukünftig nicht mehr über Mama, denn ich mag sie genauso sehr wie dich.

Tschüss
deine Daniela

Gedichte verschiedener Epochen untersuchen

Heinrich Heine: Leise zieht durch mein Gemüt

Seite 52

1 fröhlich/heiter: „Geläute" (V. 2), „Frühlingslied" (V. 3), „Blumen sprießen" (V. 6)
romantisch: „Liebliches" (V. 2), „Rose" (V. 7)

2 Beispiellösung: Der Frühling zeigt sich als ein fröhliches Lied.

3 Beispiellösung: Der Liederklang soll bis zum Haus der Geliebten reichen.

Seite 53

4 Beispiellösung: Die Rose steht als Metapher für die Geliebte. Das lyrische Ich möchte also mit seinem Frühlingslied die Geliebte erreichen und grüßen.

5 a Beispiellösung: Das Gedicht enthält zwei Strophen zu je vier Versen im Kreuzreim (abab). Auf einen Vers mit vier Betonungen folgt jeweils ein Vers mit drei, wobei jeweils die erste von zwei Silben betont wird (Trochäus).
b Die Wortwahl des Gedichts ist einfach und gibt ihm einen volksliedhaften Charakter. Aufgrund seiner strukturellen und thematischen Einfachheit ist das Gedicht leicht zu vertonen. Alliterationen: leise – liebliches – Geläute – Frühlingslied (V. 1–3); Klinge, kleines ... Kling hinaus (V. 4 und V. 5); Sag, ich lass sie grüßen (V. 8)

7 Beispiellösung: Heine wollte die Bekannten erheitern, indem er die romantische Stimmung seines Gedichts untergräbt. Vermutlich wurde die Strophe nie veröffentlicht, da Heine mit seiner Lyrik zuvorderst nicht unterhalten, sondern ernst genommen werden wollte.

Conrad Ferdinand Meyer: Der römische Brunnen

1 Beispiellösung: Es wird ein Brunnen beschrieben, dessen fallender Strahl eine Schale trifft, die überfließt und eine zweite und dritte mit Wasser füllt.

2 a Beispiellösung: Das Gedicht besteht aus einer Strophe mit acht Versen, die im Kreuzreim (ababcdcd) angeordnet sind. Die Verse haben je vier Betonungen, wobei die zweite von zwei Silben betont wird (Jambus). Einzige Ausnahme ist das erste Wort, das für den Inhalt eine Besonderheit darstellt. Der letzte Vers enthält nur zwei Betonungen.
b Beispiellösung: Der Dichter bedient sich des Enjambements (V. 1–2, 2–3, 3–4, 5–6) sowie des Bindeworts „und" (V. 6–7, 7–8). So laufen die Verse des Gedichts ebenso über wie das Brunnenwasser in den Schalen.

Seite 54

3 a Beispiellösung: Der Vers könnte bedeuten, dass das menschliche Miteinander immer ein notwendiges Geben und Nehmen ist.
b Beispiellösung: Der Vers deutet darauf hin, dass das ganze Leben aus einem Strömen und Fließen besteht. Tatsächlich „ruht" aber der Brunnen und auch das Leben in seinem Strömen; ohne diese Ruhe wäre der Brunnen kein Brunnen, so wie das Leben erst im Tod Ruhe findet.

4 Personifikationen; Der Strahl „gießt" (V. 1) die Schale voll, die Marmorschale verschleiert sich (V. 3), die zweite Schale wird „reich" (V. 5), die Schalen „nehmen" und „geben" und „ruhen" (V. 7–8)

Hugo von Hofmannsthal: Die Beiden

1 Strophe 1: Ein hübsches, geschicktes Mädchen trägt einen vollen Becher in der Hand.
Strophe 2: Ein geübter Mann bringt sein Pferd geschickt zum Stehen.
Strophe 3: Als der Reiter den Becher, den ihm das junge Mädchen reicht, nehmen will, zittert er, ebenso das Mädchen, sodass der Rotwein verschüttet wird.

Seite 55

2 Beispiellösung:
Sie: Die junge Frau trägt den Becher ganz gerade, sodass selbst beim Gehen keine Flüssigkeit verschüttet wird. Dabei wirkt sie erhaben (vgl. V. 2).
Er: Das Pferd wird von dem Mann mit leichter Hand gelenkt und es gehorcht sofort.

3 Beispiellösung: Das Mädchen kann dem jungen Mann den Becher nicht sicher überreichen, er verfehlt ihn mit seiner Hand ebenso, sodass der Wein – vielleicht auch der Becher – auf dem Boden landet.
Beide sind offensichtlich vom Aussehen des anderen so ergriffen, dass sie nicht mehr auf den Becher sehen, sondern nur noch auf das Gegenüber. Scheinbar sind beide plötzlich sehr bemüht, anmutig zu wirken, sodass sie nervös werden und den Wein verschütten.

4 Beispiellösung:
Die Stelle deutet an, dass der Gesichtsausdruck des Mädchens regungslos und erhaben wie der des – vermutlich reich verzierten – Bechers ist.
Den beiden fallen ihre Tätigkeiten – das Tragen des Bechers und das Führen des Pferdes – sehr leicht. Vielleicht weist die Stelle auch auf die Leichtigkeit und Sorglosigkeit einer noch sehr kindlichen Person hin.
Vermutlich versuchen beide Personen, ihre Gefühle und ihre Aufgewühltheit zu verstecken, daher also auch nicht in ihren Gesichtern zu zeigen. Verraten werden sie jedoch durch das Zittern ihrer Hände.

5 Beispiellösung:
a Die Gedichtform wird vor allem in der Stilepoche des Barocks benutzt.
b aabb (Paarreim) abba (umarmender Reim) abccab (teilweise umarmender Reim)
c Die beiden ersten Strophen, die das Mädchen und den Reiter selbstsicher und erhaben darstellen, sind durch das Reimschema klar strukturiert. Im Aufeinandertreffen in der dritten Strophe vermischen sich auch die beiden Reimschemata zu einem dritten, deutlich ungeordneteren, was den inneren Aufruhr der beiden Personen widerspiegelt.

6 Beispiellösung: Achte bei deinem Rap darauf, dass er die Struktur und die Eigenschaften wiedergibt, wie du sie in den vorherigen Aufgaben herausgestellt hast.

7 Beispiellösung: **Romantik:** In Heinrich Heines Gedicht „Leise zieht durch mein Gemüt" ist – wie in den meisten romantischen Gedichten – ein Gefühl zu entdecken, hier die Freude am Frühling, die sich als schönes Lied darstellt. Dieses Lied verkörpert auch die Sehnsucht nach der Ferne, da es in die Weite hinausklingen soll. Die romantische Ironie zeigt sich in dem Gedicht in der poetischen Fantasie, bei der das lyrische Ich die Rose, also die Geliebte, grüßen lässt. Das Gedicht greift auch die einfache, volksliedhafte Form auf, die für die Romantik typisch war.
Poetischer Realismus: Conrad Ferdinand Meyer huldigt in „Der römische Brunnen" wie in vielen seiner Werke dem realistischen Historismus, indem er für sein Dinggedicht einen berühmten römischen Brunnen auswählt. Die genaue und zugleich sehr poetische Beschreibung des fließenden Wassers und die mitklingende Melancholie in dem Gedicht sind typisch für die Epoche des poetischen Realismus.
Neuromantik/Symbolismus: Die Werke Hugo von Hofmannsthals werden zumeist der Neuromantik und dem daraus hervorgehenden Symbolismus zugerechnet. Das Gefühl der Zuneigung, in dem Gedicht wesentlich durch die bebenden Hände dargestellt, entspricht einer (neu-)romantischen Situation. Ebenso ist der dunkle Wein ein Symbol für Blut, was zusammen mit dem Kelch als vorsichtige Andeutung des ersten Geschlechtsakts verstanden werden kann.

Pragmatische Texte erschließen – Eine Reportage untersuchen

Seite 56

1 Mögliche unbekannte Begriffe: die Population (Z. 17): die Gesamtheit von Individuen (z. B. Tieren) einer bestimmten Art; die Amphibie (Z. 35 f.): der Lurch, ein Landwirbeltier, das sich nur im Wasser fortpflanzen kann; die Zitadelle (Z. 40): die Festung; das Biotop (Z. 47): der Lebensraum bestimmter Pflanzen und Tiere; das Mosaik (Z. 47): aus vielen kleinen Teilen zusammengesetzte Einheit; der Publizist (Z. 59): ein Schriftsteller oder Journalist; die Urbanität (Z. 63): die städtische Atmosphäre; das Rote Rathaus (Z. 66): der Sitz des Regierenden Bürgermeisters von Berlin; die Gepflogenheiten (Z. 69): die Gewohnheiten; urban (Z. 82): städtisch, in der Stadt üblich; die Urbanisierung (Z. 85): die Verstädterung, städtebauliche Erschließung
Mögliche markierte Schlüsselwörter: Berlin, Durchzugsstraße, Kunststoffseil, Bäumen, Eichhörnchen-Luftbrücke, Schwerverkehr, große Population, viele, überfahren, Eichhörnchenseil, Verkehrssicherheit, Populationen, verbinden, Stadt, Lebensraum, Berlin, viele Tierarten, mehr Wildtiere als, freien Natur, Wildschweine, Turmfalken, Fuchs, Bundeskanzleramt, „Biotop-Mosaik", Futter, wenig Feinde, Waschbären, ideale Lebensbedingungen, Urbanität, bessere Natur, wärmer, heller, im Winter, Vorteil, Biber, kein Problem, Hunden, Spaziergängern, Urbanisierungsverlierer, Glasfassaden, Gefahr, Vögel, keine Brutplätze, sanierten Häusern, kaum noch Spatzen, Schwalben, Stadt naturnah gestalten, Wildtierarten informieren

Die Einleitung formulieren

Seite 57

1 Verbesserungen sind unterstrichen, unnötige Informationen durchgestrichen:
Die Reportage mit dem Titel „Tierische Stadt" wurde von Verena Mayer verfasst. Darin informiert die Autorin ihre ~~interessierten~~ Leser/-innen über die tierfreundliche Stadt Berlin und man erfährt, warum sich in den Großstädten immer häufiger Wildtiere ansiedeln. ~~Leider gibt es keine weiteren Informationen zur Autorin.~~ Das Erscheinungsdatum war der 15./16. März 2014 in der Süddeutschen Zeitung.

Den Inhalt strukturiert zusammenfassen

Seite 58

1 Richtige Reihenfolge der Sinnabschnitte und Beispiellösung für zwei Überschriften: 1 Eine Luftbrücke für Tiere in Berlin – Das Eichhörnchenseil (Z. 1–10) – 2 Das Eichhörnchenseil – Schutz im Straßenverkehr und Verbindung verschiedener Populationen (Z. 11–25) – 3 Artenvielfalt in der Großstadt (Z. 26–46) – 4 Vorteile für Wildtiere in der Stadt (Z. 47–56) – 5 Schnelle Anpassung an städtische Lebensumstände (Z. 57–84) – 6 Nachteile und Gefahren für Vögel in der Großstadt (Z. 85–91) – 7 Tipps für das Zusammenleben von Mensch und Wildtier in der Stadt (Z. 92–97) – 8 Aufmerksamkeit für das verschmähte Eichhörnchenseil: Vorübergehende Anlockung durch Futter (Z. 98–106)

2 Formulierungen, die bei der strukturierten Inhaltszusammenfassung eines Sachtextes helfen (die du also nicht durchgestrichen haben solltest): zunächst – daraufhin erläutert die Autorin – anschließend – in den Zeilen ... bis ... – zu Beginn – im weiteren Verlauf – der folgende Sinnabschnitt (Z. ... bis ...) – danach – schließlich – zuletzt – im letzten Abschnitt – am Ende greift die Autorin ...

3 Beispiellösung (Formulierungen, die auf die Struktur hinweisen, sind unterstrichen):

Zu Beginn beschreibt die Autorin in den Zeilen 1 bis 10 eine Luftbrücke für Tiere in Berlin – ein Eichhörnchenseil, das in mehreren Metern Höhe eine Straße überspannt. Das Seil soll den Tieren das sichere Überqueren der Straße oberhalb des gefährlichen Verkehrs ermöglichen und verschiedene Tiergruppen auf beiden Seiten der Verkehrsader verbinden, wie im folgenden Abschnitt (Z. 11–25) zu erfahren ist. Die beachtliche Artenvielfalt an Wildtieren in der Großstadt Berlin wird dann in den Zeilen 26 bis 46 anhand verschiedener Beispiele dargestellt. Anschließend (Z. 47–56) erläutert eine Mitarbeiterin des Naturschutzbundes die Vorteile, die das Leben in der Stadt für Wildtiere bietet, etwa den leichten Zugang zu Futter und wenige Feinde. Über ihre schnelle Anpassung an die städtischen Lebensumstände informiert danach in den Zeilen 57 bis 84 ein Biologe. Im nächsten Abschnitt (Z. 85–91) ist zu lesen, dass das Leben in der Stadt allerdings auch Nachteile und Gefahren birgt, zum Beispiel für Vögel, die in Neubauten und sanierten Häusern keine geeigneten Brutplätze mehr finden. Schließlich folgen Hinweise für ein gelingendes Zusammenleben von Mensch und Wildtier in der Stadt (Z. 92–97). Am Ende greift die Verfasserin noch einmal das Thema des szenischen Einstiegs vom Anfang auf: Im letzten Abschnitt berichtet sie, dass das Eichhörnchenseil noch nicht angenommen wird und man deshalb versucht, die Tiere mit Futter anzulocken, obwohl man Wildtiere eigentlich nicht füttern sollte (Z. 98–106).

Sprachliche Besonderheiten und ihre Wirkungen beschreiben

1 a + b + c Richtige Benennung und Zuordnung sowie weitere Beispiele mit ähnlicher Wirkung:
A „Berlin, Stadt der Tiere." (Z. 27), *weiteres Beispiel:* „Dazu wenig Feinde" (Z. 50): Ellipse → 3 fasst Inhalt knapp zusammen, erinnert an gesprochene Sprache, wirkt lebendig, bewirkt eine Verstärkung, wobei der Inhalt klar zu verstehen ist. – B „Weil viele der Tiere überfahren wurden, kam man auf das Eichhörnchenseil, das bereits in Städten wie New York im Einsatz ist" (Z. 20–22), *weiteres Beispiel:* „So sehe man in Großstädten wie London oder Paris kaum noch Spatzen, die Ritzen und Nischen brauchen, in die sie hineinschlüpfen können" (Z. 88–91): komplexes Satzgefüge → 2 erklärt Zusammenhänge und Hintergründe, wirkt informativ, Gedankengänge können besser veranschaulicht werden. – C „Was macht gerade die Hauptstadt für Wildtiere so interessant?" (Z. 32–34), „Wie kommen Wildtiere zurecht in der Großstadt?" (Z. 57), *weitere Beispiele:* „Was rät sie, damit Mensch und Wildtier es in derselben Stadt aushalten?" (Z. 92 f.), „Und was machen die Berliner Eichhörnchen?" (Z. 98): Fragen → 4 erinnern an Interview, strukturieren den Artikel, bieten Leseanreiz. – D „Für Tiere kann die Urbanität die bessere Natur sein" (Z. 62 f.), *weitere Beispiele:* „Allerdings gibt es auch Urbanisierungsverlierer" (Z. 85), „Das gleiche Problem haben die Schwalben" (Z. 91): einfacher Aussagesatz → 1 wirkt eindringlich, hebt Aussage besonders hervor, leicht verständlich.

d Beispiellösung:

Wenn man den Satzbau des Artikels betrachtet, fallen zunächst Fragen auf, z. B.: „Was macht gerade die Hauptstadt für Wildtiere so interessant?" (Z. 32–34) oder: „Wie kommen Wildtiere zurecht in der Großstadt?" (Z. 57). Diese Fragen erinnern an ein Interview, die Verfasserin hat sie Fachleuten gestellt. Sie strukturieren den Artikel, indem sie neue Sinnabschnitte einleiten. Außerdem dienen sie als Anreiz zum (Weiter-)Lesen. Eine weitere Besonderheit des Satzbaus in diesem Text sind die vielen Ellipsen, etwa „Berlin, Stadt der Tiere" (Z. 27) oder „Dazu wenig Feinde" (Z. 50). Sie fassen einen Inhalt knapp zusammen und erinnern, wie die Fragen, an die gesprochene Sprache. Dadurch wirkt der Artikel lebendig. Der Inhalt der Ellipse ist klar zu verstehen, obwohl Teile des Satzes ausgelassen wurden, um eine Verstärkung zu bewirken. Komplexe Satzgefüge nutzt die Autorin dagegen, um Zusammenhänge und Hintergründe sachlich und informativ zu erklären, beispielsweise in den Zeilen 20 bis 22: „Weil viele der Tiere überfahren wurden, kam man auf das Eichhörnchenseil, das bereits in Städten wie New York im Einsatz ist". Dadurch werden auch die Gedankengänge der Autorin besser zum Ausdruck gebracht. Eindringlich wirken einfache Aussagesätze wie „Für Tiere kann die Urbanität die bessere Natur sein" (Z. 62 f.). Durch die knappe Formulierung wird die Aussage besonders hervorgehoben und ist leicht verständlich.

Seite 59

2 a + b Beispiele: A Anschauliche Adjektive und Partizipien: „holprigen" (Z. 2), „angenagten" (Z. 18 f.), „berühmte" (Z. 42) – B Ausdrucksstarke Verben: „errichtet" (Z. 1), „glitzert" (Z. 4), „hat [...] gedöst" (Z. 44 f.), „scheuchte [...] davon" (Z. 46) – C Redewendung: „Hier tanzt der Bär" (Z. 27) → Wirkungen A–C: a vermitteln den Lesenden den Eindruck, vor Ort dabei zu sein – e wirken anschaulich – h machen den Text lebendig – i führen die Situation unmittelbar vor Augen – D Fremdwörter und Fachbegriffe: „Population" (Z. 17), „Amphibien" (Z. 35 f.), „Publizist" (Z. 59), „Urbanität" (Z. 63) – Fachbegriffe, aber keine Fremdwörter sind: „Gebäudebrüter" (Z. 36), „Lebensraum" (Z. 61), „naturnah" (Z. 93), „heimische Sträucher" (Z. 93 f.) → Wirkungen D: b belegen, dass die Verfasserin recherchiert hat – c wirken sachlich und informativ – f zeigen Fach- und Sachkenntnis – Unpassende Wirkungen: d wirkt witzig – g erscheint unangemessen

c Beispiellösung:

Die Wortwahl des Artikels weist bereits auf die beiden Seiten der Textsorte Reportage hin. Anschauliche Adjektive und Partizipien, z. B. „holprigen“ (Z. 2), „angenagten“ (Z. 18 f.), und ausdrucksstarke Verben, z. B. „glitzert“ (Z. 4), „hat [...] gedöst“ (Z. 44 f.), „scheuchte [...] davon“ (Z. 46), wirken lebendig und führen den Lesenden die geschilderte Situation unmittelbar vor Augen. Sie bekommen den Eindruck, vor Ort dabei gewesen zu sein. Zur anschaulichen Wirkung trägt auch die umgangssprachliche Redewendung „Hier tanzt der Bär“ (Z. 27) bei. Zugleich enthält der Artikel Fachbegriffe wie „Lebensraum“ (Z. 61), „Population“ (Z. 17) und „Amphibien“ (Z. 35 f.) sowie Fremdwörter wie „Publizist“ (Z. 59) oder „Urbanität“ (Z. 63). Diese betonen den sachlichen und informativen Inhalt der Reportage. Sie belegen, dass die Verfasserin recherchiert hat und dass sie sowie auch die befragten Spezialisten Fach- und Sachkenntnis besitzen.

Seite 60

3 Ergänzungen sind unterstrichen:

Mit dem Neologismus „Eichhörnchen-Luftbrücke“ (Z. 10) spielt die Autorin gleich zu Beginn auf die historische Luftbrücke an, über die die Westberliner Bevölkerung in den Jahren 1948/49 mit Nahrungsmitteln versorgt wurde. So gelingt es ihr, das Leseinteresse zu wecken. Dies gilt auch für weitere Wortneuschöpfungen: „Biotop-Mosaik“ (Z. 47) und „Urbanisierungsverlierer“ (Z. 85). Außerdem fallen bei den rhetorischen Mitteln besonders Aufzählungen ins Auge, z. B. „Füchse, Wildschweine, Hasen, Fledermäuse, Biber, Waschbären, Kraniche, Falken und allein 20 Brutpaare Mäusebussarde“ (Z. 29–31; vgl. auch Z. 38–44). Diese verdeutlichen, wie viele verschiedene Wildtierarten es in Berlin gibt. Auch ihre unterschiedlichen städtischen Lebensräume werden mit zwei Aufzählungen anschaulich gemacht: „Felder, Wälder und Gewässer“ (Z. 47 f.) sowie „Schuppen, Bretterverschläge, offene Müllsäcke“ (Z. 53 f.). Das Wortspiel „der neueste Zuzug in der Stadt der Zugezogenen“ (Z. 51 f.) wirkt witzig und lockert den Text auf.

Textsortenmerkmale benennen und ihre Wirkung beschreiben

1 a + b Verschiedene Merkmale verdeutlichen, dass es sich bei dem journalistischen Text um eine Reportage handelt. So steigt die Autorin mit einem Detail (Eichhörnchen-Brücke in Berlin) direkt in das Geschehen ein (Zoomtechnik), um das Interesse der Leser/-innen zu wecken und sie in die Situation hineinzuversetzen. Das aktuelle Ereignis (die Eichhörnchen-Brücke) bietet den Anlass für das Thema „Wildtiere in Berlin“. Darüber hinaus ist erkennbar, dass Verena Mayer vor Ort recherchiert hat. Dies zeigen die genauen Schilderungen der Umgebung (Z. 1–7). Die Reportage wirkt dadurch und durch die ausdrucksstarke Sprache anschaulicher und lebendiger als ein Bericht. Für die Textsorte ist weiterhin typisch, dass sich Schilderungen der Atmosphäre vor Ort und sachliche Informationen, hier zum Leben der Wildtiere in der Großstadt (Z. 38–56), abwechseln.

Seite 61

2 Kennzeichen der Reportage ist außerdem der Perspektivenwechsel, denn es kommen verschiedene Personen zu Wort (Ursula Bauer, Z. 16–18, Cord Riechelmann, Z. 60–78, und Katrin Koch, Z. 47–50, 81–97). Auch der Schluss ist charakteristisch: Mit der erneuten Anspielung auf die Berliner Luftbrücke (Z. 105) wird die Eingangsszene noch einmal aufgegriffen (Zooming-out). Zudem belegt das ansprechend gestaltete Layout, dass es sich um eine Reportage handelt. Typisch sind die Fotos, die die Berichterstattung ergänzen und einen Leseanreiz bieten. Neugier weckt die die fett gedruckte Schlagzeile „Tierische Stadt“, die auf den ersten Blick keine Informationen bietet. Sie klingt eher rätselhaft und regt zur Lektüre an. Aufklärung über den Inhalt des Artikels gibt allerdings die Zwischenüberschrift, die den relativ langen Text strukturiert.

Eine begründete Stellungnahme zum Text schreiben

1 a Beispiellösung:

Vorteile	Nachteile
– wärmer und heller als in der freien Wildbahn	– Straßenverkehr: häufiger Unfälle
– genügend Futter vorhanden	– Tiere: mögliche Plage für Menschen
– wenig natürliche Feinde	– Krankheiten auf Menschen übertragen
– Tiere passen sich an städtische Lebensumstände an	– Stadt nicht der „natürliche“ Lebensraum für Tiere

b Beispiellösung:

Wenn Wildtiere in einer Großstadt leben, gibt es Vorteile, die in der Reportage „Tierische Stadt" von Verena Mayer dargestellt werden. Es gibt aber auch Nachteile, die man nicht unbeachtet lassen sollte. Deshalb kann ich der Aussage „Für viele Tiere ist die Stadt der bessere Lebensraum" (Z. 26) nicht zustimmen.
Als Erstes ist zu erwähnen, dass es in der Stadt durch den dichten Straßenverkehr viel häufiger zu Unfällen mit Wildtieren kommt. Das geschieht, weil Autofahrer oft nicht rechtzeitig auf die unerwartete Begegnung reagieren können. Wenn ein Tier zum Beispiel nachts plötzlich auf die Fahrbahn läuft, sehen Autofahrer es zu spät und ein Wildtier-Unfall ist vorprogrammiert. Außerdem können Tiere in der Stadt für den Menschen eine Plage darstellen, denn sie zerstören häufig Eigentum und sorgen für Lärm, Schmutz oder Geruchsbelästigung. Immer mehr Waschbären und Marder siedeln sich zum Beispiel auf Dachböden an, verschmutzen diese oder stören die Nachtruhe der menschlichen Bewohner. Auch kriechen Marder häufig unter die Motorhaube geparkter Autos und zerbeißen dort Kabel. Aus diesen Gründen bin ich der Meinung, dass Tiere in einer natürlichen Umgebung leben sollten und die Stadt nicht der bessere Lebensraum für sie ist.

Einen kreativen Schreibauftrag bearbeiten

1 a Beispiellösung:

Was für ein schöner Morgen! Was der Tag wohl bringen wird? Jetzt erst mal eine Tasse heiße Schokolade und eine Portion Kekse auf dem Balkon. Ab in den Hängesessel und es sich gemütlich machen, die Ruhe genießen. Die Eltern schlafen wohl noch, alles leise. Oh, da ist es ja! Mein Eichhörnchen. Das rotbraune Tierchen mit dem buschigen Schwanz flitzt über die Brüstung, als hätte es schon auf mich gewartet. Jetzt sitzt es nur zwanzig Zentimeter von meinen Füßen entfernt und schaut mich erwartungsvoll an. Möchte wohl wieder mal meine Kekse kosten. Gestern haben sie ihm ja ausgezeichnet geschmeckt. Nur ein paar Krümel sind für mich übrig blieben. Meine heiß geliebten Kokoskekse, zum Teilen eigentlich viel zu schade. Aber bei diesem Blick kann ich einfach nicht widerstehen. Seit drei Tagen kommt das niedliche Tier nun pünktlich jeden Morgen zu mir an den Sessel, um gefüttert zu werden. Meine Eltern glauben inzwischen, dass ich fantasiere, weil es immer schon weg ist, wenn sie auftauchen. Kleiner Freund, geht es dir gut? Was machst du heute? Huch, ein Sprung, und es ist fort. Kein Wunder, da kommt Paps. Schade, ich hätte gern mehr Zeit mit meinem neuen Freund verbracht ...

b Beispiellösung:

Liebe Tante Franziska,
vielen Dank für deinen letzten Brief. Ich hoffe, es geht dir gut und dein Auto ist wieder in Ordnung. Es ist natürlich nicht schön, dass du jetzt schon zum dritten Mal in die Werkstatt musstest, weil ein Marder die Kabel so lecker fand. Aber ich habe gerade in einer Reportage gelesen, dass in Berlin unheimlich viele Wildtiere leben und es dort so viele Tierarten gibt wie in keiner anderen Stadt. Das ist doch eigentlich toll, oder findest du nicht? Tiere mögen Berlin anscheinend genauso gern wie du. In der Großstadt haben sie ja meistens auch ein besseres Leben als in freier Wildbahn, zum Beispiel ein größeres Futterangebot und weniger Feinde. Außerdem nehmen wir Menschen den Wildtieren immer mehr Lebensraum weg, weil wir die Flächen für Neubauten oder die Landwirtschaft nutzen. Kein Wunder, dass die Tiere in die Stadt kommen, wo sollen sie denn sonst hin? Deshalb kann ich nur schwer nachvollziehen, dass du so wütend auf den Marder bist. Er hat dein Auto ja nicht mit Absicht kaputt gemacht, er versucht auch nur, zu überleben. Trotzdem sind die ständigen Reparaturen natürlich ärgerlich und auch teuer. Deshalb habe ich mal ein bisschen recherchiert.
Es gibt einige Möglichkeiten, wie man die Kabelbisse vermeiden kann, zum Beispiel Sprays, Stäbchen oder Pasten für den Motorraum. Die vertreiben Marder, ohne ihnen weiter zu schaden, und die Wirkung hält monatelang an. Vielleicht wäre das ja etwas für dich? Wir können ja gern auch mal darüber telefonieren, wenn du magst.
Liebe Grüße und bis bald
dein Marc

Den Schluss schreiben

1 Beispiellösung:

Für die Zukunft würde ich mir wünschen, dass die Tipps von Katrin Koch für ein gutes Miteinander von Mensch und Tier in der Stadt von allen Stadtbewohnerinnen und Stadtbewohnern umgesetzt werden. Außerdem sollten wir Menschen den natürlichen Lebensraum von Wildtieren schützen und wieder vergrößern, statt ihn weiter zu beschränken.

Einen Kommentar kriteriengeleitet erschließen

Seite 62

1 Beispiellösung:
Die Nachricht handelt von der Organisation DOSB, die sich gegen die Aufnahme von E-Sport als Sportart positioniert hat.

Den Text erschließen

Seite 64

1 a Es geht um eine Argumentation für die Anerkennung von E-Sport als Sportart.
b 1 etablierten = herkömmlichen, traditionellen – 2 Funktionäre = führende Personen eines Verbands – 3 ethischen Werte = sittlichen Verhaltensnormen – 4 Taktisches = planvolles, berechnendes
c – Die in der Grafik verwendeten Farben stehen für ... Hellblau = gelegentliche Zuschauer von E-Sport in Millionen und Dunkelblau = E-Sport-Enthusiasten in Millionen.
– Verglichen werden die Jahre 2016, 2017, 2018, 2019, 2020 und 2023.
– Sowohl die Zahl der gelegentlichen Zuschauer beim E-Sport als auch die Zahl der weltweiten E-Sport-Enthusiasten ist zwischen 2016 und 2020 stetig gewachsen und wird in Zukunft wohl noch weiter steigen/wachsen.

2 a Beispiellösung:
„tun sich weiter schwer" (Z. 1), „Das Phänomen E-Sport ist nicht mehr aufzuhalten" (Z. 3 f.), „Doch diese Skepsis ist nicht angebracht, denn E-Sport ist Sport" (Z. 16 f.), „sperrigen Definition" (Z. 23), „Warum also die Skepsis gegenüber E-Sport?" (Z. 34 f.), „Es wird Zeit, den E-Sportlern auch in Deutschland ihren verdienten Platz in der Sportlerfamilie einzuräumen" (Z. 39 f.)
b Z. 1–2: aktuelles Ereignis – Z. 3–17: Stellungnahme – Z. 18–33: Argumentation – Z. 34–35: Gegenargument – Z. 35–39: Entkräftung / neues Argument – Z. 39–40: Appell – Z. 40–42: Fazit

Die Einleitung schreiben

Seite 65

1 Der Kommentar „Nachgehakt" von Paul Lambertz erschien am 14. 10. 2017 auf der Internetseite rp-online.de. In ihm geht es um eine Argumentation für die Anerkennung von E-Sport als Sportart.

Den Inhalt strukturiert zusammenfassen

1

Baustein des Kommentars	Zusammenfassende Überschrift	Zeilen
aktuelles Ereignis	Popularität des E-Sports wächst, aber deutsche Sportverbände wollen E-Sport nicht als Sport anerkennen	1–2
Stellungnahme	Diskussionen um den Charakter, aber E-Sport ist auch Sport	3–17
Argumentation	Definition von Sport nach DOSB wird erfüllt	18–33
Gegenargument/Entkräftung	Skepsis wegen der Ausübung vor dem Bildschirm	34–36
Beispiel	Blick in andere Länder	36–39
Appell	E-Sportler auch in Deutschland würdigen	39–40
Fazit	Verbände werden E-Sport akzeptieren müssen	40–41
Mahnung/Warnung	Anschluss an die Jugend könnte verloren gehen	42

2 Beispiellösung:

Einleitend stellt Paul Lambertz in den Zeilen 1–2 den Anlass seines Kommentars vor, die fehlende Anerkennung von E-Sport durch deutsche Sportverbände. Direkt im Anschluss (Z. 3–17) nimmt er Stellung für den E-Sport und beantwortet die zentrale Frage, ob es sich dabei tatsächlich um Sport handelt, mit Ja (Z. 17). Im nächsten Absatz (Z. 18–33) begründet und belegt der Autor, dass die Anforderungen an eine Sportart nach DOSB erfüllt werden. Sowohl Bewegung, Koordination, entsprechende Taktiken wie auch Ausdauer müssen E-Sportler mitbringen. Zusätzlich argumentiert Lambertz mit konkreten Zahlen von Herzfrequenzmessungen, die ergeben haben, dass beim E-Sport körperliche Leistungen erbracht werden müssen. Darüber hinaus zieht er noch Vergleiche mit anderen Sportarten, die ebenfalls von außen wenig sichtbare Anstrengungen beinhalten, z. B. Schießsport oder Schach. Ab Zeile 34 wird ein Gegenargument der E-Sport-Kritiker angeführt, nämlich, dass die Ausführung des Sports bloß vor dem Bildschirm stattfindet. Zur sofortigen Entkräftung benennt Paul Lambertz einige Länder, in denen E-Sport bereits als Sportart anerkannt ist (Z. 36–39). Am Schluss des Kommentars (Z. 39–42) bekräftigt der Verfasser mit einem Appell seine Forderung, den E-Sport anzuerkennen, und zieht das Fazit, dass die Sportverbände ihn werden akzeptieren müssen. Die abschließende Mahnung, dass sonst der Anschluss an die Jugend verloren gehen könne, gibt nochmals deutlich die Meinung des Autors wieder.

Die Sprache analysieren

Seite 66

1 Im Bereich des Satzbaus fallen den Lesenden eine ganze Reihe von Fragesätzen auf, z. B.: „Ihnen sagt E-Sport nichts?" (Z. 3) oder: „Doch ist Computerspielen […]?" (Z. 10 f.). Auffällig ist auch die doppelte Verwendung dieser rhetorischen Fragen direkt hintereinander in den Zeilen 34–35, wodurch der Autor unterstreichen möchte, dass man endlich eine Antwort auf die Frage nach dem Sportcharakter des E-Sports braucht. Außerdem ist ab Z. 19 eine auffällige Konstruktion mit einer Nummerierung im fortlaufenden Text verwendet worden. Damit wird das Argument klar strukturiert und die Lesenden können diese Inhalte schrittweise nachvollziehen.

2 a + b

„Schießen, Schach, Dart oder Motorsport" (Z. 33)	Aufzählung	stärkere Veranschaulichung einer Sache, verleiht der Aussage mehr Gewicht
„Marketing" (Z. 11) „E-Sport-Teams" (Z. 7)	Anglizismus/ Anglizismen	Aktualität und Einsatz moderner, frischer Sprache
„Warum also die Skepsis gegenüber E-Sport?" (Z. 34)	rhetorische Frage	(Scheinfrage ohne Antwort) → Interesse wecken, die Lesenden dazu anregen, selbst Antworten zu geben, und damit Lenkung in eine gedankliche Richtung
„Skepsis" (3 x) Z. 14, 16 f., 34	Wortwiederholung	nachdrückliches Einprägen eines wichtigen Begriffs durch konstantes Wiederholen
„E-Sport-Turniere" (Z. 5) „Hand-Augen-Koordination" (Z. 26) „Herzfrequenzbereiche" (Z. 30)	Fachsprache	Glaubwürdigkeit durch Verwendung von Begrifflichkeiten, zeigt Kompetenz in der Sache

c Beispiellösung:

Im Bereich der Stilmittel verweist der Verfasser z. B. in einer Aufzählung auf „Schießen, Schach, Dart oder Motorsport" (Z. 33), um seiner Aussage, dass E-Sport ein „richtiger" Sport ist, mehr Gewicht zu verleihen. Seine eigene Glaubwürdigkeit und Kompetenz unterstreicht er durch seine Wortwahl mit Ausdrücken der Fachsprache, beispielsweise „Hand-Augen-Koordination" (Z. 26) und „Herzfrequenzbereiche" (Z. 30). Zugleich wirkt seine Sprache jedoch modern und frisch, weil er Anglizismen verwendet, z. B. „E-Sport-Teams" (Z. 7) oder „Marketing" (Z. 11). Die Wortwiederholung des wichtigen Begriffs „Skepsis" (Z. 14, 16 f.) und das Stilmittel der rhetorischen Frage „Warum also die Skepsis gegenüber E-Sport?" (Z. 34) regen die Lesenden dazu an, eine Antwort im Sinne des Autors zu geben: Skepsis ist nicht angebracht, E-Sport ist Sport.

d Beispiellösung:
Aufzählung: „Taktisches Geschick, Spielübersicht, Durchhaltevermögen, vorausschauendes Denken und räumliches Orientierungsvermögen" (Z. 26–28) – Anglizismus: „Asian Games" (Z. 39) – rhetorische Frage: „Ihnen sagt E-Sport nichts?" (Z. 3) – Wortwiederholung: „E-Sport" (Z. 1, 3, 4, 9, 17, 24, 34, 35, 38, 41) – Fachsprache: „motorische Aktivität" (Z. 20)

Merkmale der Textsorte „Kommentar" erkennen und belegen

Seite 67

1

Kommentar	**Beide Textsorten**	**Reportage**
– dient der Meinungsbildung – Bezug zu einer aktuellen Nachricht – Autorenfoto – deutlich subjektive Meinungsäußerung – im Mittelteil argumentativ – zieht häufig ein Fazit – endet oft mit einem Appell	– persönliche Meinung der Autorin / des Autors wird deutlich – Autor/-in wird stets genannt – ausdrucksstarke Sprache – enthält auch sachliche Informationen	– anschauliche Darstellung eines Themas am konkreten Beispiel – Bilder als Leseanreiz – Beteiligte und Fachleute kommen zu Wort – szenischer Einstieg – Zoomtechnik (Beginn mit einem Detail) – erlebnishafter Schreibstil – Tempuswechsel (Wechsel der Zeitstufen) – Verfasser/-in hat vor Ort recherchiert – Headline weckt Neugier

Unpassend sind:
Headline informiert über Kern der Nachricht – wichtigste Informationen am Anfang – Leadstil – enthält ausschließlich sachliche Informationen – Hintergrundwissen am Ende → alle der Textsorte „Bericht" zuzuordnen

2 a Bereits durch die konkrete Nennung des Autorennamens Paul Lambertz noch vor der Schlagzeile weist das Layout auf die Textsorte „Kommentar" hin. Damit wird deutlich, dass es sich um die persönliche Meinungsäußerung des Verfassers handelt. Außerdem ist auch der Titel „Nachgehakt" deutlich als Überschrift des Textes dargestellt. Des Weiteren weist der Artikel grafische Elemente auf. Außerdem ist der Kommentar eingerahmt.

b Beispiellösung:

Wie bei einem Kommentar üblich, bezieht sich der Autor mit seiner Stellungnahme auf ein aktuelles Ereignis bzw. eine aktuelle Diskussion – hier auf die Anerkennung von E-Sport als Sportart. Seine subjektive, nämlich positiv wertende Position gegenüber dem E-Sport gibt er direkt in den einleitenden Worten und an einigen weiteren Stellen im Artikel zu erkennen. Er entkräftet das Argument der Gegenposition, Skepsis sei angebracht, weil der Sport vor dem Bildschirm stattfinde, und beendet seinen Text mit einem Appell und einer Warnung, wie in der Inhaltszusammenfassung bereits dargestellt. Auch einige der vom Verfasser verwendeten sprachlichen Mittel sind kennzeichnend für einen Kommentar, etwa wertende Ausdrücke („nicht angebracht", Z. 17, „verdienten Platz", Z. 40), die eindringlich wirkenden Wortwiederholungen („Skepsis", „E-Sport") und die rhetorischen Fragen, die bereits beschrieben wurden.

Die mögliche Absicht des Autors beschreiben

Seite 68

1 a + b Am ehesten treffen zu:
- die Leserinnen und Leser zum Nachdenken und zur eigenen Meinungsbildung anregen (vgl. Z. 10 f., 34)
- von der Bedeutung des E-Sports auch als Sportart überzeugen (vgl. Z. 6, 9, 17)
- aufzeigen, dass die Anerkennung von E-Sport als Sportart unerlässlich ist (vgl. Z. 1–2, 24–33, 37–42)

c Beispiellösung:

Wie jeder Kommentator möchte Paul Lambertz seine Leserinnen und Leser zum Nachdenken anregen und zur Bildung einer eigenen Meinung auffordern. Dabei hofft er sicher, sie durch seine Argumentation zu einer positiven Sichtweise auf den E-Sport zu motivieren und für seine subjektive Position zu gewinnen. So stellt er immer wieder rhetorische Fragen (Z. 3, 10 f., 34), durch die er den Gedankengang der Lesenden lenkt und die er dann im weiteren Verlauf des Artikels beantwortet. Lambertz möchte die Leserschaft eindeutig von der Bedeutung des E-Sports als Sportart überzeugen, denn er führt die Sportdefinition des DOSB an und belegt, dass wichtige Vorgaben beim E-Sport erfüllt sind (Z. 18–31). Er zieht Vergleiche mit anderen Sportarten wie Schach oder Schießsport, um seine Einschätzung zu untermauern (Z. 31–33). Schließlich hat er auch die Absicht, aufzuzeigen, dass die Anerkennung von E-Sport als Sport unerlässlich ist. Dazu führt er zum einen andere Länder an, in denen dies schon der Fall ist (Z. 2, 36–39), und warnt zum anderen die Sportverbände davor, dass sich besonders die Jugend sonst von den etablierten Sportvereinen abwenden könnte (Z. 40–42).

Eine begründete Stellungnahme verfassen

1 b Beispiellösung:

offene Arme (positiv)	hat wenig mit Sport zu tun (skeptisch)
– fördert Koordination – bereits viele Anhänger / „E-Sportler/-innen" – regelmäßiges Training nötig – Leistungsgedanke genau wie bei anderen Sportarten	– nur auf den Bildschirm schauen – kaum Bewegung, da man nur sitzt – Abhängigkeit von Spieleherstellern – laufende Veränderung der Spiele durch Weiterentwicklung, aber Regeln beim Sport bleiben gleich – teils Spiele mit Gewaltdarstellungen – große Abhängigkeit von technischer Ausrüstung

c Beispiellösung:

Meiner persönlichen Meinung nach sollte E-Sport aus mehreren Gründen zunächst weiterhin skeptisch betrachtet werden. Erstens können durch die laufende Veränderung der Spiele und die immer rasanter werdenden Weiterentwicklungen kaum allgemeingültige Regeln geschaffen werden, die sich dann weltweit einheitlich anwenden ließen. Gerade Sportspiele erhalten Jahr für Jahr ein Update, die Spielerinnen und Spieler müssen neue Versionen kaufen, um auch wirklich alle Features nutzen zu können. Entsprechend würde sich bei Turnieren eine Wettbewerbsverzerrung nicht vermeiden lassen. Zweitens kann beim E-Sport eine Abhängigkeit (z. B. durch Sponsoring und Werbeeinnahmen) von den Spieleentwicklern und Computerspiel-Konzernen entstehen, die vor allem das Marketing im Auge haben, um möglichst große Gewinne verbuchen zu können. Außerdem muss beachtet werden, dass es auch eine ganze Reihe von E-Sport-Spielen gibt, die massive Gewaltdarstellungen beinhalten. Dies kann und darf nicht als „Sport" angesehen werden, da in diesen Spielen Gegner zum Teil sogar getötet werden müssen. Die Frage, wo in dieser Hinsicht Grenzen gezogen werden, müsste dann auch international geklärt werden, um die Vergleichbarkeit bei Wettkämpfen zu gewährleisten. Und abschließend ist der Erfolg beim E-Sport zu einem großen Teil von der technischen Ausrüstung abhängig, was bei vielen anderen Sportarten nicht der Fall ist. Die ständige Weiterentwicklung von PC-Leistung und Übertragungsgeschwindigkeiten fordert von den E-Sportlern immer wieder Investitionen. Ob der Boom des E-Sports aufzuhalten ist, ist fraglich, aber man muss unbedingt weiterhin kritisch bleiben und die Entwicklung verfolgen, um die genannten Risiken allen Beteiligten immer wieder vor Augen führen zu können.

Kreativer Schreibauftrag: Einen Leserbrief verfassen

Seite 69

1 a + c Beispiellösung:

Laura Meier
Arndtstraße 24
82131 Gauting

An die Redaktion von rp-online
Paul Lambertz

Gauting, 13.05.20..

Leserbrief zum Kommentar „Nachgehakt", rp-online vom 14.10.2017

Sehr geehrter Herr Lambertz,

Ihr Kommentar „Nachgehakt" vom 14.10.2017 auf der Website „rp-online" hat mich zum Nachdenken gebracht. Ich teile Ihre Meinung, dass man mit Offenheit an neue Sportarten und Innovationen im Allgemeinen herangehen sollte, habe aber erhebliche Zweifel, ob ausgerechnet E-Sport wirklich als Sport betrachtet werden kann.
Gerne stimme ich Ihrer These zu, dass E-Sport die Definition von Sport nach DOSB erfüllt, allerdings frage ich mich, wie Spiele voller Gewaltdarstellungen wie Counter-Strike als Sport gesehen werden sollen. In diesen Spielen geht es darum, Gegner zu töten – und das widerspricht doch den grundlegenden Gedanken des Sports, allem voran dem Fair Play völlig. Sie fragen, ob Skepsis angebracht sei, da doch andere Länder den E-Sport bereits zur Sportart erhoben haben, und führen dann sogar die Asian Games an. Gerade in Asien sitzen die großen Technologiekonzerne, die an der Weiterentwicklung dieser Spiele viel Geld verdienen und sie gezielt vermarkten. Und die Spielerinnen und Spieler können nur durch ständige Neuanschaffungen die technischen Voraussetzungen erfüllen, die die immer neuen Spiele erfordern.
In anderen Sportarten gibt es diese Abhängigkeit von der Ausrüstung nicht. Und dabei geht es nicht nur um größtmöglichen Erfolg, sondern darum, dass man Spiele schlicht nicht mehr spielen kann, weil auf dem „alten" Equipment die Updateversion nicht mehr richtig läuft.
Wäre es nicht sinnvoller, den „E-Sport" zum „E-Gaming" zu machen und dafür einheitliche Richtlinien zu schaffen?
Ich fände es wünschenswert, dass die Gamer weiterhin Unterstützung bekommen, dass Regeln für z. B. die Reise zu Game-Events erleichtert werden. Gleichzeitig sollte aber der Versuch, Gaming zum Sport zu machen, überdacht werden.

Mit freundlichen Grüßen
Laura Meier

Den Schluss der kriteriengeleiteten Erschließung schreiben

1 Beispiellösung:

Wie ich in meinem Leserbrief bereits ausgeführt habe, ist der E-Sport für mich differenziert zu sehen, denn auch wenn ich ihn persönlich nicht zu den Sportarten zähle, so sind der Boom und die rasante Entwicklung der Branche ein wichtiges Zugpferd für die Wirtschaft geworden. Man sollte also andere Möglichkeiten in Betracht ziehen, die Gaming-Welt anzuerkennen.
Für die Zukunft würde ich mir wünschen, dass E-Sport entsprechend eher zu „E-Gaming" wird oder nur eine gewisse Art von PC-Spielen als „Sport" bezeichnet werden darf.
Vielleicht würde es helfen, wenn sich die E-Gamer und die Sportverbände an einen Tisch setzen und gemeinsam verbindliche Regeln festlegen würden.

Grammatiktraining – Sprache überlegt verwenden

Die Wirkung von Aktiv und Passiv erkennen

Seite 70

1 Markierte Passivsätze:
Little Women, eines Mitte des 19. Jahrhunderts veröffentlichten Romans von Louisa May Alcott. – Sie werden von ihr ermutigt, ihren eigenen Vorstellungen zu folgen – Von ihnen wurde lediglich erwartet, dass sie heiraten. Eine Szene im Film ist dafür bezeichnend, als Amy erklärt wird – Sogar die gemeinsamen Kinder werden dem Vater unterstellt – Die Regisseurin wurde ermutigt, sie in den Film aufzunehmen. So wird den Zuschauern vermittelt, was es damals hieß, eine Frau zu sein. – In Rückblicken erzählt Gerwig dann immer wieder, wie die Jugend der Mädchen war und wie sie vom Schicksal hart mitgenommen wurden.

2 a A → 4 Die/Der Handelnde wird nicht erwähnt, sie/er ist nicht wichtig oder bekannt.
B → 2 Die/Der Handelnde steht im Vordergrund.
C → 2 Die/Der Handelnde steht im Vordergrund.
D → 3 Die/Der, mit der/dem etwas geschieht, steht im Vordergrund.
E → 1 Die Allmacht des Vaters und die Abhängigkeit der Ehefrau werden betont.

Seite 71

b Weitere Funktionen des Wechsels zwischen Aktiv und Passiv: Der Passivsatz betont, was mit Personen oder Sachen geschieht. – Beschreibungen im Aktiv wirken lebendiger. – Die Ausdrucksweise wirkt abwechslungsreich. – Das immer gleiche Subjekt wird vermieden.

3 Umformulierung: Die vier Mädchen wurden vom Schicksal hart mitgenommen. → Wirkung: Das Subjekt des Aktivsatzes (das Schicksal) gerät im Passivsatz in den Hintergrund.

Wörtliche Rede wiedergeben

1 a Markierte Formulierungen: Meg bat sie, sich still hinzusetzen *(Infinitivsatz)*. – Mr. Laurence [...] bot nicht nur seinen eigenen Schlafrock für den Kranken, sondern sogar sich selbst als Begleiter für Mrs. March an *(Redebericht)*. – Ein Brief von Tante March [...] brachte eine Wiederholung des früher schon oft Gesagten *(Redebericht)*, dass es absurd von March gewesen sei *(dass-Satz mit Konjunktiv I)* [...], dass nichts Gutes daraus habe entstehen können *(dass-Satz mit Konjunktiv I)*.
b Beispiele für Umformulierungen in direkte Rede:
Meg bat sie: „Bitte setz dich still hin!" – Mr. Laurence erklärte: „Der Kranke kann meinen Schlafrock haben. Und ich begleite Mrs. March natürlich gern." – Ein Brief von Tante March brachte eine Wiederholung des früher schon oft Gesagten: „Es ist von March absurd gewesen, in den Krieg zu ziehen. Daraus konnte ja nichts Gutes entstehen."

Seite 72

2 a hänge – solle – sei – habe – hätte gemeint (Konjunktiv II) – werde – werde – hasse – hasse – sei – weine – sei – sei – geweint habe – solle – sei – stöhne
b Jo erklärte, sie habe am Anfang nicht im Entferntesten daran gedacht, ihr Haar zu verkaufen. [In einem Warenhausfenster] habe sie lange Haarflechten mit einem Preis darauf verzeichnet hängen gesehen, und ein schwarzer Zopf, länger, aber nicht so stark wie der ihre, sei mit vierzig Dollar ausgezeichnet gewesen. Da sei das Bewusstsein mit einem Male über sie gekommen, dass sie doch etwas habe, was sie in Geld verwandeln könne.

3 Beispiele: A Jo erklärte, sie liebe ihr kurzes Haar. – B Jo stellte fest, dass sie ihr kurzes Haar liebe. – C Jo stellte fest, dass sie ihr kurzes Haar liebt. – D Jo betont, ihr kurzes Haar zu lieben. – E Jo äußert ihren Gefallen an ihrem kurzen Haar.

Wiederholungen vermeiden

Seite 73

1 a + b Geben wir es zu: Ständig fummeln wir an unserem Smartphone herum, checken, daddeln. Das Smartphone (Es) ist immer dabei, wo du gehst, stehst oder liegst. Vorsicht: Wann wird aus dieser Gewohnheit Sucht? Ein Anzeichen für die Sucht (dafür / für diese) ist es, wenn wir die Kontrolle über den Gebrauch verlieren. Wenn der Gebrauch des Handys (er/dieser) fast alle eure anderen Interessen in den Hintergrund drängt, ist ein wichtiges Kriterium für eine Sucht erfüllt. Wir müssen lernen, mit dem Gerät richtig umzugehen. Das heißt: die Nutzung des Geräts (seine Nutzung) bewusst reduzieren!
c wir = der Autor und die angesprochenen Schüler/-innen – du = die/der angesprochene Lesende – eure = die angesprochenen Schüler/-innen
d Entzugserscheinungen [...] Diese (Dem) – jeder Zehnte [...] Er (P) – Handynutzung [...] Sie (P) – Handy [...] Meines (Poss) – Meins stecke ich bisweilen [...] Das (Dem)
e Es sind sogar Entzugserscheinungen möglich, die sich zeigen können, wenn man das Smartphone mal ausschaltet. Einer Umfrage zufolge wird dann jeder Zehnte unruhig und leidet unter Unruhe, Nervosität und Schweißausbrüchen.

Seite 74

2 a Unschöne Wiederholungen: rauchender – geraucht haben – Raucherinnen und Rauchern – geraucht haben – das Rauchen – Passivraucher
b Beispiellösung für eine Verbesserung:
Insgesamt ging der Anteil Tabak konsumierender Jugendlicher und junger Erwachsener in den letzten 17 Jahren zurück, zudem stieg die Zahl derer, die noch nie zur Zigarette gegriffen haben, kontinuierlich an. Bei Jugendlichen verringerte sich der Anteil von Nikotinkonsumenten und -konsumentinnen zwischen 2001 und 2019 sogar um drei Viertel. Zudem war die Zahl der Jugendlichen, die noch nie eine Zigarette angesteckt haben, 2018 so hoch wie in keiner Untersuchung zuvor. Jedoch stieg das Inhalieren von Nikotin mit Hilfe von Wasserpfeifen [...] und E-Zigaretten unter Jugendlichen und jungen Erwachsenen in den letzten Jahren an.

3 a raucht man – Man vertritt – dass man – kann man – schädigt man – nimmt man – Wenn man – kann man

b Beim derzeitigen „Shisha-Trend" werden vor allem aromatisierte Fruchttabake geraucht, die nach Apfel oder Wassermelone schmecken. Viele vertreten die Meinung, dass eine Wasserpfeife bedenkenlos zu konsumieren sei. Da jedoch das Wasser in der Shisha den Qualm nicht filtert, sondern nur einen kühlenden Effekt hat, ist es möglich, den Rauch leichter und tiefer zu inhalieren. Dadurch werden auch entferntere Lungenbereiche geschädigt. Die Menge des aufgenommenen Nikotins ist daher beim Shisha-Rauchen deutlich höher als beim Zigarettenkonsum. Bei der gemeinschaftlichen Benutzung von Wasserpfeifen besteht zudem die Gefahr, sich mit Infektionskrankheiten wie Hepatitis und Herpes anzustecken oder das Coronavirus zu bekommen.

4 E-Zigarette – Vapers – elektronische Glimmstängel – das Dampfen – Vaping-Produkten – elektrischen Zigaretten

Sätze abwechslungsreich gestalten

Seite 75

1 a + b Ausgesetzt auf den Bahamas: Schwein gehabt!

Nachdem unser Touristenboot auf der von Menschen unbewohnten Karibik-Insel Big Major Cay gelandet ist, werden wir von rund zwanzig Schweinen und Ferkeln empfangen, die sich gierig auf unsere mitgebrachten Toastbrote stürzen. Einige Tiere sind richtig schweinchenrosa, andere sind gescheckt oder schwarz. Obwohl die ehemaligen Hausschweine hier wild leben, schwimmen sie zutraulich mit uns und lassen sich gern streicheln.

Unser Reiseleiter informiert uns über die unterschiedlichen Gerüchte, mit denen die Herkunft der Tiere erklärt wird. Die einen sagen, dass die Schweine als Fracht auf einem untergegangenen Schiff gewesen seien und sich auf die Insel hätten retten können. Sie könnten aber auch von Piraten der Karibik quasi als lebendige Speisekammern angesiedelt worden sein, damit man bei Bedarf einen schönen Braten aus ihnen machen konnte. Heute droht den Schweinen dieses Schicksal natürlich nicht mehr, denn die vierbeinigen Attraktionen lassen bei den Bewohnern der Nachbarinseln die Kassen klingeln. Die Hauptstadt der Bahamas ist übrigens Nassau, deren Name vom deutschen Adelshaus im heutigen Hessen stammt.

2 Die Inselgruppe erhielt ihren Namen durch die spanischen Konquistadoren, die die Gewässer um die Inseln Baja Mar (spanisch für „flaches Meer") nannten. Heute sind die Bahamas als Steuerparadies bekannt, denn es gibt hier keine Kapitalertrags- und Vermögenssteuer / weil es hier keine Kapitalertrags- und Vermögenssteuer gibt. Die 700 Inseln der Bahamas, von denen nur dreißig bewohnt sind, gehören zum Traumziel für Touristen aus aller Welt. Man hat auch auf anderen Inseln Schweine ausgesetzt, denn die Einheimischen wollen vom Besucherstrom profitieren / weil die Einheimischen vom Besucherstrom profitieren wollen. Die süßen Tiere sind sehr friedlich, obwohl ihnen sehr viele Touristen ganz nah kommen. Die Rüsseltiere fühlen sich unter der karibischen Sonne sauwohl und haben jede Scheu vor den Menschen verloren. Auch wenn ihre Herkunft ungewiss bleibt, leben die etwa zwanzig Schweine und Schweinchen auf Big Major wie im Paradies.

Seite 76

3 [...], dich um das Thema Berufswahl zu kümmern (Infinitivsatz). Wenn man sich rechtzeitig damit befasst (Adverbialsatz), hat man am Ende die Nase vorn! Zuallererst solltest du herausfinden, welche Berufe zu deinen Stärken und Interessen passen (indirekter Fragesatz). Eine wichtige Anlaufstelle, die dir dabei helfen kann (Relativsatz), ist das Berufsausbildungszentrum. Bevor du dort einen Termin ausmachst (Adverbialsatz), kannst du Familie, Freunde oder Bekannte um Einschätzung deiner eigenen Leistungen und Stärken bitten. Mit dem Absolvieren eines Praktikums sollte es dir schon früh gelingen, Einblick in die Berufspraxis zu erhalten (Infinitivsatz).

4
A Wenn du nach dem Schulabschluss keine Ausbildungsstelle gefunden hast, bieten sich Alternativen an.
B Neben den betrieblichen Ausbildungen gibt es zahlreiche andere Berufe, die nur an einer Schule, z. B. einer Berufsfachschule oder Fachakademie, erlernt werden können.
C Du kannst aber auch ein Auslandsjahr anschließen, um deine Kenntnisse in einer Fremdsprache zu vertiefen.
D Wer sich nach der Schule für das Allgemeinwohl engagieren will, kann als „Bufdi" ein Jahr Bundesfreiwilligendienst absolvieren.

5 [...] hat die Möglichkeit, sich auf einer Website des Bundesamts für Familie und zivilgesellschaftliche Aufgaben zu informieren. Dort erfährt man, wie vielfältig die Einsatzbereiche sind. [...] Alle Bürgerinnen und Bürger, die ihre Pflichtschulzeit absolviert haben, [...]. Das Taschengeld, das man bekommt, beträgt maximal 414 € monatlich. [...] Für alle Schulabgänger, die keine Lust haben, direkt nach der Abschlussprüfung die Ausbildungsbank zu drücken, ist der BFD sicher eine interessante Alternative.

Seite 77

6 a

Zur Unterstützung unseres Teams suchen wir zum nächstmöglichen Zeitpunkt für eine Tierklinik in Wasserburg einen **Tierpfleger (m/w/d)** in Vollzeit/Teilzeit.
Ihre Aufgaben:
- Halten der Tiere bei Fiebermessen oder Medikamentengabe
- Versorgung mit Futter, Führen von Futterprotokollen
- Gassigehen mit Hunden
- Reinigung/Desinfektion der Boxen
- Hilfe beim Wäscheservice

b Mögliche Umformung in Verbalstil:
Um unser Team zu unterstützen, suchen wir so bald wie möglich einen Tierpfleger (m/w/d) in Vollzeit oder Teilzeit. Zu Ihren Aufgaben gehört es, die Tiere beim Fiebermessen oder der Medikamentengabe zu halten, sie mit Futter zu versorgen und das Futterprotokoll zu führen, mit den Hunden Gassi zu gehen, die Boxen zu reinigen und zu desinfizieren sowie beim Wäscheservice zu helfen.

7 a + b (Adverbialien, Adverbialsätze)
A *Nachdem er als Behindertenbegleitperson gearbeitet hatte* [...] → Nach seiner Arbeit als Behindertenbegleitperson [...]
B [...] *aufgrund der positiven Erfahrungen während des Bundesfreiwilligendienstes* → [...] weil/da sie positive Erfahrungen während des Bundesfreiwilligendienstes gemacht haben.
C *Trotz geringer Entlohnung und anspruchsvoller Aufgaben* [...] → Obwohl sie gering entlohnt werden und anspruchsvolle Aufgaben haben, [...].

8 a Wegen des Erwerbs von vielerlei neuen Kompetenzen [...] → Weil man vielerlei neue Kompetenzen erwirbt, [...].
Durch die Wahl des Dienstes in einem Kindergarten → Wenn/Indem man den Dienst in einem Kindergarten wählt, [...].
Beim Einsatz in einem Altenheim [...] → Falls/Wenn man in einem Altenheim eingesetzt wird, [...].
Aufgrund regelmäßiger Absprachen der Termine mit den Verantwortlichen [...] → Weil man / Dadurch, dass man die Termine regelmäßig mit den Verantwortlichen abspricht, [...].
Trotz der großen Herausforderungen [...] → Obwohl die Herausforderungen groß sind, [...].
b Beim Einsatz in einem Altenheim muss man sich an die strikt geregelten Zeitabläufe anpassen. – Trotz der großen Herausforderungen gewinnt man als Bundesfreiwilliger viele wertvolle soziale Schlüsselqualifikationen hinzu.

Seite 78

9 a + b „die attraktiv sind und im Schwarzwald und im Allgäu liegen", „das gewünscht wird", „die anspruchsvoll sind", „die Sie abgeschlossen haben", „welches aufgeschlossen und kommunikativ ist", „die grundlegend sind", „das selbstständig, verantwortungsbewusst und zuverlässig ist", „das gepflegt wirkt"

Renommiertes *(Adjektivattr.)* Unternehmen sucht für attraktive *(Adjektivattr.)* Vier- und Fünfsternehotels im Schwarzwald und im Allgäu *(präpositionales Attr.)* Hotelfachleute. Das gewünschte *(partizipiales Attr.)* Profil:
- Sie haben Spaß an der Arbeit und am Umgang mit anspruchsvollen *(Adjektivattr.)* Gästen.
- Sie verfügen über eine abgeschlossene *(partizipiales Attr.)* Berufsausbildung als Hotelfachfrau/-mann.
- Sie besitzen ein aufgeschlossenes *(partizipiales Attr.)* und kommunikatives *(Adjektivattr.)* Wesen.
- Sie haben grundlegende *(partizipiales Attr.)* Kenntnisse der gängigen MS-Office-Anwendungen.
- Sie sind an ein selbstständiges, verantwortungsbewusstes und zuverlässiges *(Adjektivattr.)* Arbeiten gewöhnt.
- Sie haben eine freundliche Ausstrahlung und ein gepflegtes *(partizipiales Attr.)* Erscheinungsbild.

10 a + b Drei bis fünf *mit einem Handy ausgerüstete* Jugendliche bilden jeweils eine Gruppe und starten an einem festgelegten Punkt der Stadt. Eine *neutrale* Begleitperson stellt die zu erfüllenden Aufgaben und überwacht die Lösungen. An jeder Station ist eine *bestimmte* Aufgabe zu erledigen. Das kann sein: eine leere Flasche *mit Wasser* zu füllen oder sechs Leute zu finden, die bereit sind, einen *lustigen* Kanon zu singen. Es können auch *möglichst originelle* Fotos verlangt werden, z. B. von der Speisekarte *eines Lokals*, einem Hund *mit Hut* oder einem Stern: Diese schwierige Aufgabe hat die Gruppe *auf dem Foto* sehr einfallsreich gelöst! Nicht leicht ist es, wenn nach einem *essbaren blauen* Gegenstand gesucht oder einer Schaufensterpuppe die Hand gegeben werden soll. Auch das Bilden einer Polonaise mit möglichst vielen Passanten stellt die Gruppenmitglieder vor *äußerst große* Probleme. Je nach Lösung der Aufgabe werden wichtige Punkte vergeben. Die Gruppe, die als erste am Ziel ist und die meisten Punkte gesammelt hat, hat gewonnen. Aber: Keiner verliert, denn alle Teilnehmer können einen Gewinn *an Teamfähigkeit, Kreativität und Selbstsicherheit* verbuchen!

Teste dich! – Grammatische Strukturen kennen

Seite 79

1 Franziska Giffey erklärt, soziale Berufe seien für Jugendliche grundsätzlich attraktiv. Knapp ein Viertel könne sich vorstellen, in der Kindertagesbetreuung (24 Prozent) beziehungsweise Pflege (21 Prozent) zu arbeiten. Beide Berufe würden als anspruchsvoll und abwechslungsreich betrachtet. [...] Sie würden aber die Weiterentwicklungs- und Karrierechancen kritisch bewerten und nähmen das Gehalt als zu gering wahr. [...] Gerade die vergangenen Monate hätten gezeigt, dass Pflegefachkräfte und Erzieher*innen für unsere Gesellschaft doppelt systemrelevant seien. Sie würden nicht nur hochqualifizierte Arbeit leisten, sondern zusätzlich die Vereinbarkeit von Familie und Beruf sichern [...].

2 Die Syrerin Rama Abdulhadi, die heute 20 Jahre alt ist (→ *Die heute 20 Jahre alte Syrerin*), floh 2015 vor den Bomben aus Syrien, das vom Bürgerkrieg geschüttelt war (→ *aus dem vom Bürgerkrieg geschüttelten Syrien*). Sie gelangte nach Neubiberg (Landkreis München) und bestand im Juli 2020 das Abitur, das sie am hiesigen Gymnasium ablegte (→ [...] *das Abitur am hiesigen Gymnasium*). Als sie ankam (→ *Nach ihrer Ankunft*), konnte sie keinerlei Deutsch und war von den Erlebnissen des Bürgerkriegs in Syrien, die grauenvoll waren, gezeichnet (→ *von den grauenvollen Erlebnissen des Bürgerkriegs in Syrien gezeichnet*). Sie erschrak, als an Silvester Raketen knallten, die wie Bomben des Krieges klangen (→ [...] *als an Silvester wie Kriegsbomben klingende Raketen*). Heute fühlt sie sich hier sicher und beherrscht die deutsche Sprache, die sie fließend spricht (→ *beherrscht die deutsche Sprache fließend*). Nachdem sie ihr Berufsziel, Chirurgin zu werden, erreicht hat (→ *Nach Erreichen ihres Berufsziels Chirurgin*), will sie später in Syrien eine Klinik eröffnen.

3 A Bei der Berufswahl ist es besonders wichtig, sich seine Stärken und Schwächen bewusst zu machen.
B Auch am Ende ihrer Schullaufbahn haben viele Schüler/-innen noch keine konkreten Vorstellungen vom Berufsleben.
C Man sollte auf jeden Fall die Informationen, Materialien und Tools in Anspruch nehmen, die von Bund, Ländern und Arbeitsagenturen angeboten werden.

Rechtschreibung trainieren

Regeln der Groß- und Kleinschreibung beherrschen

Seite 80

1 Die Wörter in der richtigen Großschreibung mit Signalwörtern und der entsprechenden Regel in Klammern:
Der Alkoholkonsum (1) – von Jugendlichen (2) – ein Thema (1) – in den Medien (2, 1) – Das Verzehren (1) – von Wein, Bier (2) oder anderen alkoholischen Getränken (3) – mit einem Verbot (2, 1) – Regeln (6) – junge Menschen (3) – der Genuss (1) – von Alkohol (2) – einem bestimmten Alter (1, 3) – ein 15-Jähriger (1) – Alkohol (6) – aus erzieherischen Gründen (2, 3) – der Verkäufer (1) – die Eltern (1) – in Kenntnis (2) – Das Informieren (1) – der Eltern (1) – den jungen Menschen (1, 3) – die Erziehungsberechtigten (1) – unkontrollierten Verzehr (3) – der Getränke (1) – für Einzelhändler (2) – erheblichen Aufwand (3) – mit den Eltern (2, 1) – Im Zweifelsfall (2) – jeder Verkäufer (5) – sein Gewissen (4)

2 a B
b Korrekturen, Signalwörter
A: Es hat keinen Sinn, Sorgen in Alkohol ertränken zu wollen, denn Sorgen sind gute Schwimmer.
B: Wer nicht jeden Tag etwas Zeit für seine Gesundheit aufbringt, muss eines Tages sehr viel Zeit für die Krankheit opfern.
C: Arm ist nicht, wer wenig hat, sondern wer viel braucht.
D: Nichts in der Welt wirkt so ansteckend wie Lachen und gute Laune.

Besondere Rechtschreibfälle

Seite 81

1 A: dank (Präposition), B: Recht (Nomen), C: ernst (Adjektiv), D: leid (Adjektiv), E: Pleite (Nomen), F: willen (Präposition)

2 Einzusetzende Lückenwörter: besten, Neueste, Teuerste, älteres, modernste, klügsten, vertrauenswürdiger

3 Beispiel: Bei jüngeren Menschen sind Smartphones am beliebtesten. Für die Älteren ab 60 Jahren ist ein Senioren-Handy das geeignetere.

Anredepronomen richtig schreiben, *das* und *dass* unterscheiden

Seite 82

1 a + b Personalpronomen und Pronomen der Höflichkeitsanrede sowie Relativpronomen und Demonstrativpronomen *das* bzw. Konjunktion *dass* in der Reihenfolge ihres Vorkommens: sie – ihr – sie – Das – das – Sie – Ihrer – Sie – Das – Ihr – Ihres – Sie – Ihrem – dass – das – Das – dass – ihr – ihr – Sie – dass – sie – Ihnen – sie – ihr – Ihrer – Sie – dass – Sie – sie – dass – Sie – Das – Ihre – Sie – Ihr

Getrennt- und Zusammenschreibung üben

Seite 83

1 a Wörter bzw. Wortgruppen in der richtigen Schreibweise (vor Nominalisierungen stehen hier auch die Signalwörter): schutzgeimpft – vor dem Schlafengehen – das ewig lange Autofahren – losziehen – aufbrechen – sonnenbaden – zum Segelfliegen – notlanden – Ski fahren – eislaufen – Irgendein – einfallen – fernsehen – schlussfolgern – totschlagen – herumreisen – irgendwelche – auskundschaften – breitmacht – schwertun – wegfahren – herumliegen – müßiggehen – vorstellen
b **nominalisierte Wortgruppe:** das Schlafengehen, das Autofahren, das Segelfliegen
verblasstes Nomen + Verb: schutzimpfen, sonnenbaden, notlanden, eislaufen, schlussfolgern
Adjektiv + Verb mit übertragener Bedeutung: fernsehen, totschlagen, breitmachen, schwertun, müßiggehen
betontes Adverb/betonte Präposition + Verb: losziehen, aufbrechen, einfallen, herumreisen, auskundschaften, wegfahren, herumliegen, vorstellen – **Verbindung mit irgend-:** irgendein, irgendwelche

2 ●●● Beispiele: heimkehren, maßregeln, wettmachen, teilnehmen, handhaben, nottun, kopfstehen, stattgeben

Fremdwörter verstehen und richtig schreiben

Seite 84

1 a Technisierung, Appartements, Chauffeur, Limousinen, Garderobe, Promenaden, legerer, nobler, kaschierten, Barbier, Chansons, Bouillon, Dessert, Kontakte, arrangiert, Courage, charmante, Affront, Galan, Chance, Rendezvous, Recherchen, Partie, Engagement, manövrieren, Romanen, Repertoire

b das Appartement: Wohnung – der Chauffeur: Fahrer – die Limousine: großes, komfortables Auto – die Promenade: repräsentativer Spazierweg – das Repertoire: Auswahl, Bestand – die Chance: Möglichkeit, Gelegenheit – die Recherche: Nachforschung – das Engagement: Einsatz – das Chanson: Lied – die Bouillon: Fleischbrühe – das Dessert: Nachspeise – das Rendezvous: Treffen zwischen Liebenden – die Courage: Mut – der Affront: Beleidigung, Kränkung

Seite 85

c Beispiele für deutsche Erklärungen: leger: lässig – nobel: vornehm – kaschieren: verstecken, verhüllen – arrangieren: vorbereiten, herrichten – charmant: liebreizend, nett – manövrieren: lenken, leiten

●●● d Beispiele: arrangieren: das Arrangement – charmant: der Charme – manövrieren: das Manöver

2 Software – Download – Copyright – Manager – Marketing – Pipeline – Statement – Teamleiter – Terminal – Workshop – Action – Background – E-Book-Reader – Comic – Flyer – Headline – Interview – Story

3 ●●● Uploadfilter: Software, die hochzuladende Dateien überprüft – Craftbeer: in einer kleinen Brauerei von Hand gebrautes Bier – Influencer: Person, die in sozialen Netzwerken besonders bekannt bzw. einflussreich ist – genderneutral: kein Geschlecht bevorzugend, angebend bzw. erkennen lassend – Fridays for Future: internationale Klimabewegung

Seite 86

4 a **waagrecht:** 3 vehement – 6 Appell – 7 prinzipiell – 9 Rheuma – 11 abstrakt – 16 Kooperation – 17 Hektik – 18 Therapie – **senkrecht:** 1 Innovation – 2 Inspiration – 4 Thermometer – 5 Alternative – 8 Perspektive – 10 Kompromiss – 12 animieren – 13 Sanktionen – 14 kontinuierlich – 15 grafisch

●●● b Weitere Wörter aus der Wortfamilie: 1 innovativ – 2 inspirieren – 3 Vehemenz – 5 alternativ – 6 appellieren – 7 Prinzip – 8 perspektivisch – 9 rheumatisch – 11 abstrahieren – 12 Animation – 13 sanktionieren – 14 Kontinuität – 15 Grafik – 16 kooperieren – 17 hektisch – 18 Therapeut/-in

Rechtschreibung überprüfen – Texte überarbeiten

Seite 87

1 a Hier sind die falsch geschriebenen Wörter durchgestrichen, die richtige Schreibweise ist ergänzt:
im ~~allgemeinen~~ Allgemeinen – ~~Dicktaten~~ Diktaten – ~~Warscheinlich~~ Wahrscheinlich – ~~ensprechenden~~ entsprechenden – ~~ließt~~ liest – ~~fält~~ fällt – ~~garnicht~~ gar nicht – ~~desshalb~~ deshalb – ~~heufig~~ häufig – ~~widererkennen~~ wiedererkennen – ~~nähmlich~~ nämlich – einheitliche ~~regeln~~ Regeln – ~~disskutiert~~ diskutiert – ~~dannach~~ danach – ~~verbintliche~~ verbindliche – ~~Dass~~ Das konnte man – ~~beispielsweiße~~ beispielsweise – sogenannten *(richtig ist auch: so genannten)* – ~~stelt~~ stellt – die ~~frage~~ Frage – ~~aufsehenerregte~~ Aufsehen erregte – ~~rießengroß~~ riesengroß – ~~Veranstalltungen~~ Veranstaltungen – ~~erklähren~~ erklären – ~~Prinziepien~~ Prinzipien – ~~zuspruch~~ Zuspruch – ~~beispielsweiße~~ beispielsweise – ~~entäuscht~~ enttäuscht – weil ~~Ihnen~~ ihnen – ~~ein Paar~~ ein paar Regeln – ~~unteranderem~~ unter anderem – ~~Ältere~~ ältere Menschen – ~~strickt~~ strikt – ~~nachgebesert~~ nachgebessert – ~~Verhältniss~~ Verhältnis – ~~Jugent~~ Jugend – ~~Tema~~ Thema – ~~unbedingd~~ unbedingt – ~~Vieleicht~~ Vielleicht – ~~irgentwann~~ irgendwann – ~~Rehform~~ Reform – ~~blaueugig~~ blauäugig – zu glauben, ~~das~~ dass – ~~Propleme~~ Probleme

b Tests, mit denen man herausfinden kann, wie man die im Text markierten Wörter schreibt:
im Allgemeinen: auf Signalwörter (hier Präposition) achten – wiedererkennen: Ableitungsprobe: *wieder* im Sinn von *erneut*, nicht von *gegen;* ggf. im Wörterbuch nachschlagen – die Frage: auf Signalwörter (hier: Artikel) achten – Aufsehen erregte: Nomen + Verb werden getrennt geschrieben (außer wenn das Nomen verblasst ist) – enttäuscht: Silbenprobe – unbedingt: Verlängerungsprobe *(unbedingter Gehorsam)* – blauäugig: Ableitungsprobe *(blaue Augen)* – dass: Ersatzprobe, Konjunktion *dass* lässt sich nicht ersetzen

2 Richtige Schreibweisen:
Wenn – selbstbewusst – darangehen – Beim Verfassen – darüber – dass – auffällt – Vielleicht – an einem Probearbeitstag – beweisen – Talente – besitzt

Zeichensetzung beherrschen

Seite 88

1 a + b Wenn dich jemand fragt, (3) was du unter dem Begriff „Sprache" verstehst, (3) wirst du vielleicht grinsen, (2) denn wir verwenden sie schließlich jeden Tag, (5) zum Beispiel auch jetzt. Auch in diesem Moment, (4) du liest ja gerade diesen Text, hast du mit Sprache zu tun, (5) nämlich mit der deutschen. Natürlich weißt du, (3) dass es auch andere Sprachen gibt, (5) zum Beispiel das Englische, (1) das Spanische und das Französische.

Es gibt aber auch Sprachen, (3) die nicht aus Buchstaben und Wörtern bestehen. So hilft die Gebärdensprache gehörlosen Menschen dabei, (8) sich mit anderen zu verständigen. Nicht nur Gehörlose erlernen sie, (2) auch ihre Verwandten und Freunde nutzen sie, (7) um mit ihnen zu kommunizieren. Es existiert allerdings nicht nur eine Variante, (6) sondern es gibt viele verschiedene.

2 An den markierten Stellen waren die Kommas zu streichen. Die notwendigen Kommas sind ebenfalls markiert: [...] Mit der Tonhöhe und der Länge der Töne wurden zwei Vokale und vier Konsonanten erzeugt. Damit konnte man ausdrücken, was über eine Distanz übermittelt werden sollte. [...] Seit 1999 ist die Pfeifsprache auf La Gomera in der Grundschule ein Pflichtfach. [...] Man kann sich dabei sprechend, singend oder auf der Grundlage von Noten verständigen, allerdings ist die Grammatik schwer zu erlernen. Die Grundsilben werden miteinander kombiniert, das Gegenteil wird einfach dadurch ausgedrückt, dass man die Silben umdreht. „Fala“ heißt zum Beispiel „gut“, „lafa“ heißt „schlecht“. Durch das Internet können die Menschen, die diese Sprache beherrschen, miteinander in Verbindung treten. [...]

Seite 89

3 Kommas gehören an die folgenden Stellen: Der [...] Schriftsteller, (R) um den es hier geht, (E) wurde – Wie kann es sein, (O) dass – verließ der junge Mann die Heimat, (G) um – den „Hessischen Landboten“, (C) eine kämpferische Flugschrift (H), die unter der Parole „Friede den Hütten, (R) Krieg den Palästen“ – Weil er daraufhin [...] gesucht wurde, (N) musste er – einige Dramen, (Ü) zum Beispiel das Stück „Dantons Tod“, (E) in dem er sich mit der Französischen Revolution auseinandersetzte, (B) und – hatte noch viel vor, (G) aber – **Name des Dichters:** GEORG BÜCHNER

4 Die Sätze in der chronologisch und thematisch sinnvollen Reihenfolge und mit korrekt gesetzten Kommas (die Nummern der Regeln stehen in Klammern, Formulierungen, die Zusammenhänge schaffen, z. B. Konjunktionen, Pronomen, Adverbiale, sind hier unterstrichen):
D Die Autorin, die als eine der bedeutendsten deutschen Dichterinnen gilt, stammte aus dem katholischen Adel Westfalens. (3) – R Sie wurde als zweites von vier Kindern am 12. Januar 1797 geboren. – O In ihrer Kindheit war sie oft krank, da sie vorzeitig zur Welt gekommen und schwächlich war. (3) – S Nach dem Tod des Vaters, sie war damals fast 30 Jahre alt, siedelte sie mit ihrer Mutter in deren Witwensitz um. (4) – T Sie führte mit ihr ein zurückgezogenes, sehr eingeschränktes Leben. (1) – E Dabei war sie aber nicht einsam, denn sie war sowohl mit Philosophen als auch mit Schriftstellern befreundet. (2) – H Sie schrieb ihnen viele Briefe, aber sie betätigte sich auch oft als Krankenpflegerin für ihre Familienangehörigen. (6/2) – Ü Einer Einladung der Brüder Grimm folgte sie beispielsweise nicht, weil es ihrer Mutter nicht gut ging. (3) – L Es war zu dieser Zeit ausgeschlossen, sich als Frau von der Schriftstellerei zu ernähren. (8) – S Die Dichterin verzweifelte trotzdem nicht, sondern widmete ihre ganze Kraft der Kunst. (6) – H Sie scheute keine Mühe, um ihre künstlerischen Ziele zu erreichen. (7) – O Berühmt ist die Schriftstellerin dafür, bedeutende Balladen und Novellen geschaffen zu haben. (8) – F Ihre wichtigsten Werke sind das Gedicht „Der Knabe im Moor“ und die Erzählung „Die Judenbuche“. – F Ein Porträt der Dichterin, die 1848 gestorben ist, schmückte früher den Zwanzigmarkschein. (3) –
Name der Dichterin: Annette von Droste-Hülshoff

Teste dich!

Seite 90

Vergleiche deine Ergebnisse mit diesen Lösungen und zähle deine Fehler.

1 Motto – Jugendliche – Workshops – fragen – während – Veranstaltungen – wieder – überhaupt – Regeln – dass – Recht – demokratischen – Staat – Andererseits – Vielleicht – gutem – Benehmen

2 Adolph Knigge, der – beschreibt er, wie – Generationen, Berufen sowie Charakteren umgehen soll, um – Sein Buch, das heute – berühmt ist, – eingeteilt, zum Beispiel „Über den Umgang mit Kindern“, „Über den Umgang mit Ärzten“, „Über den Umgang mit Jähzornigen“ oder – Anweisung dafür, welche – zu verwenden sind, – nicht, solche Äußerlichkeiten darzustellen, sondern – darum, das menschliche Miteinander

3 Die richtige Zusammen- bzw. Getrenntschreibung und die Verbesserung bei der Groß- und Kleinschreibung: vorstellen – schwerfallen – butterweiche – beim Betreten – zu klopfen – großspurig – Muss man noch warten – Platz anbieten – mit „Sie“ ansprechen – frei sprechen – paar – liegen lassen – aufisst – sichergehen – hinterlässt – am Ende – wieder bekommt – Angst haben – aufwärtsgehen

Seite 91

4 Entschuldigen Sie bitte, dass ich Sie störe. Ich brauche Ihre Hilfe. Man hat mich zu einem Vorstellungsgespräch eingeladen und darauf verzichtet, mir die genaue Adresse mitzuteilen. Können Sie sie mir freundlicherweise zukommen lassen? Vielen Dank schon im Voraus.

5 Fehler im Text und ihre Verbesserung: im ~~nahen~~ Nahen Osten – ~~verliess~~ verließ – ~~pasiert~~ passiert – Beim ~~sitzen~~ Sitzen – ~~überkreutzt~~ überkreuzt – ~~Schuhsolen~~ Schuhsohlen – in ~~Arabischen~~ arabischen Kulturen – ~~desshalb~~ deshalb – ~~laßen~~ lassen – ~~depriemiert~~ deprimiert – ~~Zuhöhrer~~ Zuhörer – ~~wärend~~ während – seiner ~~rede~~ Rede – ~~schliessen~~ schließen – ~~nieken~~ nicken – ~~Referend~~ Referent – ~~Breuche~~ Bräuche – ~~alsob~~ als ob – ~~währen~~ wären

Die Projektpräsentation dokumentieren

Seite 92

1 Rahmenthema – „Binationale Ehen" – Arbeits- und Terminplan – Zwischenziele – Aufgabenverteilung – ergänzt – Planungsänderungen – Absprachen

2 Darstellungsformen sind hier unterstrichen, Methoden sind nicht unterstrichen: Ausstellung – Film – Interview – Fragebogen – Prospekt/Flyer – Recherche – Plakat – schriftliche Anfrage – Rollenspiel – Folienpräsentation am PC – telefonische/mündliche Anfrage – interaktive Landkarte – Musik-/Tanzeinlage – Schaubilder

Gezielt recherchieren

Seite 93

1 Richtige Zuordnung: Internet: schneller Überblick, aktueller Informationsstand, verschiedene Quellen – Sachbücher: fachlich fundierte Informationen – Interview: gezielte Informationen durch Betroffene/Fachleute – Umfrage: Meinung verschiedener Personen zu einem Thema

2 a + b Schwierigkeiten und Nachteile (Ergänzungen sind unterstrichen): Internet: unübersichtliche Vielfalt, Seiten ändern sich oft schnell, technische Schwierigkeiten, unzuverlässige Quellen (z. B. freie Internetlexika), oft fehlerhafte Angaben – Sachbücher: Ausleihe häufig aufwendig oder eingeschränkt, häufig sehr umfangreich, teilweise nur wenige genau zum Thema passende Informationen, Erwerb teuer – Interview: Schwierigkeit, die richtigen Gesprächspartner und Termine zu finden, zeitaufwendig, Probleme bei der Aufnahme und Mitschrift des Gesprächs – Umfrage: Ergebnisse nicht repräsentativ, Probleme bei der Auswertung, zeitaufwendig, Schwierigkeiten, bereitwillige Teilnehmer/-innen zu finden

Den Arbeitsplan erstellen

Seite 94

1 So sieht der ausgefüllte Beginn des Arbeitsplans aus (zur besseren Übersicht sind hier nicht nur die Buchstaben, sondern auch ihre Erklärungen eingefügt):

Arbeitsplan: Projektpräsentation „Binationale Ehen"

Datum	Zeit/Dauer	Arbeitsschritte	Wer?	Anmerkungen (Erledigt? / Warum nicht?)
22. 01.	45 Min.	erstes Treffen, C (Ideensammlung)	alle	✓
23. 01.	bis 29. 01.	G (Recherche), H (Material sammeln)	alle	Hakan hat angeblich nichts gefunden.
29. 01.	60 Min.	Besprechung, Materialauswahl, D (Aufgabenverteilung)	alle	Ayca krank, hatte aber ihr Material Sonja mitgegeben
31. 01.	bis 05. 02.	F (Fragen für Interview mit Ausländerbehörde erstellen)	Felix	Probleme mit der Fragetechnik
		E (E-Mail an Standesamt)	Ayca	E-Mail gesendet, der Standesbeamte ist aber in Urlaub, wartet auf Antwort
		telefonische Anfrage für das Interview	Hakan	✓
		B (allgemeine Informationen über binationale Ehen zusammenstellen: Definition)	Sonja	✓
05. 02.	45 Min.	Besprechung der Interviewfragen	Felix, Hakan, Fr. Mai	A (geschlossene Fragen mussten noch abgeändert werden)
07. 02.	14:30–15:00 Uhr	Interview mit Herrn Metzger von der Ausländerbehörde	Felix, Hakan	Interview: Felix; Hakan, der den Termin vereinbart hatte, führte das Protokoll; viele Informationen
07. 02.	–	I (weitere Mail nötig)	Ayca	endlich Antwort auf die E-Mail, weitere Fragen

2 Sinnvolle Reihenfolge der weiteren Arbeitsschritte: 1 gegenseitige Information – 2 Besprechung über das weitere Vorgehen – 3 Schwerpunkte festlegen – 4 Informationen auswerten – 5 Präsentationsform(en) besprechen und festlegen – 6 Präsentation vorbereiten – 7 Ablauf besprechen – 8 Ablauf üben

Ein Projekttagebuch führen, Arbeitsprozesse reflektieren

Seite 95

1 Nicht zu streichen sind: Mit Hilfe des Projekttagebuchs soll ein Außenstehender den Prozess und die Ergebnisse deiner Arbeit besser nachvollziehen können. – In einem Projekttagebuch werden die eigenen und die gemeinsamen Arbeitszeiten der Gruppe aufgezeichnet. – Dein Projekttagebuch enthält alle Fehler und Stärken, dokumentiert alle Probleme und zeigt, wie diese bewältigt wurden. – Das Projekttagebuch enthält auch Einträge über dein Umfeld, wenn sie die Arbeit beeinflussen, z. B. außerschulische Aktivitäten, Krankheit, technische Defekte.

2 a Gelungen ist der Projekttagebucheintrag B.
b A Es fehlen Datum, Arbeitszeit, eine Bewertung des Arbeitsprozesses (vgl. Arbeitsplan: Felix hatte Probleme mit der Fragetechnik). – C Es fehlen Datum, Art der Auswertung des Interviews, Bewertung der Zusammenarbeit.

Seite 96

3 Beispiellösung:

> Meiner Meinung nach haben wir in der Gruppe meist gut zusammengearbeitet. Probleme gab es jedoch mehrfach, mit Hakan einen Termin zu finden, denn ihm war sein Fußballtraining oft wichtiger. Nicht immer konnten wir alles wie geplant durchführen. So hatte Hakan beim zweiten Treffen kein Material dabei. Eine Verzögerung gab es auch, da der Standesbeamte, den Ayca per E-Mail kontaktierte, in Urlaub war und erst eine Woche später antwortete. Außerdem musste sie anschließend eine zweite Mail schreiben, da noch einige Fragen offen waren. Dadurch blieb für die Erstellung der Präsentation am Ende wenig Zeit. Ich hatte große Probleme beim Formulieren der Fragen für das Interview mit Herrn Metzger von der Ausländerbehörde. Frau Mai erklärte mir noch einmal, wie man geschlossene Fragen vermeidet. Mit der Hilfe von Hakan, der auch das Protokoll schrieb, konnte ich dann das Interview durchführen und bekam viele Informationen. Bei Diskussionen konnte jede/-r offen ihre/seine Meinung sagen. So zeigte Hakan seine Verärgerung darüber, dass Sonja die Folien für die Präsentation allein erstellt hat.

Das Deckblatt des Portfolios gestalten

1 Alle notwendigen Informationen enthält Deckblatt B.

2 a Geeignet sind: B – D – F – G – H.
b Beispiel für die Umformulierung der unpassenden Angaben in korrekte Tipps: A Verwende einen einheitlichen Schrifttyp (max. zwei verschiedene). – C Wähle ganz gezielt eine Abbildung / ein Foto / ein Symbol (max. zwei), wodurch das Thema optisch verdeutlicht wird. – E Gehe sparsam mit Farben um, überlade das Deckblatt nicht.

Realschule Bayern

Deutschbuch

Arbeitsheft 9

Schreiben
Mit Texten umgehen
Grammatik
Rechtschreibung
Fit für Tests

Erarbeitet von
Elke Aigner-Haberstroh (Riedenburg)
Gertraud Bildl (Waldbüttelbrunn)
Timo Koppitz (Höchberg)
Bianca Rengsberger (Landshut)
Tina Vögerl (Neumarkt)
Sonja Wiesiollek (Ottobrunn)
Anja Zwengauer (Wassertrüdingen)

Unter Beratung von
Elke Aigner-Haberstroh
Gertraud Bildl

Name: ______________________________

Klasse: ____________

Cornelsen

Autoren- und Quellenverzeichnis

S. 9: https://www.planet-wissen.de/technik/energie/erneuerbare_energien/energieverbrauch-deutschland-100.html [21.04.2021]; **S. 10:** https://www.verbraucherzentrale-bayern.de/wissen/energie/heizen-und-warmwasser/heizung-10-tipps-zum-heizkosten-sparen-13892 [21.04.2021]; **S. 18:** Kenn-dein-Limit, Hg. von der Bundeszentrale für gesundheitliche Aufklärung, https://www.kenn-dein-limit.info/wie-wirkt-alkohol.html* [21.04.2021]; **S. 19:** Dr. med Heidrun Thaiss, Leiterin der Bundeszentrale für gesundheitliche Aufklärung (BZgA) in einer Pressemitteilung vom 08.05.2019 zur Studie „Rückläufiger Alkoholkonsum bei Jugendlichen – leichte Anstiege bei jungen Erwachsenen: Neue Studiendaten der Bundeszentrale für gesundheitliche Aufklärung"*; **S. 19 f.:** https://www.sueddeutsche.de/leben/gesellschaft-muenchen-komasaufen-unter-jugendlichen-geht-zurueck-dpa.urn-newsml-dpa-com-20090101-200621-99-505277*, vom 21.06.2020 [02.09.2020]; https://www.drugcom.de/topthema/alkoholwerbung-mit-nebenwirkungen/Projekt der BZgA, Oktober 2016* [02.09.2020]; **S. 29:** Jerry Spinelli: East End, West End und dazwischen Maniac Magee (Auszug). Deutsch von Andreas Steinhöfel. © Deutscher Taschenbuchverlag, München 2008; **S. 32 f.:** Ashley Edward Miller / Zack Stentz: Der beste Tag meines Lebens. Knaur Taschenbuch, Droemer Verlag. München 2014; **S. 42 f.:** Sibylle Berg: Hauptsache weit. In: Das Unerfreuliche zuerst. Herrengeschichten. Kiepenheuer & Witsch, Köln 2001; **S. 48 f.:** Max Bollinger: Sonntag. In: Wir leben von der Hoffnung. Signal Verlag, Baden-Baden 1985, S. 54–56; **S. 56 f.:** Süddeutsche Zeitung, 15./16. März 2014, S. 12*; **S. 62 f.:** https://www.dosb.de/sonderseiten/news/news-detail/news/dosb-veroeffentlicht-gutachten-zum-esport; **S. 63:** Rheinische Post* [21.04.2021]; **S. 71 f.:** Alcott, Louisa May: Betty und ihre Schwestern Anaconda Verlag, Verlagsgruppe Random House GmbH München 2020, S. 199–202*; **S. 74:** Bundeszentrale für gesundheitliche Aufklärung (BZgA): Rauchen bei Jugendlichen und jungen Erwachsenen in Deutschland 2018 – Ergebnisse des Alkoholsurveys 2018 und Trends. September 2019; **S. 74:** https://www.t-online.de/gesundheit/gesund-leben/id_86664960/e-zigaretten-wie-schaedlich-ist-das-passivrauchen-.html [21.04.2021]; **S. 79:** https://www.bmfsfj.de/bmfsfj/aktuelles/alle-meldungen/jugendbefragung-zur-attraktivitaet-sozialer-berufe-vorgestellt/158254 [21.04.2021] und Angela Boschert, Neubiberg*

* Einzelne Formulierungen im Text wurden aus didaktischen Gründen gekürzt, umgeformt oder vereinfacht.

Bildquellenverzeichnis

Cover: stock.adobe.com / Drobot Dean; **S. 16:** stock.adobe.com/stockphoto-graf; **S. 17:** © statista; **S. 21:** stock.adobe.com/mhp; **S. 26:** stock.adobe.com/Photographee.eu; **S. 29:** Shutterstock.com / a katz; **S. 30:** stock.adobe.com/maho; **S. 31:** stock.adobe.com/gadagj; **S. 57:** stock.adobe.com / Sarah Jorand; **S. 58:** Shutterstock.com/MichalSen; **S. 59:** dpa Picture-Alliance/AA; **S. 61:** Shutterstock.com / Rudmer Zwerver; **S. 62:** stock.adobe.com/Gorodenkoff; **S. 63:** © statista; **S. 74:** stock.adobe.com/tibanna79; **S. 75:** Shutterstock.com/photogerson; **S. 78:** stock.adobe.com / © Franz Pfluegl 2006 – Fotostudio Pfluegl; **S. 96:** Collage: stock.adobe.com/romantiche; Hochzeitsfoto: stock.adobe.com/lassedesignen; Flagge Deutschland: stock.adobe.com/Pekchar; Flagge Türkei: stock.adobe.com/Kumbabali, Eheringe: stock.adobe.com/Lsantilli

Impressum

Teile einiger Kapitel dieses Hefts wurden erarbeitet von Simone Götz, Daniela Nüßlein und Doris Thammer.

Redaktion: Federlese – Christina Gumboldt, Grevenbroich; Michélle Pyka, Wuppertal

Illustrationen: S. 7: Cornelsen / Anna Mars; S. 24, 25: Cornelsen / Peter Menne; S. 32, 82, 84, 85: Cornelsen / Uta Bettzieche; S. 37, 40, 65, 66, 69: Cornelsen / Sulu Trüstedt; S. 27, 42, 44, 48, 50, 51: Cornelsen / Christiane Grauert; S. 9, 11, 15, 93: Cornelsen / Nils Fliegner

Gesamtgestaltung und technische Umsetzung: werkstatt für gebrauchsgrafik, Berlin

Bestandteile des Lehrwerks Deutschbuch 9

Schülerbuch	ISBN 978-3-06-067348-3
E-Book zum Schülerbuch	ISBN 978-3-06-067354-4
Schulaufgabentrainer	ISBN 978-3-06-200209-0

www.cornelsen.de

Die mit * markierten Texte wurden aus didaktischen Gründen gekürzt und/oder verändert.

1. Auflage, 1. Druck 2021

Alle Drucke dieser Auflage sind inhaltlich unverändert und können im Unterricht nebeneinander verwendet werden.

Druck: Parzeller print & media GmbH & Co. KG, Fulda

ISBN 978-3-06-067330-8

PEFC/04-31-1308

PEFC zertifiziert
Dieses Produkt stammt aus nachhaltig bewirtschafteten Wäldern und kontrollierten Quellen.

www.pefc.de

Inhaltsverzeichnis

Kennzeichnungen in diesem Arbeitsheft:

1	Aufgabe
●●●	knifflige Aufgabe oder Aufgabe für die Schnellen
Wissen und Können	Merkkasten zum grundlegenden Wissen und Können
┏	Tipps und Arbeitshilfen
▸	Der Pfeil sagt dir, auf welcher Seite du etwas nachschlagen kannst.

Mit dem beigefügten Lösungsheft kannst du deine Ergebnisse zu den Aufgaben und Tests selbst überprüfen. Im Lösungsheft findest du auch Checklisten und Beispielaufsätze, mit denen du deine Aufsätze vergleichen kannst.

Eine Bewerbung verfassen

Wissen und Können **Eine Bewerbung verfassen**

Erstelle deine Bewerbung am PC und achte besonders auf Rechtschreibung und Zeichensetzung sowie auf die Vollständigkeit deines Portfolios. Das Bewerbungsportfolio setzt sich aus folgenden Dokumenten zusammen:

1 **Anschreiben/Bewerbungsschreiben:** Das Bewerbungsschreiben orientiert sich formell an den DIN-Normen. Der Aufbau ist wie beim sachlichen Brief einzuhalten: a) Briefkopf (Absender mit Telefonnummer und E-Mail-Adresse, b) Empfänger, c) Ort und Datum), d) Betreffzeile (Briefanlass in Stichworten), e) höfliche Anrede, f) Bewerbungstext, der sich inhaltlich an der **ANDA-Methode** orientiert:
   Anknüpfung finden
   Neugierde wecken
   Du und deine Fähigkeiten
   Aufforderung zum Handeln
   Stellt euch selbst überzeugend dar, ohne zu übertreiben oder Wichtiges wegzulassen.
   Der Bewerbungstext sollte individuell gestaltet und auf die Firma zugeschnitten sein.
   g) Grußformel, h) handschriftliche Unterschrift mit Vor- und Nachnamen, i) Hinweis auf Anlagen
2 **Lebenslauf**
3 **Anlagen,** wie z. B. Zeugnisse, Bescheinigungen (Praktika) und Zertifikate, Referenzen

1 Untersuche die folgende Stellenanzeige für einen Ausbildungsplatz als Verwaltungsfachangestellte/-r.

a Markiere alle wichtigen Aspekte, z. B. Name des Betriebs, Adresse, Ansprechpartner/-in, genaue Berufsbezeichnung, Ausbildungsbeginn, gewünschte Art der Bewerbung.

b Unterstreiche die Anforderungen, die an die Bewerber/-innen gestellt werden.

Gauting – Der Bürgermeister – Hauptstraße 60 – 82131 Gauting

Gauting sucht Unterstützung!

Zum 1. September 20.. stellt die Verwaltung Gauting zwei Auszubildende für den Beruf einer/eines Verwaltungsfachangestellten ein. Die Ausbildungsdauer beträgt drei Jahre. Sie umfasst jeweils einen praktischen Teil in verschiedenen Fachbereichen der Verwaltung sowie einen schulischen Teil an der Berufsschule in München.
Sie sind kontaktfreudig und können gut mit Menschen umgehen? Sie sind teamfähig, zuverlässig, motiviert und engagiert? Wichtig ist auch, dass Sie über gute EDV-Kenntnisse verfügen und mindestens die Mittlere Reife haben. Besonders die Fächer Deutsch und Mathe sollten mit soliden Noten abgeschlossen sein.
Wir freuen uns auf Ihre Bewerbung – gern digital – mit tabellarischem Lebenslauf, Zeugnis und Lichtbild bis zum 1. März 20..
Für eventuelle Rückfragen steht Frau Weichlieb (d.weichlieb@beispiel.net, Tel.: 089 21586800) zur Verfügung.
Besuchen Sie auch unsere Homepage!

2 a Lies den Bewerbungstext auf Seite 5 aufmerksam durch und benenne die ANDA-Bausteine, indem du in der rechten Spalte den passenden Buchstaben einträgst.

b Nenne die fehlenden Bausteine des Bewerbungsschreibens in der richtigen Reihenfolge und schreibe anschließend die Bewerbung vollständig am PC.

1 ____________ 2 ____________ 3 ____________

4 ____________ 5 ____________ 6 ____________

7 ____________

1

2

3

4

Sehr geehrte Frau Weichlieb, ______

Ihr Ausbildungsplatzangebot im Tagesblatt vom 13. 03. 20.. hat mein Interesse geweckt, wobei mich das beschriebene Anforderungsspektrum und besonders die Aussicht auf den Kontakt mit den Bürgerinnen und Bürgern angesprochen haben. Aus diesem Grund bewerbe ich mich zum 1. September 20.. um den oben genannten Ausbildungsplatz in Ihrem Haus. ______
Zurzeit besuche ich die Staatliche Realschule Gauting, die ich im Sommer mit dem Realschulabschluss beenden werde. Durch mein Profilfach BWR konnte ich bereits Einblicke in kaufmännische Tätigkeiten und die Verwaltungsarbeit gewinnen. Auch ein Praktikum in der Verwaltung einer Versicherung bestärkte mich in meinem Wunsch, den Beruf der Verwaltungsfachangestellten zu erlernen. Während meines Praktikums entdeckte ich zudem, dass mir der Umgang mit Kunden großen Spaß bereitet. In meiner Freizeit lese ich sehr gern, fahre Fahrrad und pflege die Homepage meines Tennisvereins. Dadurch bin ich sehr sicher im Umgang mit Software, Web-Anwendungen und dem PC im Allgemeinen. Zuverlässigkeit, Pünktlichkeit und Kommunikationsfähigkeit zählen ebenso zu meinen Stärken wie Engagement und Lernbereitschaft. ______
Über eine Einladung zu einem persönlichen Gespräch würde ich mich sehr freuen. ______

5

6

7

Angemessen formulieren

1 Der Einleitungssatz muss sich an gängigen Normen orientieren und korrekt formuliert sein, denn er bildet die Visitenkarte des Schreibens. Vervollständige die Einleitungssatzteile mit Hilfe des Wortspeichers.

Wortspeicher

kontinuierlich Mitarbeiter • eines der erfolgreichsten Unternehmen • zielstrebig darauf hingearbeitet • habe ich mich für dieses Gebiet begeistert • Stellenanzeige vom TT.MM.JJJJ • Praktika und Nebenjobs

– mit ______ in den Ferien sowie guten Noten habe ich ______, eine Ausbildung als ... zu absolvieren.

– schon immer ______, nun möchte ich diesen Beruf ergreifen und in Ihrem Unternehmen die Ausbildung dazu absolvieren.

– Ihre ______ hat mich sofort angesprochen.

– Sie sind ______ Deutschlands und bilden ______ aus. Danach strebe ich ...

2 **a** **Lies die folgende Stellenanzeige und das Bewerbungsschreiben deines Mitschülers Oliver. Leider ist das Anschreiben sprachlich und inhaltlich nicht fehlerfrei. Markiere die Fehler und benenne sie am Rand (*A* = Ausdruck, *Gr* = Grammatik, *I* = Inhalt, *R* = Rechtschreibung, *W* = Wiederholung, *Sz* = Satzzeichen, *V* = hier fehlt etwas).**
TIPP: Bedenke die korrekte Schreibung der Höflichkeitsanrede.

b **Schreibe für Oliver eine verbesserte Bewerbung am PC.**

Wir suchen zum 01.09.20.. Auszubildende zu Automobilkaufleuten (m/w/d).

Wir bieten:
- eine fundierte kaufmännische Ausbildung in einer zukunftsorientierten Branche
- ein junges, dynamisches Team in einem der führenden Autohäuser der Stadt

Wir erwarten:
- Mittlere Reife mit gutem bis sehr gutem Abschluss
- Interesse am Produkt „Automobil" und der sich ständig entwickelnden Technik
- Leistungsbereitschaft, technisches Verständnis, Interesse an Datenverarbeitung
- Aufgeschlossenheit gegenüber Kundinnen und Kunden, sicheres Auftreten, gepflegtes Äußeres

Schwerpunkte der Ausbildung:
- An- und Verkauf von Neu- und Gebrauchtwagen
- kaufmännische Tätigkeiten (Preiskalkulation, Rechnungserstellung, Provisionsberechnungen)
- Serviceleistungen, Lagerhaltung, Verwaltung

Interessiert? Bewerben Sie sich schriftlich (gern auch als E-Mail) mit aussagekräftigen Bewerbungsunterlagen und überzeugen Sie uns von sich.

Autohaus Kopp, Dieter Kopp, Bergstraße 34, 97000 Würzburg

VORSICHT
FEHLER!

Oliver Kees
Bastianstraße 13
97228 Rottendorf

Autohaus Kopp
Herrn Dieter Kopp
Bergstraße 34
97000 Würzburg

03.05.20..

Bewerbung um eine Ausbildung zum Automobilkaufmann

Sehr geehrte Damen und Herren,

hiermit bewerbe ich mich bei ihnen um einen Ausbildungsplatz in Ihrem Haus. Ihre Stellenanzeige habe ich im Internet am 1.5. gefunden. Ich besuche derzeit die Realschule Rottendorf. Ich mag am liebsten Biologie und Sport. Meine Hobbys sind Spielekonsolen und mich mit Freunden treffen, weil ich gut mit Menschen reden kann. Ich interessiere mich schon seit meiner Kindheit für Fahrzeuge, deren Technik und Design. Dass hat mein Wunsch bestärkt, gerade diesen Beruf zu erlernen. Während eines Praktikums im Einzelhandel konnte ich schon Erfahrungen im Umgang mit Kunden machen.
Es wäre toll, wenn sie mich zu einem Bewerbungsgespräch einladen würden.

Mit freundlichen Grüßen,

Oliver Kees

Anlagen

Der Lebenslauf

1 **Der Lebenslauf ist fester Bestandteil jedes Bewerbungsportfolios. Ergänze die fehlenden Zwischenüberschriften und Benennungen mit Hilfe des Wortspeichers und erstelle anschließend einen eigenen Lebenslauf am PC.**

____

____

Name: Oliver Christoph Kees
Adresse: Bastianstraße 13
97228 Rottendorf

______________**:** 0162 2081430
E-Mail: Oli.Kees@beispiel.de

______________**:** ...
Geburtsort: ...

____

201_–201_: Hexenbruch-Grundschule Rottendorf
seit 201_: Realschule Rottendorf
voraussichtlich 202_: Realschulabschluss

____

06/201_: Praktikum bei Firma Autotuning KG
seit 201_: Reporter im Team der Schülerzeitung

____

Computerkenntnisse: gute Kenntnisse in allen Office-Anwendungen

______________**:** Englisch (gut in Wort und Schrift)

______________**:** Fußball, Handball, Fotografie

Rottendorf, den 3. Mai 202_

Oliver Kees

Wortspeicher

Interessen und besondere Kenntnisse • Mobil • Persönliche Daten • Sprachkenntnisse • Praktische Erfahrungen • Persönliche Interessen • Schulische Ausbildung • Geburtsdatum • Lebenslauf

Sich online bewerben

1 **Immer häufiger wünschen Firmen nicht mehr eine Bewerbungsmappe per Post, sondern Online-Bewerbungen. Die E-Mail zu deiner Bewerbung muss ebenfalls einen korrekten und formalen Stil haben. Verfasse die E-Mail zu deiner Bewerbung am PC. Beachte dabei folgende Punkte:**

- Verwende eine angemessene E-Mail-Adresse, gib eine eindeutige Betreffzeile an und benenne die PDF-Datei sinnvoll.
- Der Text der E-Mail spricht wie das Bewerbungsschreiben den konkreten Ansprechpartner an und verweist auf die angehängte Bewerbungsdatei.

Erstelle die **Anhänge** im **PDF-Format.** Fasse alle Dokumente in einer Datei zusammen. Die Auflösung sollte hoch sein, aber die Datei darf nicht zu groß werden. Achte auf eindeutige Dateinamen.

Schriftlich argumentieren – Informationsmaterial nutzen

Eine eingliedrige Erörterung mit Material schreiben

Sich dem Thema nähern

Wissen und Können **Sich dem Thema nähern**

Bei der materialgestützten Erörterung geht es darum, den **eigenen Standpunkt** mit Hilfe von **passendem Informationsmaterial** überzeugend vermitteln zu können. Dem muss eine **sorgfältige Erarbeitung des Themas** vorangehen. Auf diese Weise vermeidest du von Anfang an inhaltliche Fehler in den einzelnen Argumentationen oder sogar eine Themaverfehlung.
Die wichtigsten Erschließungsfragen sind:

- Welches Thema wird angesprochen? (= **Themabegriff,** z. B.: *übermäßiger Konsum von Modeartikeln* in der Themastellung *Wodurch werden Jugendliche zu einem übermäßigen Konsum von Modeartikeln verleitet?*)
- Wie wird das Thema eingeschränkt? (= **Schlüsselbegriff,** z. B.: *Ursachen* in der o. g. Themastellung)

Tipp: Überprüfe zudem immer, ob die Thematik auf eine bestimmte Gruppe von Menschen bezogen ist (z. B.: *Jugendliche, Radfahrer*).

1 **Benenne jeweils den Themabegriff und den Schlüsselbegriff bei den folgenden Erörterungsthemen:**

A Viele Jugendliche setzen sich für den Umweltschutz ein. Welche positiven Auswirkungen hat dieses Engagement?

Themabegriff: ______________________________

Schlüsselbegriff: ______________________________

B Worin liegen die Ursachen für die zunehmende Luftverschmutzung?

Themabegriff: ______________________________

Schlüsselbegriff: ______________________________

C Welche Vorteile hat die Benutzung öffentlicher Verkehrsmittel in der Stadt?

Themabegriff: ______________________________

Schlüsselbegriff: ______________________________

Um eine **Themaverfehlung zu vermeiden,** ist es hilfreich, wenn du dir **Synonyme zu den Schlüsselbegriffen** überlegst, z. B.: *Ursache, Warum ...? Wodurch ...? = Grund, Beweggründe; positive Auswirkungen = Vorteile; Schwierigkeiten, negative Aspekte = Nachteile; Wie ...? Womit ...? = Möglichkeiten, Maßnahmen.*

2 **Nicht alle Aufgabenstellungen sind als Fragen formuliert. Erschließe das folgende Erörterungsthema, indem du den Themabegriff blau und den Schlüsselbegriff grün unterstreichst. Wandle es anschließend zu einer vollständigen Frage um. Hinweis: Zu diesem Thema entwickelst du auf den folgenden Seiten einen kompletten Aufsatz.**

Zeige Möglichkeiten auf, wie jede/-r Einzelne Energie sparen kann.

Themafrage: ______________________________

Stoff sammeln und ordnen

Wissen und Können **Eine Stoffsammlung anlegen und strukturieren**

Um sicherzugehen, dass du nicht von der Aufgabenstellung abweichst, musst du geeignete **W-Fragen** zum Thema formulieren, die das Thema möglichst genau eingrenzen. Nach der intensiven Auseinandersetzung mit dem Erörterungsthema in der Themaerschließung gilt es außerdem, die vielfältigen Ideen für die Argumentation in einer **ersten ungeordneten Sammlung** festzuhalten.
Dabei sind Techniken wie die Erstellung eines **Clusters** oder einer **Mind-Map** hilfreich. Ebenso ist eine **Stichpunktsammlung** möglich, an der man zusätzlich mit Markierungen eine erste Ordnung vornimmt.

1 **Beantworte mit Hilfe der Piktogramme zunächst die Frage: „Wofür verbraucht der Einzelne Energie?"**

zum Heizen ________ ________ ________

2 **Lies den Text aufmerksam und schreibe die wichtigsten Erkenntnisse zum Energieverbrauch des Einzelnen auf.**

M1 Material 1

Alle brauchen Energie

Die meiste in Deutschland verbrauchte Energie floss 2018 in den Verkehr. Gut ein Fünftel der Jahresenergiemenge benötigten wir, um Verkehrsmittel anzutreiben, wie Lkw, Busse, Bahnen, Flugzeuge und Autos. Nahezu gleichauf lag der Energiebedarf der Industrie. Besonders energiehungrig waren Stahl- und Aluminiumwerke, aber auch die Chemieindustrie. Ein weiteres Fünftel des Energieverbrauchs 2018 entfiel auf die sogenannten Umwandlungsverluste. So bezeichnen Fachleute die Energie, die verloren geht, wenn man eine Energieform in eine andere umwandelt, zum Beispiel Braunkohle in Wärme. Den vierthöchsten Energieverbrauch hatten 2018 die privaten Haushalte. Sie verbrauchten ein knappes Fünftel der Energie. Während die Industrie die Energie hauptsächlich für die sogenannte Prozesswärme braucht, also um Material schmelzen, trocknen und schmieden zu können, floss sie in den privaten Haushalten vor allem in die Wärmeerzeugung. Am wenigsten Energie verbrauchten das Gewerbe, der Handel und die Dienstleistungen. Dieser Wirtschaftssektor kam mit halb so viel Energie hin wie die Industrie.

Hauptaussagen zum Energieverbrauch des Einzelnen: ________________________________

____

Selbst formulierte Erschließungsfragen zum Thema erleichtern dir das Sammeln und Ordnen von Stichpunkten. Beispiel:
In welchen Bereichen verbraucht der Einzelne Energie?
Antwort: *beim Heizen, bei der Benutzung von Verkehrsmitteln, beim Betrieb von elektronischen Geräten*
Durch welche Maßnahmen kann der Energieverbrauch reduziert werden?
Antwort: *durch energieeffiziente Heizsysteme, durch die Nutzung öffentlicher Verkehrsmittel, durch den Verzicht auf unnötige Elektrogeräte*

3 **In diesem Cluster hat eine Schülerin Ideen gesammelt, wie jede/-r Einzelne Energie sparen kann.**

a **Streiche ungeeignete Aspekte durch.**

b **Strukturiere die Ideen: Überlege, für welchen Teil der Argumentation die Punkte geeignet sind. Markiere fünf weitere Behauptungen grün, Begründungen dazu blau und Beispiele gelb. Ein Muster ist vorgegeben.**

Wie kann jede/-r Einzelne Energie sparen?

- *Haus dämmen*
- *bewusster Umgang mit elektrischen und elektronischen Geräten*
- *entweicht weniger Energie*
- *unnötigen Stromverbrauch vermeiden*
- *Fenster und Türen abdichten*
- *effizienter Kühlschrank*
- *schaltbare Steckdosenleiste*
- *Urlaub mit dem Rad oder zu Hause*
- *Heizung modernisieren*
- *Wärmedämmung*
- *geringerer Brennstoffverbrauch*
- *keine unnötige Beleuchtung*
- *Fahrgemeinschaften*
- *Brennwerttherme*
- *Energiesparlampen*
- *Nutzung von Wasserkraft*
- *stromsparende Geräte*
- *Bau von Biogasanlagen*
- *verringern Stromverbrauch*
- *weniger Kraftstoff*
- *Urlaubsreise mit dem Zug*
- *Schulbus statt „Taxi Mama"*
- *unnötige Fahrten und Flüge vermeiden*
- *öffentliche Verkehrsmittel benutzen*
- *es wird kein Benzin, Diesel, Kerosin verbraucht*
- *Ausschalten des Stand-by-Modus*
- *Modernisierung energieintensiver Industrieanlagen*
- *Pelletofen*
- *zu Fuß oder mit dem Rad zum Training*
- *Stromimporte aus dem Ausland*

Aus der Stoffsammlung **wählt man Punkte aus,** die man in die Gliederung und in den Aufsatz übernehmen möchte.

4 **Zu welchen Beispielen aus dem Cluster (▶ Aufg. 3) passen die unten stehenden Empfehlungen A und B der Verbraucherzentrale Bayern? Schreibe sie in dein Heft. Ein Beispiel pro Empfehlung reicht aus.**

M2 **Material 2**

A Undichte **Fenster** oder **Außentüren** sorgen für unangenehme Zugluft und Wärmeverluste in der Wohnung. Um die Dichtheit zu prüfen, klemmen Sie ein Blatt Papier zwischen Fensterrahmen und Fensterflügel ein. Falls sich das Papier bei geschlossenem Rahmen nicht herausziehen lässt, ist das Fenster an dieser Stelle dicht genug. Wiederholen Sie den Papiertest an mehreren Stellen.
Bei Fenstern reicht es meistens schon, die Dichtprofile zu erneuern oder die Fensterflügel zu justieren. Bei Wohnungs- oder Haustüren mit offenem Türschlitz kann oftmals nachträglich ein Dichtprofil, ein sogenannter Kältefeind, eingebaut werden. Haben Sie einen Windfang, sollten Sie ihn bei kalter Witterung stets geschlossen halten.

B **Kühlschränke** und **Kühl**- und **Gefrierkombinationen** sind meist große Stromfresser. Sie laufen das ganze Jahr durch und verbrauchen etwa 10 Prozent des Haushaltsstroms. Deshalb ist es besonders wichtig, schon beim Kauf auf die Stromkosten zu achten.
Das Wichtigste in Kürze:
- Je größer der Kühlschrank bzw. die Kühl-Gefrierkombination ist, umso höher ist der Stromverbrauch.
- Das Energielabel, Verbrauchswerte und unabhängige Testberichte helfen bei der Kaufentscheidung.
- Die optimale Temperatur im Kühlschrank beträgt 7 °C (Grad Celsius).

Vermerke auf deiner Stichpunktsammlung stets **Querverweise zu passenden Materialien.**

Die Gliederung erstellen

Wissen und Können **Die Gliederung einer Erörterung erstellen**

In der Gliederung werden die Ideen **sinnvoll strukturiert.** Die Gliederung ist verpflichtend und vergleichbar mit dem **Inhaltsverzeichnis.** Bei der Ausführung des Aufsatzes dient sie als **Arbeitsplan.**
Achte bei der **Reihenfolge der Gliederungspunkte** darauf, dass Zusammengehörendes auch aufeinanderfolgt. Du kannst dir als Hilfsmittel für die Sortierung Oberbegriffe ausdenken (z. B. zu der Gliederung oben: *Energiesparen beim Heizen, Stromsparen im Haushalt, Verringerung von Kraftstoffverbrauch bei der Fortbewegung*).
Die Gliederung sollte einheitlich formuliert sein, z. B.:

- **Einleitungsgedanke A** in einem vollständigen Satz, z. B.:
  A) Es fällt auf, dass sich viele Jugendliche immer der aktuellen Mode entsprechend kleiden.
- **Hauptteil B:** Themafrage(n) und nummerierte Gliederungspunkte (= Behauptungen der einzelnen Argumentationen). Die Gliederungspunkte werden einheitlich im Nominalstil (d. h. ohne Verben, z. B.: *1. Vorbildwirkung von Idolen*) oder im Verbalstil (z. B.: *1. Idole wirken als Vorbilder*) verfasst (▸ S. 77).
  Sie müssen eine eindeutige Antwort auf die Themafrage geben und sollten in einer durchdachten Reihenfolge angeordnet werden.
- **Schlussgedanke C** als vollständiger Satz, z. B.:
  C) Jugendliche sollten darin bestärkt werden, ihren eigenen Stil zu finden.

In der Gliederung dürfen **keine Beispiele oder Materialien** aufgeführt werden!

1 **Die folgende Gliederung ist noch nicht sinnvoll sortiert und uneinheitlich formuliert.**
a **Bringe die Gliederungspunkte in eine sinnvolle Reihenfolge, indem du die weiteren Nummern ergänzt (▸ Tipp).**
b **Die Gliederungspunkte wurden nicht einheitlich verfasst. Markiere die Gliederungspunkte im Verbalstil und schreibe die vollständige Gliederung im Nominalstil (d. h. in der Gliederung: ohne Verben, ▸ S. 78) in dein Heft.**

VORSICHT FEHLER!

A) Der hohe Energieverbrauch belastet die Umwelt und die Finanzen jedes Privathaushalts.

B) Welche Maßnahmen jeder/jedes Einzelnen helfen beim Energiesparen?

3.	Energieeffiziente Nutzung elektrischer und elektronischer Geräte
5.	Öffentliche Verkehrsmittel benutzen
	Heizsystem modernisieren
	Stromsparende Elektrogeräte im Haushalt verwenden
	Unnötige Fahrten und Flüge vermeiden
1.	Maßnahmen zur Wohnraumdämmung

C) Energiesparmaßnahmen haben finanzielle Vorteile und helfen, die Umwelt zu schonen.

In den folgenden Teilen der Erörterung kannst du Informationen aus den Materialien einfließen lassen. Beachte dabei folgende **Zitierregeln:**

- Wörtliche Zitate müssen in Anführungszeichen stehen.
- Textauslassungen werden mit drei Pünktchen in eckigen Klammern [...] gekennzeichnet.
- Die Quellenangabe muss sinnvoll in den Text eingebaut sein.
- Zu lange Zitate sind ungeeignet. Deswegen sollten nur aussagekräftige Textstellen verwendet werden.

Die Einleitung verfassen

Wissen und Können **Die Einleitung einer materialgestützten Erörterung verfassen**

Die **Einleitung** beim materialgestützten Erörtern besteht aus folgenden Teilen:
Einleitungsgedanke: Hierfür nutzt man am besten geeignete Informationen aus dem Material, z. B. eine Definition, ein Zitat, statistische Angaben, die persönliche Erfahrung, ein aktuelles Ereignis oder einen geschichtlichen Rückblick.
Überleitung: Diese muss logisch zur Themafrage hinführen, z. B.: *Aufgrund dieser Zahlen stellt sich die Frage, ...*
Themafrage: Diese kann direkt oder indirekt angegeben werden.
In der Einleitung dürfen keine Argumentationen des Hauptteils vorweggenommen werden.

1 **Notiere, welcher Ausgangspunkt (▸ Wissen und Können) jeweils für den Einleitungsgedanken gewählt wurde.**

A Die meisten Verbraucher empfinden die stetig steigenden Energiepreise als zunehmende finanzielle Belastung.

Ausgangspunkt: ______________________________

____

B Meine Mutter ermahnt mich häufig, weil unsere Stromrechnung zu hoch ist.

Ausgangspunkt: ______________________________

____

C Kürzlich las ich in der Zeitung, dass immer mehr Haushalte den Stromanbieter wechseln, um Geld zu sparen.

Ausgangspunkt: ______________________________

2 **Lies das Beispiel für eine gelungene Einleitung.**
Markiere den Einleitungsgedanken rot, die Überleitung grün und die Themafrage blau.

Meine Eltern haben sich, nachdem unser alter Kühlschrank entsorgt werden musste, für eine Kühl-Gefrierkombination der Energieeffizienzklasse A+++ entschieden. Auch die Verbraucherzentrale Bayern empfiehlt: „Kühlschränke und Kühl- und Gefrierkombinationen [...] laufen das ganze Jahr durch und verbrauchen etwa 10 Prozent des Haushaltsstroms. Deshalb ist es besonders wichtig, schon beim Kauf auf die Stromkosten zu achten.“ (M2, Z. 1–5). Darüber hinaus gibt es weitere zahlreiche Möglichkeiten, wie jede/-r Einzelne Energie einsparen kann.

3 **Die folgende Einleitung ist teilweise misslungen. Markiere unpassende Stellen und notiere stichpunktartig, welche Fehler gemacht wurden. Schreibe die verbesserte Einleitung in dein Heft.**

VORSICHT FEHLER!

Die Menschen in den Industriestaaten verbrauchen immer mehr Energie, dabei nehmen die Rohstoffe zur Energiegewinnung ab. Da sollte man sich schon einmal überlegen, ob man unbedingt jeden Tag duschen muss. Welche weiteren Maßnahmen gibt es?

____

____

____

Argumentationen ausarbeiten

Wissen und Können **Eine Argumentation aufbauen**

Der Kern einer Erörterung besteht aus überzeugenden Argumenten, die einem strengen logischen Aufbau folgen. Alle Unterpunkte aus der Gliederung stellen dabei die **Behauptungen** dar. Die sich anschließende **Begründung** sollte mit **mindestens einem anschaulichen Beispiel** belegt werden. Um die Argumentation abzurunden, kann man eine **Rückführung zum Thema** oder eine **Schlussfolgerung** ergänzen.
Passendes Material lässt sich am besten in der Begründung bzw. in den Beispielen einfügen.

1 **Hier sind drei Argumentationen durcheinandergeraten. Ordne die passenden Teile einander zu, indem du sie jeweils mit der Nummer des passenden Gliederungspunkts (▸ S. 11, Aufg. 1) versiehst.**

Behauptungen

☐ Zunächst einmal sind, wenn es um das Einsparen von Heizenergie geht, alle Maßnahmen zur Wohnraumdämmung besonders effektiv.

☐ Außerdem hat jeder Einzelne durch den bewussten und energieeffizienten Umgang mit elektrischen und elektronischen Geräten im eigenen Haushalt eine Vielzahl von Möglichkeiten, seinen Energieverbrauch zu senken.

☐ Schließlich lässt sich der Energieverbrauch des Einzelnen bei der Fortbewegung durch die Benutzung öffentlicher Verkehrsmittel erheblich reduzieren.

Begründungen

☐ Da für solche Geräte sehr viel Strom benötigt wird, sollte man öfter darüber nachdenken, ob ihr Gebrauch wirklich notwendig ist. – Außerdem lohnt es sich, geeignete Hilfsmittel zum Stromsparen einzusetzen.

☐ Bei der Fahrt mit Bus, Zug oder Straßenbahn wird nämlich pro Person weit weniger Energie verbraucht als im Individualverkehr mit dem Auto.

☐ Denn eine sorgfältige Abdichtung verhindert, dass Wärme aus dem Inneren der Wohnung oder des Hauses nach außen entweichen kann.

Beispiele

☐ So kann man zum Beispiel mit dem Bus in die Schule fahren, statt sich mit dem Auto hinbringen zu lassen. Und die Familie kann mit der Bahn statt mit dem Pkw in die Ferien reisen.

☐ Zum Beispiel kann man eine Zitrone auch mit der Handpresse entsaften. – Diesem Zweck dienen etwa schaltbare Steckdosenleisten, mit denen man mehrere Geräte wie Fernseher, Receiver und DVD-Player gleichzeitig vom Netz nehmen kann. Auf diese Weise vermeidet man, dass die Geräte im Stand-by-Modus unnötig Strom verbrauchen.

☐ Ein einfaches und kostengünstiges Mittel zur Wärmedämmung ist beispielsweise das Ersetzen von alten Dichtungsprofilen an Türen und Fenstern (▸ S. 10, M2).

Rückführungen/ Schlussfolgerungen

☐ Damit kann der Verlust und also auch der Verbrauch von Energie in Form von Wärme merklich reduziert werden.

☐ Wenn man also auf den Individualverkehr verzichtet und ein Verkehrsmittel benutzt, das weniger Kraftstoff pro Reisenden benötigt, lässt sich bei der Fortbewegung sehr viel Energie einsparen.

☐ Dies alles zeigt, dass man durch den sorgsamen Umgang mit Geräten im eigenen Haushalt den unnötigen Verbrauch elektrischer Energie vermeiden kann.

Bei deiner **Argumentation** zählt nicht, wie viel du schreibst, sondern wie sorgfältig du argumentierst. Nur **stichhaltige Begründungen** und Beispiele werden die Lesenden überzeugen.

2 **Schreibe die drei vollständigen Argumentationen in dein Heft.**

Teile der Erörterung sinnvoll verknüpfen

Wissen und Können **Zusammenhänge herstellen, Überleitungen und Verknüpfungen nutzen**

Damit in deiner Erörterung **Zusammenhänge** deutlich werden, ist es notwendig, die einzelnen Argumentationen sowie ihre Bestandteile mit Hilfe geeigneter **Überleitungen** und **Verknüpfungen** zu verbinden. Inhaltliche Verknüpfungen sind notwendig zwischen Einleitung und Hauptteil, zwischen den einzelnen Argumentationen sowie den Teilen der Argumentation (Behauptung, Begründung, Beispiel, ggf. Rückführung oder Schlussfolgerung) und zwischen Hauptteil und Schluss.

1 a **Im Wortspeicher findest du Konjunktionen und Adverbien, mit denen du Überleitungen herstellen kannst. Sortiere sie nach ihrer Funktion. Einige Beispiele sind vorgegeben.**

●●● b **Ergänze weitere Verknüpfungen und Überleitungen.**

Wortspeicher

allerdings • da • dagegen • daher • damit • daneben • darüber hinaus • darum • demzufolge • denn • dennoch • des Weiteren • einerseits ..., andererseits • ferner • obwohl • so • sodass • somit • trotz • weil • wenn auch • zwar • zum einen ..., zum anderen

aneinanderreihend: *daneben,* ____________________

____

folgernd/begründend: *da,* ____________________

____

einschränkend: *allerdings,* ____________________

____

einen Gegensatz ausdrückend: *dagegen,* ____________________

____

2 **Setze in der folgenden Argumentation passende Überleitungen ein. Vermeide Dopplungen.**

____________________ *(aneinanderreihend)* kann man in Wohnungen oder Häusern Heizenergie sparen, indem man das Heizsystem modernisiert. ____________________ *(folgernd/begründend)* eine moderne, energieeffiziente Heizung benötigt sehr viel weniger Brennstoff als ein veraltetes System. Bei der Anschaffung einer solchen Anlage entstehen ____________ *(einschränkend)* erhebliche Kosten, sie verringert den jährlichen Bedarf an Heizenergie ______________ *(einschränkend)* deutlich. Zu nennen sind beispielsweise eine moderne gasbetriebene Brennwerttherme statt einer alten Ölheizung, ein Ofen, der mit Pellets statt mit Braunkohle beheizt wird, oder Solarpaneele zur Warmwassergewinnung statt eines elektrischen Boilers.

3 ●●● **Erarbeite nun zu den beiden noch offenen Gliederungspunkten (► Gliederung, S. 11) Argumentationen. Ideen findest du im Cluster (► S. 10). Schreibe in dein Heft.**

Den Schluss verfassen

Wissen und Können | **Die Erörterung abrunden – Den Schluss verfassen**

Der **Schluss der Erörterung** rundet den Aufsatz ab, darf aber keine neuen Aspekte enthalten. Du kannst im Schluss begründet **Stellung zum Thema** beziehen, indem du beispielsweise

- eine **Folgerung** ziehst (z. B.: *Aus meiner Sicht sollten Jugendliche viel öfter den Mut haben, nicht jede Modeerscheinung mitzumachen, sondern sich zu einem eigenen Stil zu bekennen*),
- einen **weiterführenden Gedanken,** z. B. einen **Ausblick** in die Zukunft, entwickelst (z. B.: *Durch den Drang, sich immer den neuesten Modetrends anzuschließen, geraten viele Jugendliche in eine Schuldenfalle*) oder
- **Forderungen, Bitten** oder **Wünsche** zum Ausdruck bringst (z. B.: *Angesichts des steigenden Konsums nicht nur im Bereich Modeartikel und der damit verbundenen Verschuldung Jugendlicher sollte in der Schule zum sinnvollen Verbrauch und zum überlegten Umgang mit den eigenen Finanzen angeleitet werden*).

1 **Streiche Schlussgedanken, die nicht zum Thema „Energiesparen des Einzelnen“ passen.**

A Die Verschmutzung der Meere durch Öl kann nur über strengere Richtlinien für die Förderung und den Transport von Rohöl vermindert werden.
B Eine bedeutende Reduzierung des Energieverbrauchs in Privathaushalten erreicht man meiner Ansicht nach am schnellsten mit Hilfe finanzieller Anreize und der Förderung technischer Neuerungen.
C Das sogenannte Fracking ermöglicht es, Gas- und Ölvorkommen aus tiefen Gesteinsschichten zu lösen, indem ein Gemisch aus Wasser, Sand und chemischen Zusätzen hineingepresst wird.
D Meiner Meinung nach hat die Lobby der Industrie zu viel Einfluss auf die deutsche Energiepolitik.
E Im vergangenen Jahr haben meine Eltern unser zwanzig Jahre altes Haus energetisch sanieren lassen. Das wirkt sich nicht nur auf den Geldbeutel, sondern auch auf die Umwelt positiv aus.

2 **Lies das Material 3. Markiere wichtige Informationen, die du in deinem Schluss verwenden möchtest.**

Material 3 **M3**

Lungenerkrankungen sind häufig auf Umwelteinflüsse zurückzuführen

Ständig atmen wir Schadstoffe ein. Vor allem in den Großstädten ist die Belastung durch Feinstaub sehr hoch. Dadurch können Erkrankungen der Atemwege entstehen. Das Einatmen der Schadstoffe kann aber auch dazu führen, dass die bereits vorhandenen Erkrankungen nicht abheilen oder sich sogar verschlimmern.

3 **Der folgende Schluss der Erörterung einer Schülerin enthält acht unsinnige Überleitungen.**
a **Markiere sie.**
b **Schreibe eine verbesserte Version in dein Heft. Integriere Informationen aus Material 3 an geeigneter Stelle.**

VORSICHT FEHLER!

Zum einen möchte ich darauf hinweisen, weil jede/-r Einzelne Verantwortung für den ressourcensparenden Umgang mit Energie trägt, obwohl gerade die fossilen Brennstoffe sind nicht unendlich und belasten bei der Verbrennung deshalb die Umwelt. Trotzdem führt zum Beispiel die Schadstoffbelastung vor allem in Großstädten regelmäßig zu erheblichen gesundheitlichen Problemen. Allerdings sollten auch Jugendliche schon einen Beitrag zum Energiesparen leisten, ferner sie ihre Eltern bei allen Maßnahmen zur Reduzierung des Energieverbrauchs unterstützen. Dies bringt nicht nur erhebliche finanzielle Vorteile für die Familie, sondern trägt demgegenüber zum Umweltschutz bei.

Eine materialgestützte Erörterung schreiben

Wissen und Können | **Die materialgestützte Erörterung**

Für eine **materialgestützte Erörterung** nutzt du Informationen und Meinungen aus angebotenen Materialien (z. B. journalistische Texte, Schaubilder, Diagramme, Karikaturen), die inhaltlich angemessen in den Aufsatz eingebaut und korrekt **zitiert** werden müssen.

- Um die Erörterung genau zu **planen,** musst du die **Themastellung** exakt erschließen (► S. 16), das **Material** auswerten (► S. 17) und dabei wichtige von unwichtigen Informationen unterscheiden, **eigene Ideen** zum Thema sammeln und auf dieser Grundlage ggf. eine **Stoffsammlung** sowie die **Gliederung** erstellen (► S. 21).
- Die vorgegebenen Materialien kannst du für sämtliche Teile des Aufsatzes verwenden, also für die **Einleitung** (z. B. ein Zitat, eine Definition oder eine Statistik, ► S. 22), den **Hauptteil** (Fakten, Ideen und Zitate für Behauptungen, Begründungen und Beispiele/Belege, ► S. 23) und den **Schluss,** indem du deine Stellungnahme durch ein Zitat, eine Forderung oder einen Appell aus dem Material stützt (► S. 25).

Das Thema erschließen

Auf den Seiten 16 bis 25 übst du eine materialgestützte Erörterung zu folgender Themastellung: Erörtere, welche Ursachen es haben könnte, dass so viele Jugendliche Alkohol konsumieren. Welche negativen Folgen hat ihr Alkoholkonsum?

1 **Um bei der Auswertung des Materials zielgerichtet vorgehen zu können, solltest du dir zuerst über die Aufgabenstellung klar werden.**

a **Überlege, welcher Themabegriff und welche Schlüsselbegriffe zutreffen und um welche Art von Erörterung es sich handelt. Streiche falsche Angaben durch.**

Themabegriff:
Konsum von Drogen allgemein / von Alkohol / von legalen Drogen

Schlüsselbegriffe:
besonders gefährdete Jugendliche / viele Jugendliche / jede/-r Einzelne / positive Aspekte / Ursachen / Gründe / Nachteile / Probleme / Maßnahmen

Art der Erörterung:
Es handelt sich um eine eingliedrige/zweigliedrige Erörterung.

Beachte, dass bei einer **zweigliedrigen Erörterung** durch die Themastellung eine erste Untergliederung des Hauptteils vorgegeben wird, z. B. in *Ursachen und Folgen, Gründe und Gegenmaßnahmen, Vor- und Nachteile, Schwierigkeiten und Lösungsansätze, positive und negative Aspekte, Pro und Kontra (Für und Wider) oder Vorteile und Einwände.*

b **Welche Fragen beziehen sich auf das gestellte Thema? Kreuze zutreffende an.**

A ☐ Warum verzichten immer mehr Jugendliche auf Alkohol?
B ☐ Warum trinken Jugendliche Alkohol?
C ☐ Wie kommt es, dass viele Menschen nicht ohne Alkohol auskommen können?
D ☐ Welche Maßnahmen können gegen den Alkoholkonsum getroffen werden?
E ☐ Welche Probleme entstehen für Jugendliche durch den Genuss von Alkohol?
F ☐ Warum ist Alkoholgenuss vor allem für Jugendliche gefährlich?
G ☐ Ist ein Alkoholverbot für Jugendliche sinnvoll?

Das Material auswerten, Stoff sammeln und ordnen

Wissen und Können | **Das Material auswerten und ordnen**

Lies das Material aufmerksam durch, um dir einen **Überblick** über die Informationen zu verschaffen und das Material im Hinblick auf seine spätere Verwendung im Aufsatz auszuwerten und zu ordnen.

- Überlege, welche Angaben für dein Thema wirklich **brauchbar** sind.
- **Markiere oder unterstreiche Stellen,** die du **für die unterschiedlichen Teile deines Aufsatzes nutzen** willst, mit verschiedenen Farben, z. B. Ideen für die Einleitung in Gelb, für die erste Themafrage des Hauptteils (z. B. Ursachen) in Blau, für die zweite Themafrage (z. B. negative Folgen) in Rot und Ideen für den Schluss in Grün.
- Sammle am Rand **Notizen** (z. B. Stichworte, Hinweise für die Verwendung).

1 **Auf den Seiten 17–20 findest du Material zum Thema „Mögliche Ursachen und negative Folgen des Alkoholkonsums von Jugendlichen".**

a **Lies alle Quellen aufmerksam durch und markiere oder unterstreiche Aspekte, die du für deine Erörterung verwenden willst, in unterschiedlichen Farben (▶ *Wissen und Können*-Kasten). Manche sind als Hilfestellung schon gekennzeichnet.**

b **Notiere neben den Materialien, für welchen Teil deiner Erörterung du die Informationen verwenden könntest, und bearbeite daneben- oder darunterstehende Arbeitsaufträge.**

c **Ergänze die richtigen Angaben mit Hilfe der Grafik und streiche Unzutreffendes.**

Insgesamt hat in Deutschland der Anteil der Jugendlichen zwischen 12 und 17 Jahren, die mindestens wöchentlich Alkohol konsumiert haben, von 2007 bis 2018 um ____________ Prozent abgenommen/zugenommen. Im Jahr 2019 tranken rund ____________ Prozent der Jugendlichen mindestens einmal wöchentlich Alkohol. Dabei ist es eine höhere Zahl männlicher/weiblicher Jugendlicher, die 2019 mehr Alkohol konsumierten als im Vorjahr.

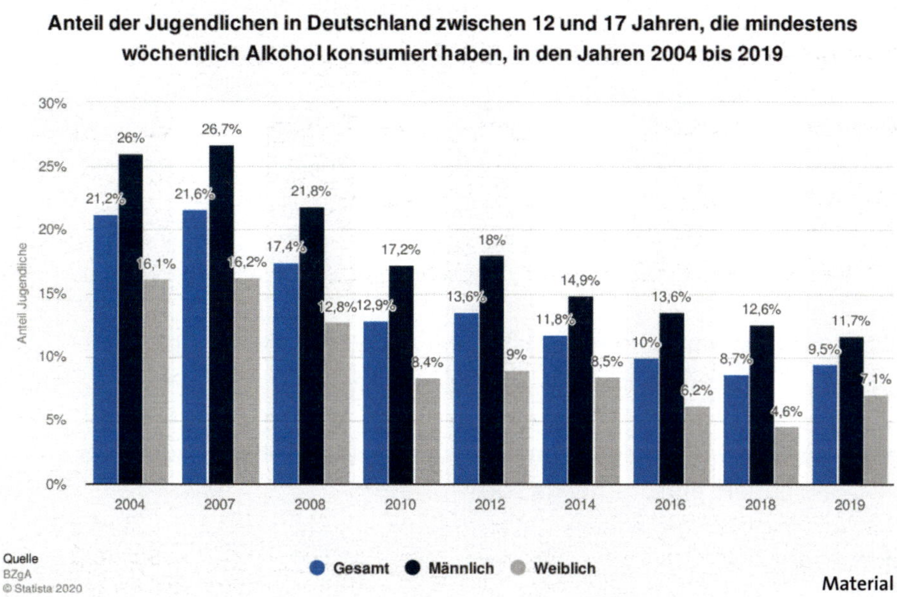

Material 1 **M1**

Im Jugendschutzgesetz ist verankert, dass Alkohol in Gaststätten, Verkaufsstellen oder in der Öffentlichkeit nicht an Kinder und Jugendliche unter 16 Jahren verkauft oder von ihnen verzehrt werden darf.

Material 2 **M2**

Promille und Folgen

Fakt ist, je mehr Alkohol im Blut ist, umso stärker ist die Wirkung und umso geringer die Kontrolle. Ein Glas Bier (0,25 Liter) enthält 10 Gramm reinen Alkohol. Wie viele Promille Alkohol (‰) im Blut daraus resultieren, hängt vom Geschlecht, Körpergewicht, Alter und von der Konstitution des Einzelnen ab. Es können bei einem erwachsenen Mann 0,18, bei einer Frau bereits 0,3 oder mehr Promille sein. Bei Jugendlichen ist die körperliche Entwicklung noch nicht abgeschlossen, daher wirken bereits geringe Mengen Alkohol riskant.

Körperliche Reaktionen

Bereits ab 0,2 Promille werden Entfernungen falsch eingeschätzt.
Je mehr getrunken wird, umso kleiner wird das Blickfeld und umso schlechte kann man sich konzentrieren. Bewegungen laufen langsamer und unkoordinierter ab.
Häufiges Rauschtrinken kann sogar zu einer Schrumpfung des Hirngewebes führen. Bei größeren Mengen kann es zu einer Alkoholvergiftung kommen.

Psychische Folgen

Geringe Mengen Alkohol wirken meistens entspannend und stimmungssteigernd. Angstgefühle werden gedämpft.
Wer zu viel Alkohol trinkt, schwächt sein Urteilsvermögen und wird weniger kritikfähig, die Risikobereitschaft steigt.
Mit steigender Promillezahl kann die positive Stimmung schnell in Gereiztheit und Aggression umschlagen.*

Einleitung: ____________________

____

Hauptteil: ____________________

____

Material 3 **M3**

18:00 **Chris:** Wie schaut's aus, treffen wir uns heut Abend beim Rocky? Der hat einen großen Bruder, der uns Wodka aus dem Supermarkt besorgen kann.

Mario: Super Idee! Kenn ein paar geile Trinkspiele. Bin schon neugierig, wer am meisten vertragen kann. 18:03

18:06 **Damian:** Bei unserer Tanke krieg ich auch was. Der Typ an der Kasse checkt nie meinen Ausweis.

Finn: Hey, gut, dass ich schon 16 bin! Bier, Wein, Sekt sind gebongt! Unsere Hausbar bringt auch was her! Die füllen meine Eltern regelmäßig auf. 18:07

18:09 **Lucky:** Logisch, dass ich komme! Dann denk ich wenigstens mal für ein paar Stunden nicht an die Schule und meine beknackten Noten und das Gemecker meiner Eltern ...

Chris: Das wird 'ne geile Party! Goodbye, Langeweile! 18:15

18:07 **Mario:** Wollen wir auch Mädels einladen? Bei den Trinkspielen wird's dann noch lustiger. Ich finde Mia so cool, die weiß es aber noch nicht ...

Material 4 **M4**

d Unterstreiche im Chat weitere Formulierungen, aus denen du die Ursachen des Alkoholkonsums von Jugendlichen entnehmen kannst, und notiere entsprechende Stichworte.

leichte Beschaffung von Alkohol,

[…] Dr. med. Heidrun Thaiss, Leiterin der Bundeszentrale für gesundheitliche Aufklärung (BZgA), betont: „Es ist erfreulich, dass noch nie so wenige Jugendliche bundesweit regelmäßig Alkohol konsumiert haben. Hier zeigt sich, dass die gemeinsamen Anstrengungen in der Alkoholprävention von Bund, Ländern und Kommunen die Zielgruppe erreichen. Gleichzeitig trinken sich insgesamt nach wie vor zu viele Jugendliche und insbesondere junge Erwachsene in einen Alkoholrausch. Deshalb bedarf es auch zukünftig weiterer Anstrengungen und neuer Impulse in der Alkoholprävention, um junge Menschen und verstärkt junge Erwachsene für einen verantwortungsbewussten Umgang mit Alkohol zu sensibilisieren." […]*

Kreuze an:

- [ ] Einleitung
- [ ] Hauptteil, Behauptung
- [ ] Schluss

Material 5 **M5**

Alkohol und Aggression

Alkohol ist in vielen Fällen die Ursache für Aggression und Gewaltvorfälle in der Öffentlichkeit. Ein Blick in die Kriminalstatistik zeigt, dass es auch einen Zusammenhang zwischen dem Konsum von Alkohol und Straftaten gibt: 13 % aller Tatverdächtigen standen demnach unter Alkoholeinfluss. Bei einigen Delikten, wie etwa Sachbeschädigung (27 %) oder gefährlicher und schwerer Körperverletzung (34 %), spielt Alkohol sogar eine noch größere Rolle.
Alkohol erhöht das Risiko, selbst Gewalt auszuüben, und auch die Gefahr, ein Opfer von Gewalt zu werden.*

____

____

____

Material 6 **M6**

Immer wieder greifen Jugendliche Sanitäter an

Gestern wurden zum wiederholten Male Rettungskräfte von drei betrunkenen Jugendlichen angegriffen. Während ein 18-Jähriger die Rettungskräfte während des Einsatzes beschimpfte, schlug eine 18-Jährige sogar nach dem Notarzt. Es wurden mehrere Glasflaschen und Steine nach den Sanitätern geworfen. Beim Verlassen des Einsatzortes traten die Jugendlichen nach dem Einsatzwagen und schlugen mit Fäusten auf die Türen ein.

Kreuze an:

- [ ] Ursache
- [ ] Behauptung
- [ ] Begründung
- [ ] Beispiel
- [ ] Folge

Material 7 **M7**

Komasaufen unter Jugendlichen […]

München […] Nach Angaben der Krankenkasse DAK aus Daten des Statistischen Landesamtes, die der Deutschen Presse-Agentur vorliegen, wurden den jüngsten Statistiken von 2018 zufolge 3789 Kinder und Jugendliche im Freistaat mit Alkoholvergiftung stationär in einer Klinik versorgt. […]

Während im Vergleich zum Vorjahr deutlich weniger Jungen (minus 14,3 Prozent) mit einem Rausch im Krankenhaus landeten, stieg die Zahl bei den Mädchen leicht an (plus 3,3 Prozent). Dennoch neigen die männlichen Heranwachsenden häufiger zum hemmungslosen Alkoholkonsum: 2018 wurden 2123 Jungen und 1666 Mädchen im Alter von 10 bis 19 Jahren nach Alkoholmissbrauch in einer Klinik behandelt. Bayerns Gesundheitsministerin Melanie Huml[1] (CSU) betonte deshalb: „Wir werden auch künftig nicht nachlassen, insbesondere Kinder und Jugendliche für die Gefahren des Rauschtrinkens zu sensibilisieren."*

1 Amtswechsel im Januar 2021

Einleitung: ______________________

____

____

Hauptteil: ______________________

____

____

Schluss: ______________________

____

Material 8 **M8**

Alkoholwerbung mit Nebenwirkungen

[…] Ein Segelschiff auf hoher See, eine Strandparty in der Karibik, der raue Nordseestrand: Hersteller von Alkoholika präsentieren ihre Produkte mit schönen Bildern und gut gelaunten Menschen, die tolle Sachen machen. Die Botschaft der Absender ist klar: Alkohol trinken macht gute Laune, vor allem mit unserem Produkt! Ziel der Werbung ist es, gute Gefühle auszulösen und diese mit einem bestimmten Produkt zu verknüpfen. […]
Im Jugendmedienschutz-Staatsvertrag ist allerdings geregelt, dass Werbung für Alkohol sich ausschließlich an Erwachsene richten darf. Doch es besteht seit Längerem der Verdacht, dass Alkoholwerbung den Alkoholkonsum Jugendlicher fördert, auch wenn nur Erwachsene darin zu sehen sind. *

Material 9 **M9**

In eine materialgestützte Erörterung musst du auch **eigene Ideen zum Thema** einbringen. Um Ideen zu finden, helfen dir **Begriffsreihen** (wenn es, wie bei diesem Thema, um *Ursachen und Folgen* geht, z. B.: *Ursachen / Folgen für den Einzelnen – in der / für die Familie – im / für den Freundeskreis – in der / für die Schule – in der / für die Gesellschaft*.
Deine Ideen solltest du in einer **Stoffsammlung** notieren und nach den einzelnen Aufsatzteilen *(Einleitung, Hauptteil mit evtl. weiterer Untergliederung und Schluss)* ordnen und/oder farbig vorstrukturieren. Außerdem kannst du die gesammelten Ideen aus dem Material stichwortartig in die Stoffsammlung übernehmen – vergiss nicht, die jeweilige Nummer des Materials für Zitate dahinter zu notieren!

2 **Im Folgenden sind Aspekte einer Stoffsammlung für den Hauptteil aufgeführt.
Aber Vorsicht: Nicht alle passen zum Thema „Ursachen und negative Folgen des Alkoholkonsums Jugendlicher“.
Streiche Unpassendes. Markiere blau, was zu den Ursachen gehört, und rot, was zu den negativen Folgen passt.**

Wortspeicher

oft erster Kontakt mit Alkohol auf Familien- oder Vereinsfeiern • Geburtstag • Vergessen der Probleme • Komasaufen • Aufklärungskampagnen • Ausnüchterungszelle • verstärkte Kontrollen • Alkoholvergiftung • Stressbewältigung • schärfere Jugendschutzgesetze • Aufklärung durch die Eltern • positives Image von Alkohol • Vergnügen und Spaß • Neugier • Beratungsstellen • billige legale Alltagsdroge • (Verkehrs-)Unfälle • Aggressivität • Probleme mit den Eltern oder der Schule • geringes Selbstbewusstsein • Verbot der Alkoholwerbung

3 **Finde selbst weitere Ideen zum Thema und trage sie in die folgende Tabelle ein.**

I. Mögliche Ursachen für den Alkoholkonsum Jugendlicher	II. Mögliche negative Folgen

Die Gliederung erstellen

Wissen und Können **Die Gliederung erstellen**

Den Stoff ordnen

- Wählt aus der Stoffsammlung **unterschiedliche Gliederungspunkte** aus, die ihr in die Gliederung aufnehmen möchtet.
- Markiert ähnliche Aspekte mit der gleichen Farbe, um später inhaltliche Überschneidungen zu vermeiden.
- Verwendet vorzugsweise im Material angesprochene Aspekte.

1 **Hier findest du eine mögliche Gliederung zu dem Thema „Ursachen und negative Folgen des Alkoholkonsums Jugendlicher". Strukturiere sie, benutze dazu**
– Großbuchstaben mit schließender Klammer für Einleitungsgedanken, Themafragen und Schlussgedanken,
– römische Ziffern für die Hauptgliederungspunkte des Hauptteils,
– arabische Ziffern für die einzelnen Gliederungspunkte (= Behauptungen in deiner Argumentation).
Rücke Buchstaben bzw. Ziffern je nach Gliederungsebene unterschiedlich weit ein (▸ vordere Umschlaginnenseite).

_____ Laut einer Statistik trinken knapp 12 Prozent der Jugendlichen mindestens einmal pro Woche Alkohol.

_____ Warum trinken Jugendliche Alkohol?
Welche möglichen negativen Folgen hat ihr Alkoholkonsum?

_____ Mögliche Ursachen

_____ Vermeintlich positive Wirkung von Alkohol

_____ Schulische oder private Probleme

_____ Leichte Beschaffung

_____ Positives Image von Alkohol in der Gesellschaft

_____ Gezielte Werbung

_____ Mögliche negative Folgen

_____ Psychische Auswirkungen

_____ Körperliche Konsequenzen

_____ Unfallgefahren im Straßenverkehr

_____ Aggression, Gewalt und möglicherweise Straftaten

_____ Ein gesellschaftliches Umdenken ist erforderlich.

Die Einleitung zu einer materialgestützten Erörterung verfassen

Wissen und Können **Die Einleitung verfassen**

Die **Einleitung** soll zum Thema hinführen, ohne Bestandteile von Argumentationen aus dem Hauptteil vorwegzunehmen. Beim **Einleitungsgedanken** kann man auf das Material zurückgreifen und daraus ein **Zitat,** einen **historischen Rückblick,** eine **Definition** oder **statistische Daten** verwenden. Man kann aber auch eine **allgemeine Feststellung,** ein **aktuelles Ereignis** oder eine **eigene Erfahrung** wählen. Eine sinnvolle **Überleitung** führt vom Einleitungsgedanken zur Formulierung der **Themafrage(n).**

1 **Die folgende Einleitung zum Thema ist unvollständig.**

a **Notiere auf der Linie, welcher Ausgangspunkt für den Einleitungsgedanken gewählt wurde.**

b **Kreuze an, welche Überleitung zur Themafrage geeignet ist.**

Eine Statistik der Bundeszentrale für gesundheitliche Aufklärung von 2020 zeigt, dass im Jahr 2019 knapp 10 % der Jugendlichen zwischen 12 und 17 Jahren mindestens wöchentlich Alkohol konsumiert haben. Insgesamt ist seit 2007 die Zahl der jugendlichen Alkoholkonsumenten gesunken, aber im Jahr 2019 stieg sie leicht an. Vor allem weibliche Jugendliche tranken mehr Alkohol als in den Jahren zuvor. ? Warum trinken Jugendliche Alkohol? Welche möglichen negativen Folgen hat ihr Alkoholkonsum?

Ausgangspunkt für den Einleitungsgedanken: ______________________________

Passende Überleitung:

A ☐ Gerade für Jugendliche ist die schädigende Wirkung des Alkohols jedoch groß, da sich ihre Organe noch entwickeln. Deshalb stellt sich die Frage:

B ☐ Angesichts dieser beunruhigenden Zahlen sollte man unbedingt darüber nachdenken:

C ☐ Aber nicht nur Alkohol ist eine riskante Sache, auch Nikotin, Haschisch oder Crystal Meth stellen für Jugendliche eine große Gefahr dar. Daher ist es wichtig, sich darüber klar zu werden:

c **Hier findest du Begründungen, weshalb die anderen beiden Texte als Überleitung nicht geeignet sind. Notiere den Buchstaben des entsprechenden Textes.**

☐ Ein Themenzusammenhang ist nicht erkennbar. ☐ Es wird bereits eine Argumentation angeführt.

d **Schreibe die vollständige Einleitung in dein Heft.**

Argumentationen entwickeln

Wissen und Können **Argumentieren, Material nutzen**

Im **Hauptteil** der Erörterung entwickelst du zu jedem Punkt der Gliederung eine **Argumentation.** Dazu solltest du deine **Behauptungen** überzeugend **begründen** und mit **Beispielen/Belegen** veranschaulichen. Dabei sind Hilfsfragen nützlich: für Begründungen: *Warum ist das so? Inwiefern ist das so?*, für Beispiele/Belege: *Worin zeigt sich das?* Aussagen oder Zitate aus dem **Material** können für Behauptung, Begründung oder Beispiel/Beleg genutzt werden. Am Ende der Argumentation kann durch eine **Rückführung** der Bogen zurück zum Thema gespannt oder es können **eigene Schlussfolgerungen** gezogen werden.
Die Erörterungstechnik **„Argumentieren“** ist auch wichtig für eine **begründete Stellungnahme.**

1 a In der folgenden Tabelle kannst du deine Kenntnisse über den Aufbau einer Argumentation überprüfen. Setze jeweils passende Begründungen und Beispiele ein, nutze dafür deine Ergebnisse aus den Arbeitsaufträgen der Materialien 3, 6 und 7.

Behauptung II.4	Begründung	Beispiel
Negative Folgen des Alkoholkonsums von Jugendlichen sind Aggression, Gewalt und Straftaten.	Hilfsfrage: *Warum/Inwiefern ist das so?* a) M 3: Mit steigender Promillezahl schlägt die positive Stimmung schnell um. b) M 6: Kriminalstatistik: – 13 % Tatverdächtige unter Alkoholeinfluss – bei Sachbeschädigung ______ % – bei gefährlicher und schwerer Körperverletzung ______ %	Hilfsfrage: *Worin zeigt sich das?* M 3: – Schwächung des ______ – weniger ______fähigkeit – Steigen der ______bereitschaft → Gereiztheit und Aggression M 7: Angriff Jugendlicher auf Sanitäter: ______ ______

b Übernimm die Behauptung zu Gliederungspunkt II.4 in einem ganzen Satz in dein Heft und formuliere eine vollständige Argumentation mit den Begründungen und Beispielen aus der Tabelle.

c Am Ende der Argumentation kann die Behauptung durch eine Rückführung oder durch eine eigene Schlussfolgerung noch einmal aufgegriffen werden. Kreuze die unten angeführten Beispiele an, die den Bogen zurück zum Thema spannen, und vervollständige deinen Hefteintrag mit einer Rückführung.

Du kannst eine **Behauptung besonders überzeugend stützen,** wenn du mehrere Begründungen dafür findest. Sind die Begründungen stichhaltig, benötigst du nicht zu jeder ein Beispiel.

☐ Wenn auch geringe Mengen Alkohol meistens entspannend und stimmungssteigernd wirken – mit steigender Promillezahl kann die positive Stimmung schnell in Gereiztheit und Aggression umschlagen.

☐ Jugendliche sollten sich nicht zum Alkoholkonsum verleiten lassen, denn die Folgen von Alkoholmissbrauch können vor allem im Hinblick auf die dadurch entstehende Gewaltbereitschaft gravierend sein.

☐ An der Supermarktkasse, der Tankstelle oder am Kiosk sollte eine verstärkte Kontrolle stattfinden, damit Jugendliche nicht so leicht an Alkohol gelangen.

2 Die einzelnen Teile der Erörterung sollten durch passende Überleitungen verknüpft werden (▸ S. 14). Markiere in der Argumentation zu Gliederungspunkt II.2 alle Verknüpfungen.

Darüber hinaus hat Alkoholkonsum körperliche Konsequenzen – und zwar solche, die sich sofort zeigen, und andere, die später auftreten. Bereits ab 0,2 Promille werden Entfernungen falsch eingeschätzt, je mehr getrunken wird, desto „langsamer und unkoordinierter“ laufen Bewegungen ab, wie Material 3 verdeutlicht. In einem solchen Zustand gefährdet man vor allem im Straßenverkehr sich und andere. „Häufiges Rauschtrinken kann sogar zu einer Schrumpfung des Hirngewebes führen“, wird in Material 3 gewarnt. Zu hoher Alkoholkonsum birgt die Gefahr, ins Koma zu fallen, was tödlich enden kann. Wie sich Material 8 entnehmen lässt, kann durch Rauschtrinken gerade bei Jugendlichen eine lebensgefährliche Alkoholvergiftung entstehen. So mussten einer Statistik aus dem Jahr 2018 zufolge 3789 Kinder und Jugendliche stationär in einer Klinik versorgt werden. Gravierend sind vor allem die langfristigen gesundheitlichen Schäden, da Alkohol beispielsweise das Gehirn an der Reifung hindert und vorhandene Gehirnzellen zerstört. Daneben schädigt er die inneren Organe, insbesondere die Leber. Gerade für Jugendliche sind diese Gefahren besonders groß, weil ihre körperliche Entwicklung noch nicht abgeschlossen ist (s. Material 3). Außerdem steigt das Risiko von Alkoholmissbrauch und Sucht, wenn der Konsum in jungem Alter beginnt.

3 **Bei der folgenden Argumentation zu Gliederungspunkt I.3 fehlt der genaue inhaltliche Bezug zum Material. Lies die Materialien 2 und 4 (▶ S. 17 f.) noch einmal durch. Verwende geeignete Informationen, um die Behauptungen exakt zu begründen und mit einem Beispiel zu belegen. Schreibe die gesamte Argumentation in dein Heft.**

VORSICHT FEHLER!

In der leichten Beschaffung der legalen Droge Alkohol liegt ein weiterer Grund, weshalb Jugendliche Alkohol trinken. In den Supermärkten ist das Angebot groß. Das Jugendschutzgesetz § 9 erlaubt schon Jugendlichen über 16 den Kauf von alkoholischen Getränken, Ausweise werden an den Kassen teils mangelhaft kontrolliert.

Typische Argumentationsfehler vermeiden

Hüte dich vor unbeweisbaren Behauptungen, Vermutungen, Verallgemeinerungen und Übertreibungen. **Fehlerhaft** sind Argumentationen, wenn

- sie **klischeehaft verallgemeinern** (z. B.: *Es ist allgemein bekannt, dass die Jugendlichen immer* ...), auf einem **Vorurteil** oder einer **unbewiesenen Behauptung** beruhen (z. B.: *Arbeitslose Jugendliche sind immer süchtig*),
- sie **statt einer Begründung den Inhalt einer Behauptung wiederholen** (z. B.: *Der Griff zur Zigarette wird durch die leichte Verfügbarkeit erleichtert, denn man kann Zigaretten an vielen Stellen kaufen*),
- **Begründung** oder **Beispiel/Beleg nicht in engem Bezug zur Behauptung stehen** (z. B.: *Der Griff zur Zigarette wird durch die Verfügbarkeit erleichtert, denn viele Jugendliche sind bereits süchtig nach Nikotin*),
- sie **Fakten erfinden** oder
- **Meinungen als Fakten ausgeben** (z. B. mit „Killerphrasen" wie: *Glaubt wirklich jemand* ...).

4 **Bei einer Diskussion über „Ursachen von Alkoholsucht" sind die folgenden Aussagen zu hören.**

a **Lies den Tipp und notiere im Heft, welchen Fehler die Schüler/-innen machen.**

b **Verbessere die Aussagen zu sinnvollen Argumenten. Schreibe in dein Heft.**

Sophie: Das weiß doch jeder: Die Eltern sind immer schuld. Kaum schreit ein Kleinkind, bekommt es von ihnen eine Flasche in den Mund geschoben. Kein Wunder, dass es später Alkohol trinkt!

Fritz: Jugendliche mit einem geringen Selbstbewusstsein rutschen leicht in die Sucht ab, denn sie sind wenig überzeugt von sich und ihren Fähigkeiten.

5 **Welche Zitierregeln aus dem folgenden Tippkasten wurden in den Beispielen missachtet? Notiere die entsprechende Nummer im Kästchen.**

Richtig zitieren in der materialgestützten Erörterung

1. Wörtlich übernommene Textstellen musst du in Anführungszeichen setzen.
2. Drei Pünktchen in einer eckigen Klammer [...] kennzeichnen Textauslassungen.
3. Es muss immer angegeben werden, aus welchem Material die Informationen entnommen wurden.
4. Die Quellenangabe soll sinnvoll in den Text eingebaut sein.
5. Die Zitate sollen nicht zu lang sein, damit eine gute Textauswertung erkennbar ist.

☐ Melanie Huml (CSU) betont, wir werden auch künftig nicht nachlassen, insbesondere Kinder und Jugendliche für die Gefahren des Rauschtrinkens zu sensibilisieren (Material 8).

☐ Es wird den Leserinnen und Lesern hier vor Augen geführt, wie aggressive Jugendliche Sanitäter angreifen.

6 **Verfasse vollständige Argumentationen zu den verbleibenden Gliederungspunkten von „Ursachen und negative Folgen des Alkoholkonsums Jugendlicher" und nutze dazu geeignete Materialien. Schreibe in dein Heft.**

Den Schluss schreiben

Wissen und Können | **Den Schluss schreiben**

Im **Schluss** einer materialgestützten Erörterung nimmt man persönlich Stellung zur Themafrage. Dabei kann man auf das Material zurückgreifen und Schlussfolgerungen ziehen, Lösungsvorschläge unterbreiten oder zum Handeln auffordern. Man kann

- eine **persönliche Meinung** äußern (z. B.: *Ich würde mich niemals an Trinkspielen beteiligen*),
- **Forderungen, Bitten** oder **Wünsche** ausdrücken (z. B.: *Vor allem Erwachsene sollten sich ihrer Verantwortung bewusst sein, Jugendlichen den richtigen Umgang mit legalen Drogen zu vermitteln*),
- einen **Appell** formulieren (z. B.: *Eltern und Schulen sollten mehr Aufklärungsarbeit leisten!*),
- einen **weiterführenden Gedanken** entwickeln, etwa einen **Ausblick in die Zukunft** geben (z. B.: *Die Zahl der Opfer wird sinken, wenn noch mehr Jugendliche über die Risiken des Alkoholkonsums aufgeklärt werden*)
- oder **mögliche Gegenmaßnahmen** nennen (z. B.: *Eine wichtige Maßnahme gegen den verbreiteten Alkoholkonsum ist für mich die weitere Beschränkung des Alkoholverkaufs an Jugendliche*).

1 **a** **Welche Möglichkeiten für die Gestaltung des Schlusses wurden in den folgenden Auszügen verwendet? Verbinde dazu den jeweiligen Schluss A–D mit den Merkmalen rechts.**

b **Ein Schlussgedanke ist falsch angelegt. Schreibe die Begründung dafür in das freie Kästchen und ordne es dem Text zu, indem du eine Linie ziehst.**

A Auf jeden Fall nehme ich mir vor, nie zu viel Alkohol zu trinken. Ich möchte immer mein Urteilsvermögen bewahren und kritikfähig bleiben, was schon bei niedrigen Promillezahlen schwierig wird. Der Verzicht auf Alkoholkonsum wird mich davor bewahren.

B Wenn man in der Zeitung von gewalttätigen, betrunkenen Jugendlichen liest, die keinerlei Respekt mehr vor den Mitmenschen, nicht einmal vor der Polizei oder dem Eigentum anderer haben, sollte das für einen selbst eine Warnung sein. Gewalt und Aggressivität unter Alkohol sind wirklich keine Heldentaten, das sollte jeder erkennen!

C Gegen den Alkoholkonsum Jugendlicher können zahlreiche vorbeugende Maßnahmen getroffen werden. So könnte man auch in Deutschland weitere Jugendschutzmaßnahmen ergreifen nach dem Beispiel der USA, die eine Null-Toleranz-Politik bei Alkohol betreiben. Auch das Angebot an Hilfs- und Beratungsstellen sollte noch erhöht werden, um Jugendliche wirksam zu schützen.

D Darüber hinaus trägt der Gruppendruck erheblich zum Alkoholkonsum Jugendlicher bei. Denn wenn alle in der Clique Bier, Schnaps oder Mixgetränke zu sich nehmen, erfordert es Mut und Selbstbewusstsein, Nein zu sagen und Saft oder Limo zu trinken.

Mögliche Gegenmaßnahmen

Persönliche Meinung

Vorsicht!

____

____

____

Appell

2 **Verfasse einen eigenen Schluss, in dem du Material 5 aufgreifst. Schreibe in dein Heft. Du kannst so beginnen:**

Abschließend muss man feststellen: Jede und jeder Einzelne und die Gesellschaft tragen beim Thema „Alkohol“ eine große Verantwortung. Darauf weist auch die Leiterin der BZgA …

Eindrücke und Stimmungen schildern

Eine Situation schildern – Den Text aufbauen

Wissen und Können **Schildern**

Schildern heißt, die Eindrücke und Stimmungen, die eine Situation auslöst, so **anschaulich** und **lebendig darzustellen,** dass die Situation vorstellbar ist und nacherlebt werden kann. Schilderungen geben **Sinneseindrücke** (sehen, hören, riechen, fühlen, schmecken), **Gedanken und Gefühle** wieder.
Mit folgenden sprachlichen Mitteln könnt ihr eure Schilderungen anschaulich gestalten:

- **ausdrucksstarke Verben,** z. B.: *schweifen, knurren*
- **anschauliche Adjektive und Partizipien,** z. B.: *unglaublich, erlösend, gelangweilt*
- **sprachliche Bilder** wie
  – Vergleiche, z. B.: *dehnt sich wie ein Kaugummi, ringeln sich wie Schlangen*
  – Metaphern, z. B.: *Mauer des Schweigens, Totenstille*
  – Personifikationen, z. B.: *die Luft steht, mein Magen knurrt*

Für Schilderungen verwendet ihr das **Präsens.**

1 **Ergänze den Lückentext zum Aufbau einer Schilderung, indem du die Buchstaben der passenden Formulierung aus dem Wortspeicher einträgst. In der richtigen Reihenfolge ergeben die Buchstaben in Klammern das Lösungswort.**

Wortspeicher
Nachdenken (G) • Situation (R) • Stimmungen (F) • Abrunden (L) • Sinneseindrücke (O) • Hinführung (E)

So baut man eine **Schilderung** auf:

Einleitung: Kurze ☐ zur dargestellten ☐ (Ort und Zeit des Geschehens, eventuell weitere Personen), die oft den Grund angibt, warum sich die schildernde Person an dem Ort und in der Situation befindet.

Hauptteil: Genaue und anschauliche Schilderung der beobachteten Situation, der ☐, ☐ sowie Gedanken und Gefühle.

Schluss: ☐ der Situation oder Zusammenfassung der Eindrücke oder offener Schluss, der den Leserinnen und Lesern Gelegenheit zum ☐ lässt.

Lösungswort: ____________________ im Beruf

2 **Betrachte das Foto und stell dir vor, du wartest vor der Bürotür deines künftigen Vorgesetzten auf dein erstes Vorstellungsgespräch. Halte deine Gedanken, Sinneseindrücke und Empfindungen stichpunktartig in der Mind-Map fest. Du kannst Anregungen aus dem Wortspeicher verwenden. Schreibe in dein Heft.**

Vor der Bürotür: Warten auf mein erstes Vorstellungsgespräch

- Was ist zu fühlen/spüren? …
- Was ist zu hören? …
- Was ist zu riechen? …
- Was denke ich? …
- Was ist zu sehen? …
- Was schmecke ich? …

Wortspeicher
Gespräch hinter einer Glastür • leise, zaghafte Stimme • Kaffee • schnelle Schritte des Sekretärs • frisch schmeckender Kaugummi • leerer Kopf • nervös • Herzklopfen

3 Kreuze an, welche der beiden Einleitungen besser gelungen ist. Begründe deine Entscheidung. Sieh dir dazu noch einmal den Aufbau einer Einleitung an (► S. 26, Aufg. 1).

A „Haltestelle: Gewerbeparkstraße", ertönt die Stimme des Busfahrers aus dem Lautsprecher. Sogleich springe ich von meinem Sitz und steige aus. Direkt vor mir befindet sich das Architekturbüro, in dem ich heute zu meinem ersten Vorstellungsgespräch eingeladen bin. Erst vor Kurzem habe ich meine Bewerbung für meinen Traumberuf als technische Produktdesignerin abgeschickt. Nun bin ich gespannt, was mich erwartet.

B Heute, am 27. März, habe ich mein allererstes Vorstellungsgespräch. Ich habe mich um einen Job als technische Produktdesignerin beworben und wurde glatt ausgewählt. Ich fahre jetzt mal mit dem Bus zu dem Architekturbüro. Wow, bin ich vielleicht aufgeregt! Aber wenigstens passt das Wetter, denke ich mir. Die Sonne scheint. Ich betrete das Büro meines künftigen Chefs. Bei so einem coolen Wetter kann garantiert nichts schiefgehen. Der muss mich einfach nehmen!

Begründung: ______________________________

____

4 a Um persönliche Sinneseindrücke, Gefühle und Gedanken in eine Schilderung mit einzubeziehen, kann man innere Monologe verwenden. Überlege, welche Formulierungen aus der Gedankenblase anstelle der ? in den folgenden Hauptteil einer Schilderung passen. Notiere jeweils den entsprechenden Buchstaben dahinter.

b Unterstreiche die beschriebenen Sinneswahrnehmungen farbig: Sichtbares blau, Hörbares grün, was zu riechen ist, in Rot, Gefühle und Empfindungen orange.

Als ich das Büro betrete, empfängt mich eine freundlich lächelnde Sekretärin in schwarzen Jeans und führt mich in den hellen Wartebereich. Hier sitze ich nun wie verloren auf einer der Design-Lederbänke und blicke auf den dunklen Parkettboden. Das Grün der großen Pflanztröge gibt dem sparsam in Schwarz und Beige möblierten Raum Farbe. ? , denke ich. Das kühle Leder unter mir wärmt sich langsam auf. Da höre ich hinter einer der großen Glastüren leise Stimmen. Ich versuche, nicht mehr zu atmen, um etwas verstehen zu können: Der Tonfall verrät, dass eine feste männliche Stimme Fragen stellt, während eine kaum wahrnehmbare Stimme zaghaft etwas Unverständliches antwortet. ? , geht es mir durch den Kopf, und ich spüre, dass ein aufsteigendes Konkurrenzgefühl meinen Herzschlag beschleunigt. ? Tagelang habe ich mich auf dieses Vorstellungsgespräch vorbereitet. Aber jetzt ist mein Kopf leer wie nie zuvor. ? Mit feuchten Händen krame ich das Kuvert mit der Einladung zum Vorstellungsgespräch aus meiner Tasche. 14:15 Uhr steht darauf. Ich blicke auf die Uhr. ? Nervös rutsche ich auf dem inzwischen heißen Lederpolster hin und her. Unruhig kaue ich auf meinem Daumennagel wie eine Erstklässlerin. Eine der Glastüren öffnet sich. Frischer Kaffeegeruch dringt in meine Nase. Ich schließe die Augen. ? Langsam beruhige ich mich wieder.

A Hm, riecht das gut!
B Hoffentlich kann ich die Fragen beantworten!
C Okay. Noch fünf Minuten. Ich halte durch!
D Diese Warterei macht mich richtig fertig!
E Hört sich nach einem zweiten Bewerber an
F Typisches Architektendesign

5 Der Schilderung auf Seite 27 fehlt nur noch der Schluss. Bringe dazu die Sätze in die richtige Reihenfolge.

A Ich schaffe das, motiviere ich mich selbst, während mich die Sekretärin durch die Glastür ins Büro des Chefs führt.
B Da höre ich, wie sich rasch die hohen Absätze der Sekretärin nähern.
C Unsicher stehe ich auf und nehme meine Tasche mit den Bewerbungsunterlagen.
D „Bitte treten Sie ein!", unterbricht ihre freundliche Stimme die unangenehme Wartezeit.

Richtige Reihenfolge: ____________________

6 Bestimmt musstest du auch schon einmal auf einen schönen Termin länger warten. Stell dir vor, du hast Geburtstag, darfst eine Party geben und kannst es kaum erwarten, dass deine Gäste endlich kommen. Schildere die Situation und lass dabei das, was du wahrnimmst, aktiv werden.

a Formuliere Aktivsätze für eine Schilderung, in denen das Wort „ich" nicht vorkommt. Variiere den Satzbau, sodass nicht immer das Subjekt am Anfang steht.

VORSICHT FEHLER!

Beispiel: *Ich sehe den gedeckten Tisch. → Mein Blick schweift über den gedeckten Tisch.*

A Ich sehe bunte Lichterketten von der Decke baumeln und gedämpftes Licht verbreiten.

____

B Ich höre den Rhythmus der Musik und spüre, wie er mir in die Beine fährt.

____

C Ich höre draußen Autotüren knallen.

____

D Ich fühle, wie meine Nervosität steigt.

____

E Ich beginne vor lauter Vorfreude zu schwitzen.

____

F Ich rieche die Pizza, die in der Küche im Ofen liegt, und die frisch gebackenen Muffins auf dem Tisch.

____

____

G Ich genieße den süßen Geschmack der Gummibärchen, die mich zum Naschen verleitet haben.

____

____

H Ich denke: Wann klingelt endlich der erste Gast?

____

b Schreibe eine vollständige Schilderung der Situation in dein Heft.

Anschaulich und ausdrucksstark schildern

Wissen und Können **Anschaulich und genau schildern**

Zur Beschreibung von Gedanken und Gefühlen könnt ihr neben **ausdrucksstarken Adjektiven und Partizipien, treffenden Verben** und **Vergleichen, Metaphern, Personifikationen** und **Symbolen** folgende sprachliche Mittel nutzen:

- **Redewendungen,** z. B.: *die Flinte ins Korn werfen*
- **abwechslungsreiche Satzanfänge,** z. B.: *Ächzend öffnet sich die Tür.*
- **kurze Sätze bzw. Satzbruchstücke** (Ellipsen), z. B.: *Hölle! Tut das weh!*
- Wiedergabe von Gedanken in einem **inneren Monolog,** z. B.: *Hätte ich diese Reise bloß nicht begonnen! Dann könnte ich jetzt schon auf der Couch sitzen.*

1 Lies den folgenden Auszug aus einem Jugendbuch.

Jerry Spinelli

East End, West End und dazwischen Maniac Magee

Maniac heißt eigentlich Jeffrey und hat im Alter von drei Jahren seine Eltern verloren. Das Leben bei seiner Tante entwickelt sich allerdings so deprimierend, dass er mit 12 Jahren wegläuft und sich alleine durchschlägt. Der Zufall führt ihn in die Kleinstadt Two Mills, die von einer unsichtbaren Grenze durchzogen wird: Die Hector Street teilt die Stadt in Schwarz und Weiß, in East End und West End. Alle akzeptieren diese Teilung, nur Jeffrey „Maniac" Magee setzt sich darüber hinweg. Unbeschwert und naiv bewegt er sich zwischen den Stadtteilen und zieht dabei den Argwohn einiger Bewohner auf sich. Er freundet sich als kleiner weißer Junge sogar mit einer farbigen Familie an und wohnt bei ihr. Mitten im schwarzen Wohnviertel kommt es zu einer fröhlichen Szene:

Es war ein heißer Tag im August. Es war so heiß, dass dir auf dem verlassenen Baugelände, wenn du lang genug auf derselben Stelle standst, die Sonne ein Muster in die Haut brennen konnte, wenn sie von einer Glasscherbe oder einem Stück Metall reflektiert wurde.

So heiß, dass um zwei Uhr nachmittags die Bonbons in deiner Hosentasche zu Suppe verlaufen waren.

So heiß, dass die Hunde über ihre eigenen Zungen stolperten.

Und so heiß, dass der Feuerhydrant an der Green Street Ecke Chestnut sprudelte wie die Niagarafälle (weil netterweise jemand die Verschlusskappe abgeschraubt hatte).

Bis Maniac und die anderen Jungen, die sich sonst auf dem Baugelände aufhielten, dort eintrafen, sah es auf der Green Ecke Chestnut bereits so aus, als würde ein Straßenfest in einem Schwimmbad veranstaltet. Radios plärrten. Jemand verkaufte Limonade. Jemand verkaufte auf Zahnstochern gefrorene Eiswürfel. [...] Je jünger man war, umso weniger Kleidung trug man am Leib. Erwachsene saßen auf dem Gehsteig und ließen die nackten Füße in die Rinnsteine baumeln. [...]

2 Fasse die Zeilen 1–24 mit eigenen Worten in zwei bis drei Sätzen zusammen. Schreibe in dein Heft.

3 **a** **Durch die anschaulich schildernde Sprache des Autors kann sich die Leserin / der Leser die Szene wie ein Bild vorstellen. Finde in Spinellis Text für jedes sprachliche Gestaltungsmittel ein Beispiel.**

anschauliches Adjektiv ______

Verb, das Sinneseindrücke wiedergibt ______

Personifikation ______

Übertreibung ______

Vergleich ______

Ellipse ______

b **Setze den Romanauszug schildernd fort. Schreibe in dein Heft.**

Auch in der **neuen Abschlussprüfung** kann beim Erschließen eines pragmatischen/literarischen Textes **Schildern** als Aufgabe enthalten sein (als Teil des kreativen Schreibauftrags mit kreativem Zugang zum Text).

4 **a** **Stell dir vor, es ist Hochsommer, die Sonne brennt und du wartest nach Schulschluss an der Haltestelle, an der es keinen Schatten gibt, auf den Bus. Schildere deine Eindrücke in einer ausdrucksstarken, anschaulichen Sprache. Forme hierzu die folgenden Sätze um, sodass sie weniger umständlich klingen.**

A Heiß brennt die Sonne vom Himmel, der wolkenlos und dunkelblau ist.

Heiß brennt die Sonne vom … ______

VORSICHT FEHLER!

______

B Der in der Hitze flimmernde und langsam aufweichende Straßenbelag riecht aufdringlich nach Teer.

Der Straßenbelag, … ______

______

C In meinem zu glühen beginnenden Kopf hämmert das Blut.

In meinem Kopf, der … ______

D Unter der Schultasche, die schwer ist, läuft der Schweiß in Strömen über meinen Rücken, der klatschnass ist.

Unter der schweren … ______

______

b **Schreibe eine vollständige Schilderung der Situation (Einleitung, Hauptteil und Schluss) in dein Heft.**

5 ●●● **Schildere das Warten auf den Bus im Regen an einem kalten Novembertag.**

Eine Schilderung überarbeiten

1 **Der folgende Beginn einer Schilderung, die eine Neuntklässlerin verfasst hat, weist Stärken und Schwächen auf.**

a **Lies den Text und kreuze an:**

Die Einleitung ☐ ist etwas knapp. ☐ ist zu ausführlich. ☐ ist gerade richtig.

b **Markiere die Textstellen, die sprachlich gut gelungen sind, mit Grün. Achte dabei besonders auf treffende Verben und anschauliche Formulierungen.**

c **Markiere die Textstellen, die sprachliche Schwächen aufweisen, mit Rot. Achte dabei besonders auf Wiederholungen im Satzbau, Wortwiederholungen und die Verwendung von Umgangssprache.**

VORSICHT FEHLER!

Mein letzter Abend bei der Klassensprecherfahrt

Wie schnell doch die Zeit vergeht! Drei Tage sind wir nun schon hier am großen Steinsee mitten in der Natur. Und nun ist er da: der letzte Abend unserer Klassensprecherfahrt. Als unsere Verbindungslehrerin das Ziel des diesjährigen Belohnungsausflugs für besonders engagierte Schülerinnen und Schüler verkündet hat, waren wir zuerst richtig enttäuscht. Wir wollten doch in eine coole Großstadt, am besten in ein schickes Hotel. Und stattdessen ging es zum Campen mitten in die einsame Pampa an den nahe gelegenen See, noch dazu vier Tage lang.

Ich blicke in das lodernde Lagerfeuer, für das wir zusammen Holz gesammelt haben. Dahinter spiegelt sich der rot glühende Abendhimmel im großen Steinsee. Die Sonne ist gerade untergegangen. Gemeinsam mit meinen neu gewonnenen Freunden hab ich es mir hier gemütlich gemacht. Die einen quatschen über die Erlebnisse der vergangenen drei Tage, die anderen genießen still die superentspannte Atmosphäre. Was für ein herrlicher Sommerabend! Ich höre die leisen Klänge der Gitarre. Ich höre die Grillen zirpen. Da es am Nachmittag kurz geregnet hat, spüre ich die Feuchtigkeit des weichen Moosbodens unter meiner Decke. In der schwülwarmen Luft fühlen sich auch alle möglichen Insekten wohl. Gut, dass ich ein Mückenspray dabeihabe!

2 **Verfasse eine vollständige Schilderung dieser Situation, indem du die gelungenen Stellen übernimmst, die schwachen Stellen neu formulierst und einen Schluss ergänzt. Schreibe in dein Heft.**

Auszüge aus Erzähltexten erschließen

Wissen und Können **Einen Auszug aus einem Roman zusammenfassen und beschreiben**

Lies dir den Auszug sorgfältig durch, bevor du dann den literarischen Text erschließt, indem du mehrere Arbeitsaufträge dazu bearbeitest, z. B.: 1. **Inhaltszusammenfassung,** 2. **Beschreibung sprachlicher Besonderheiten** und ihrer Wirkung, 3. weitere **Besonderheit des Textes** (z. B. Textsortennachweis, Verfasserabsichten oder Figurencharakterisierung), 4. **begründete Stellungnahme,** 5. **kreativer Schreibauftrag** (► S. 48–51). Selbstverständlich gehören immer **Einleitung** und **Schluss** dazu.

Ashley Edward Miller / Zack Stentz

Der beste Tag meines Lebens (2012, Auszug)

Der vierzehnjährige Colin Fischer hat das Asperger-Syndrom, eine leichte Form von Autismus: Gesichter lesen, Stimmungen erkennen oder Gefühle begreifen ist für ihn äußerst schwierig. Seine Welt besteht aus einem streng logischen Fakten- und Zahlenwerk, in dem alles seine Ordnung haben muss. Er hat gerade an der Highschool angefangen und lernt die ersten Lehrer und Fächer kennen.

Colin roch die Turnhalle schon, bevor er sie überhaupt betreten hatte. Kalter Schweiß, Schimmel, Urin von einer kaputten Toilette neben der Umkleide für Jungen, notdürftig zugedeckt vom Fichtennadelaroma eines ätzenden Reinigungsprodukts. Colin versuchte, beim Hineingehen statt durch die Nase durch den Mund zu atmen, doch da merkte er, dass er das Putzmittel auf der Zunge schmeckte. Kein Wunder, dachte er hilflos, denn Geschmacks- und Geruchssinn sind schließlich eng miteinander verbunden.

Kratz. Kratz. Colin versuchte, sich ganz auf sein Gehör zu konzentrieren, während er durch die leere Halle trottete. Ein hochgewachsener, magerer Lehrer zerrte dort ein großes, mit Basketbällen gefülltes Netz über den Holzboden.

„Mr. Turrentine?"

Colins Stimme hallte noch in dem Turnsaal wider, als der Lehrer bereits aufsah und seine grauen Augen Colins blauen begegneten. Colin betrachtete Mr. Turrentines eindrucksvollen Schnauzbart, der ihn an Bösewichte in Stummfilmwestern oder auch an den sowjetischen Diktator Stalin erinnerte.

„Du bist früh dran", sagte Mr. Turrentine, „und du verkratzt meinen Boden mit deinen Schuhen." Er zeigte auf Colins schwarze Lederschuhe, deren Bänder zur Sicherheit doppelt verknotet waren. „Das ist schon mal kein guter Anfang."

Colin reichte ihm ein sorgfältig gefaltetes Blatt Papier – eine Mitteilung seiner Eltern, die Colin hoffentlich vom Sportunterricht befreien würde. Mr. Turrentine überflog den Zettel einmal, zweimal mit absolut ausdrucksloser Miene.

„Asperger-Syndrom." Mr. Turrentine betonte die Wörter langsam, aber korrekt. Bei den meisten Leuten hörte es sich eher wie „Ass-Burger" an. (Dieser Arsch-Burger war ein unerschöpflicher Quell der Erheiterung für Colins kleinen Bruder – und Dannys bevorzugter Spitzname für Colin, bis seine Mutter es ihm verbot), doch Mr. Turrentine sprach das S eher summend aus und entsprach damit ganz dem österreichischen Ursprung dieser Bezeichnung. „Was zum Teufel soll das denn sein?"

„Es handelt sich um ein neurologisches Leiden, vergleichbar dem Autismus", erklärte Colin geduldig. „Entdeckt wurde es von dem österreichischen Kinderarzt Hans Asperger 1943 in Wien, doch als anerkannte Diagnose gilt es erst seit ..."

„Autismus", unterbrach Mr. Turrentine ihn. „Du meinst wie *Rain Man*[1]? Du siehst mir aber gar nicht wie Rain Man aus. Bist du so ein *Rain Man*, Fischer?"

„Meine Diagnose lautet, dass ich sehr gut funktioniere, doch ich habe nur schwach ausgeprägte soziale Fähigkeiten und Probleme mit der Zuordnung von Sinneseindrücken, was zu ernsten Defiziten im Bereich der körperlichen Koordination führt."

Der Bart von Mr. Turrentine zuckte schwach. Gefiel ihm das, was er da gerade hörte, nicht oder verstand er es einfach nicht? Colin entschied, es ihm noch ein wenig genauer zu erläutern. „Daher sind meine Eltern und mein Therapeutenteam der Ansicht, ich sollte vom Sportunterricht befreit werden."

Mr. Turrentine blieb stumm und rührte sich nicht. Selbst jemand mit besseren sozialen Fähigkeiten als Colin hätte aus seiner Miene nicht schlau werden können. Endlich machte der Lehrer den Mund auf: „Ich kann diese Entschuldigung nicht akzeptieren."

Der Schock sprach aus Colins sonst so gleichförmiger Stimme, die plötzlich eine Oktave höher klang. „Aber es steht doch ganz klar darin ..."

„Ich weiß, was darin steht, Fischer", sagte Mr. Turrentine. „Ich kann ja lesen. Und wenn ich jeden mit zwei linken Füßen von meinem Unterricht befreien würde, dann wäre ich hier bald ganz schön einsam. Und du willst doch sicher nicht, dass ich einsam bin, oder, Fischer?"

„Sie sind einsam?"

Mr. Turrentine deutete auf die halboffene Tür unter der Uhr an der Wand, aus der der schwache Uringeruch drang. „Zur Umkleide geht's da lang", sagte er. „Und ich nehme an, du hast gedacht, das kleine Briefchen würde genügen, also hast du keine Turnsachen dabei."

Colin nickte und war beeindruckt von den kombinatorischen Fähigkeiten seines Lehrers. Doch der drehte sich um und stapfte entschlossen auf sein vollgestopftes Büro am anderen Ende der Halle zu. „Komm mit", sagte Mr. Turrentine. „Ich will sehen, was ich in der Tonne mit den vergessenen und gefundenen Sachen für dich finde."

Colin erstarrte. „Das ist doch keine Kleidung mit Synthetikfasern, oder?"

„Nur das Beste vom Besten im Hause Turrentine."

Colin wäre gern erleichtert gewesen, doch er hatte den Verdacht, dass Mr. Turrentine scherzte – noch dazu auf seine Kosten.

Zwölfeinhalb Minuten später marschierte Colin hinaus auf einen der asphaltierten Basketball-Courts der West Valley Highschool.

1 *Rain Man* ist ein berühmter Film aus dem Jahr 1988, in dem Dustin Hoffman einen Autisten spielt, der in einer Klinik lebt. Er wurde mit mehreren Oscars ausgezeichnet, u. a. als Bester Film.

Trotz seines Handicaps kann Colin aufgrund von Berechnungen zielgenau den Basketballkorb treffen und wird zum begehrten Mitspieler. Als der Klassenkamerad Wayne, der ihn seit Jahren quält, zu Unrecht beschuldigt wird, eine Pistole in die Schule mitgebracht und abgefeuert zu haben, macht sich Colin daran, den Fall aufzuklären. Es gelingt ihm und Wayne wird sein Freund, der ihn in Zukunft beschützt.

Den Inhalt eines Textes erschließen und zusammenfassen

1 a **Notiere, welche Figuren in dem Text vorkommen, sowie wo und bei welcher Gelegenheit die Handlung spielt.**

Figuren: ______________________________

Ort: ______________________________

Gelegenheit: ______________________________

b **Was erfährt die Leserin / der Leser? Kreuze Zutreffendes an.**

A ☐ Die Leserin / Der Leser erfährt, wie Colin und der Lehrer die Situation jeweils wahrnehmen, was sie denken und fühlen.

B ☐ Die Leserin / Der Leser erfährt nur, was Colin wahrnimmt, weiß, denkt oder fühlt.

C ☐ Die Leserin / Der Leser erhält durch Rückblicke und Vorausdeutungen einen genauen Überblick und Hintergrundinformationen über das Geschehen.

2 **Markiere, wovon der Romanauszug genau handelt.**

A Der Romanauszug handelt von Colin Fischer, der das Asperger-Syndrom hat.
B Der Romanauszug beschreibt Colins erste Begegnung mit dem neuen Sportlehrer.
C Der Romanauszug handelt von dem Versuch des Schülers Colin Fischer, vom Sportunterricht befreit zu werden, weil er am Asperger-Syndrom leidet. Dies lehnt Mr. Turrentine, der Sportlehrer, jedoch ab.

3 **Die Leserin / Der Leser erfährt in dem Auszug, dass Colin besondere Eigenschaften besitzt. Kreuze an, welche zutreffen und welche nicht. Ergänze bei den zutreffenden Eigenschaften die Nummern der Zeilen, in denen dies belegt wird.**

A ☐ Colin verhält sich besonders frech gegenüber Autoritätspersonen. (Vgl. Z. ______–______)

B ☐ Er erscheint intelligent und drückt sich sehr wissenschaftlich aus. (Vgl. Z. ______–______)

C ☐ Der Junge verträgt keine Synthetikfasern auf seiner Haut. (Vgl. Z. ______–______)

D ☐ Er trägt gern grüne Sportschuhe und Funktionskleidung aus Synthetik. (Vgl. Z. ______–______)

E ☐ Der neue Schüler lacht über den gelungenen Scherz des Lehrers. (Vgl. Z. ______–______)

F ☐ Er kann einen Scherz nicht verstehen, sondern nimmt alles, was der Lehrer sagt, ernst. (Vgl. Z. ______–______)

4 a **Notiere zwei äußere Merkmale und zwei Eigenschaften/Verhaltensweisen des Lehrers.**

Äußere Merkmale des Lehrers	Eigenschaften/Verhaltensweisen des Lehrers
______________________	______________________
______________________	______________________

b **Charakterisiere den Lehrer in einem zusammenhängenden Text. Schreibe in dein Heft.**

5 **Schreibe eine Einleitung (▸ Seite 41) für die Erschließung eines literarischen Textes in dein Heft.**

6 **Ordne die knappen Handlungsschritte, indem du sie in der richtigen Abfolge nummerierst.**

☐ Mr. Turrentine überlegt eine Weile und lehnt die Entschuldigung schließlich ab.

☐ Wenig später läuft Colin hinaus auf den Basketballplatz.

☐ Colin ist entsetzt, beruft sich auf die Bescheinigung.

☐ Der Junge legt eine Bescheinigung vor, die ihn vom Sportunterricht befreien soll, und erklärt das „Asperger-Syndrom“.

☐ Mr. Turrentine fordert Colin auf, sich aus den Fundsachen getragene Sportkleidung herauszusuchen.

7 **Schreibe eine kurze Inhaltszusammenfassung in dein Heft.**
Verknüpfe dazu die Handlungsschritte und ergänze wichtige Informationen.

Sprachliche Gestaltungsmittel und ihre Wirkung darstellen

Die **Beschreibung sprachlicher Besonderheiten** geht auf den **Satzbau** (z. B. Satzreihen, kurze Aussagesätze, komplexe Satzgefüge, Ellipsen), die **Wortwahl** (z. B. Fremdwörter, Umgangssprache) und die **Stilmittel** (▶ hintere Umschlaginnenseite) ein, erläutert deren **Wirkung** und belegt alle Aussagen mit **Zitaten.**

1 a **Untersuche den Dialog zwischen Colin und Mr. Turrentine: Ordne die sprachlichen Besonderheiten im Satzbau und in der Wortwahl den beiden Figuren zu. Ziehe dazu Linien und ergänze Belege (Zeilenangaben).**
b **Notiere auf den Linien, was diese Sprechweise jeweils über die Figur aussagt.**

Colin

Mr. Turrentine

A Ellipsen (vgl. Z. ______)

B ironische Fragen (vgl. Z. ______)

C gewählte Formulierungen (vgl. Z. ______)

D wissenschaftliche Erklärungen in Satzgefügen (vgl. Z. ______)

E scherzhafte Ausdrücke (vgl. Z. ______)

F umgangssprachliche Wendungen (vgl. Z. ______)

G Fremdwörter, Fachbegriffe (vgl. Z. ______)

Colin: ______

Mr. Turrentine: ______

2 a **Auch rhetorische Mittel (▶ hintere Umschlaginnenseite) finden sich in dem Romanauszug. Benenne die Beispiele mit Hilfe des Wortspeichers. Achtung: Dort stehen auch unpassende Begriffe.**
b **Ein Autor setzt Stilmittel ein, um eine bestimmte Wirkung zu erzielen. Streiche unpassende Aussagen.**

Wortspeicher

Alliteration • Aufzählung • bildhafter Vergleich • Personifikation • Metapher • Lautmalerei • Ironie (Behauptung, die erkennen lässt, dass das Gegenteil gemeint ist)

A „Kalter Schweiß, Schimmel, Urin von einer kaputten Toilette neben der Umkleide für Jungen, notdürftig zugedeckt vom Fichtennadelaroma eines ätzenden Reinigungsprodukts“ (▶ Z. 2–5).
Wirkung: schildert, was Colin beim Betreten der Turnhalle schmeckt/riecht; wirkt anschaulich/langweilig

______

B „*Kratz. Kratz*“ (▶ Z. 12).
Wirkung: verdeutlicht, was Colin hört/denkt; fällt auf; wirkt albern/anschaulich und witzig; erinnert an Filme/Comics

______

C „[...] Schnauzbart, der ihn an Bösewichte in Stummfilmwestern oder auch an den sowjetischen Diktator Stalin erinnerte“ (▶ Z. 21–23)
Wirkung: vergegenwärtigt Colins ersten Eindruck von seinem Geschichts-/Sportlehrer; wirkt altmodisch/lustig und anschaulich

______

D „Nur das Beste vom Besten im Hause Turrentine“ (▶ Z. 93).
Wirkung: zeigt ironischen/derben Humor des Lehrers; wirkt herablassend/unterhaltsam

______

3 **Formuliere auf der Grundlage deiner Ergebnisse eine Sprachuntersuchung. Schreibe in dein Heft.**

Einen kreativen Schreibauftrag bearbeiten

1 **Mr. Turrentine ist ebenfalls etwas überrascht von dem neuen Schüler, der aufgrund des Asperger-Syndroms eine Befreiung vom Sportunterricht haben möchte. Schreibe die Gedanken, die dem Lehrer durch den Kopf gehen könnten, als inneren Monolog in dein Heft. Lies dazu die Textstelle noch einmal. Du kannst so beginnen:**
Du liebe Zeit, was ist denn das für ein Knabe ...

2 **Colin kommt nach der Schule nach Hause. Schreibe einen Dialog zwischen ihm und seinen Eltern. Du kannst so beginnen:** *Vater: „Hallo Colin, wie war dein Tag in der Schule?“*
Colin: „Ganz gut, aber stellt euch vor, der Sportlehrer ...“

Die mögliche Autorenabsicht beschreiben

Man kann die **Absichten** einer Autorin / eines Autors **nicht immer eindeutig** bestimmen. Aber jeder Text bietet Anhaltspunkte, welche Ziele und Wirkungen die Verfasserin / der Verfasser wohl erreichen möchte.

1 **Welche Absicht könnten die Autoren des Romans mit der Veröffentlichung verfolgt haben?**
a **Streiche die Möglichkeiten, die deiner Ansicht nach unwahrscheinlich sind, durch.**
b **Fasse deine Ergebnisse in einem kurzen Text zusammen. Schreibe in dein Heft.**

Wortspeicher

A einen spannenden Jugendroman schreiben •
B der Leserin / dem Leser das amerikanische Schulsystem näherbringen •
C die Situation von Kindern mit Behinderung erklären •
D das Asperger-Syndrom anhand einer Romanfigur darstellen •
E das Milieu in einer Highschool beschreiben •
F Schwierigkeiten und Chancen eines Jugendlichen, der am Asperger-Syndrom leidet und eine Regelschule besucht, aufzeigen •
G die Leserin / den Leser zu einem normalen Umgang mit Krankheiten und Behinderungen ihrer Mitmenschen anregen

Eine Stellungnahme / Den Schluss verfassen

Im **Schluss** rundest du deinen Aufsatz ab. Du kannst zum **Text,** zu diesem **Thema,** der **Wirkung** oder zum **Verhalten der Figuren Stellung** nehmen.

1 a **Kreuze die Aussagen an, die für den Schlussteil eines literarischen Erschließungsaufsatzes geeignet sind.**

A ☐ Ich halte es für keine gute Idee, einen solchen neunmalklugen Langweiler zur Hauptfigur zu machen.
B ☐ Interessant finde ich, dass ein Jugendlicher mit Behinderung und kein Superheld einen Kriminalfall löst.
C ☐ Mich hat der Romanauszug neugierig gemacht, denn wir haben im Unterricht viel über Inklusion diskutiert.
D ☐ Der Text hat mich nachdenklich gestimmt, denn bisher habe ich mich viel zu wenig mit dem Leben von Menschen wie Colin beschäftigt.
E ☐ Um es kurz zu machen: Ich sehe mir solche Geschichten lieber im Fernsehen an.

b **Schreibe einen Schluss in dein Heft, bei dem auch deine eigene Stellungnahme erkennbar wird.**

Den Textinhalt zuordnen und beschreiben

Bei dem folgenden Text handelt es sich um den Ausschnitt aus einer Novelle. Die Novelle hat einen straffen Aufbau wie ein Drama.

E. T. A. Hoffmann (1776–1822)

Das Fräulein von Scuderi (1819, Auszug)

Schreckliche Morde beunruhigen seit Monaten das Paris unter Ludwig XIV. Fräulein von Scuderi, geachtete Schriftstellerin, erfährt von Olivier Brusson, dem Gesellen des berühmten Goldschmieds Cardillac, dass Cardillac der Mörder ist, weil er die gefertigten Geschmeide wieder selbst besitzen will. Brusson – Sohn der einstigen Pflegetochter der Scuderi – wird des Mordes an dem Goldschmied angeklagt, weil er ihn nach einer tödlichen Dolchattacke durch einen Adligen nach Hause trug. Nun sucht die Scuderi nach Möglichkeiten, die Verurteilung Brussons zu verhindern. Dass Cardillac der eigentliche Verbrecher war, will Brusson wegen dessen Tochter Madelon, seiner Verlobten, nicht verraten.

Nun kam es darauf an, den König anzugehen, und dies war der schwierigste Punkt, da er gegen Brusson, den er allein für den entsetzlichen Raubmörder hielt, welcher so lange Zeit hindurch ganz Paris in Angst und Schrecken gesetzt hatte, solchen Abscheu hegte, dass er, nur leise erinnert an den berüchtigten Prozess, in den heftigsten Zorn geriet. Die Maintenon[1], ihrem Grundsatz, dem Könige nie von unangenehmen Dingen zu reden, getreu, verwarf jede Vermittlung, und so war Brussons Schicksal ganz in die Hand der Scuderi gelegt. Nach langem Sinnen fasste sie einen Entschluss ebenso schnell, als sie ihn ausführte. Sie kleidete sich in eine schwarze Robe von schwerem Seidenzeug, schmückte sich mit Cardillacs köstlichem Geschmeide, hing einen langen, schwarzen Schleier über und erschien so in den Gemächern der Maintenon zur Stunde, da eben der König zugegen. Die edle Gestalt des ehrwürdigen Fräuleins in diesem feierlichen Anzuge hatte eine Majestät, die tiefe Ehrfurcht erwecken musste, selbst bei dem losen Volk, das gewöhnt ist, in den Vorzimmern sein leichtsinnig nichts beachtendes Wesen zu treiben. Alles wich scheu zur Seite, und als sie nun eintrat, stand selbst der König ganz verwundert auf und kam ihr entgegen. Da blitzten ihm die köstlichen Diamanten des Halsbands, der Armbänder ins Auge und er rief: „Beim Himmel, das ist Cardillacs Geschmeide!“ Und dann sich zur Maintenon wendend, fügte er mit anmutigem Lächeln hinzu: „Seht, Frau Marquise, wie unsere schöne Braut um ihren Bräutigam trauert.“ „Ei, gnädiger Herr“, fiel die Scuderi wie den Scherz fortsetzend ein, „wie würd' es ziemen einer schmerzerfüllten Braut, sich so glanzvoll zu schmücken? Nein, ich habe mich ganz losgesagt von diesem Goldschmied und dächte nicht mehr an ihn, träte mir nicht manchmal das abscheuliche Bild, wie er ermordet dicht bei mir vorübergetragen wurde, vor Augen.“ „Wie“, fragte der König, „wie! Ihr habt ihn gesehen, den armen Teufel?“ Die

Scuderi erzählte nun mit kurzen Worten, wie sie der Zufall (noch erwähnte sie nicht der Einmischung Brussons) vor Cardillacs Haus gebracht, als eben der Mord entdeckt worden. Sie schilderte Madelons wilden Schmerz, den tiefen Eindruck, den das Himmelskind auf sie gemacht, die Art, wie sie die Arme unter Zujauchzen des Volks aus Desgrais'[2] Händen gerettet. Mit immer steigendem und steigendem Interesse begannen nun die Szenen mit la Regnie[3] – mit Desgrais – mit Olivier Brusson selbst. Der König, hingerissen von der Gewalt des lebendigsten Lebens, das in der Scuderi Rede glühte, gewahrte nicht, dass von dem gehässigen Prozess des ihm abscheulichen Brussons die Rede war, vermochte nicht ein Wort hervorzubringen, konnte nur dann und wann mit einem Ausruf Luft machen der innern Bewegung. Ehe er sich's versah, ganz außer sich über das Unerhörte, was er erfahren und noch nicht vermögend, alles zu ordnen, lag die Scuderi schon zu seinen Füßen und flehte um Gnade für Olivier Brusson. „Was tut Ihr“, brach der König los, indem er sie bei beiden Händen fasste und in den Sessel nötigte, „was tut Ihr, mein Fräulein! [...] Wer bürgt für die Wahrheit der abenteuerlichen Erzählung Brussons?“ Darauf die Scuderi: „Miossens'[4] Aussage – die Unter-

1 Maintenon: Erzieherin der königlichen Kinder, später Frau Ludwigs XIV.

2 Desgrais: Beamter der berittenen Polizei

3 la Regnie: Polizeichef von Paris

4 Miossens: Adliger, der Cardillac in Notwehr erstach

suchung in Cardillacs Hause – innere Überzeugung – ach! Madelons tugendhaftes Herz, das gleiche Tugend in dem unglücklichen Brusson erkannte!" – Der König, im Begriff, etwas zu erwidern, wandte sich auf ein Geräusch um, das an der Türe entstand. Louvois[5], der eben im andern Gemach arbeitete, sah hinein mit besorglicher Miene. Der König stand auf und verließ, Louvois folgend, das Zimmer. Beide, die Scuderi, die Maintenon hielten diese Unterbrechung für gefährlich, denn einmal überrascht, mochte der König sich hüten, in die gestellte Falle zum zweiten Mal zu gehen. Doch nach einigen Minuten trat der König wieder hinein, schritt rasch ein paar Mal im Zimmer auf und ab, stellte sich dann, die Hände über den Rücken geschlagen, dicht vor der Scuderi hin und sprach, ohne sie anzublicken, halb leise: „Wohl möchte ich Eure Madelon sehen!" – Darauf die Scuderi: „O mein gnädiger Herr, welches hohen – hohen Glücks würdigt Ihr das arme, unglückliche Kind – ach, nur Eures Winks bedurft' es ja, die Kleine zu Euren Füßen zu sehen." Und trippelte dann, so schnell sie es in den schweren Kleidern vermochte, nach der Tür und rief hinaus, der König wolle Madelon Cardillac vor sich lassen, und kam zurück und weinte und schluchzte vor Entzücken und Rührung. Die Scuderi hatte solche Gunst geahnet und daher Madelon mitgenommen, die bei der Marquise Kammerfrau wartete mit einer kurzen Bittschrift in den Händen, die ihr d'Andilly[6] aufgesetzt. In wenig Augenblicken lag sie sprachlos dem Könige zu Füßen. Angst – Bestürzung – scheue Ehrfurcht – Liebe und Schmerz – trieben der Armen rascher und rascher das siedende Blut durch alle Adern. Ihre Wangen glühten in hohem Purpur – die Augen glänzten von hellen Tränenperlen, die dann und wann hinabfielen durch die seidenen Wimpern auf den schönen Lilienbusen. Der König schien betroffen über die wunderbare Schönheit des Engelkinds. Er hob das Mädchen sanft auf, dann machte er eine Bewegung, als wolle er ihre Hand, die er gefasst, küssen. Er ließ sie wieder und schaute das holde Kind an mit tränenfeuchtem Blick, der von der tiefsten innern Rührung zeugte. Leise lispelte die Maintenon der Scuderi zu: „Sieht sie nicht der La Valliere[7] ähnlich auf ein Haar, das kleine Ding? – Der König schwelgt in den süßesten Erinnerungen. Euer Spiel ist gewonnen." So leise dies auch die Maintenon sprach, doch schien es der König vernommen zu haben. Eine Röte überflog sein Gesicht, sein Blick streifte bei der Maintenon vorüber, er las die Supplik[8], die Madelon ihm überreicht, und sprach dann mild und gütig: „Ich will's wohl glauben, dass du, mein liebes Kind, von deines Geliebten Unschuld überzeugt bist, aber hören wir, was die *Chambre ardente*[9] dazu sagt!" – Eine sanfte Bewegung mit der Hand verabschiedete die Kleine, die in Tränen verschwimmen wollte. – Die Scuderi gewahrte zu ihrem Schreck, dass die Erinnerung an die Valliere, so ersprießlich sie anfangs geschienen, des Königs Sinn geändert hatte, sowie die Maintenon den Namen genannt. Mocht' es sein, dass der König sich auf unzarte Weise daran erinnert fühlte, dass er im Begriff stehe, das strenge Recht der Schönheit aufzuopfern, oder vielleicht ging es dem Könige wie dem Träumer, dem, hart angerufen, die schönen Zauberbilder, die er zu umfassen gedachte, schnell verschwinden. Vielleicht sah er nun nicht mehr seine Valliere vor sich, sondern dachte nur an die *Sœur Louise de la Miséricorde* (der Valliere Klostername bei den Karmeliternonnen), die ihn peinigte mit ihrer Frömmigkeit und Buße. – Was war jetzt anders zu tun, als des Königs Beschlüsse ruhig abzuwarten. [...]

Mehrere Tage vergingen, ohne dass der Scuderi von Oliver Brussons Prozess nur das Mindeste bekannt wurde. Ganz trostlos begab sie sich zur Maintenon, die aber versicherte, dass der König über die Sache schweige und es nicht geraten scheine, ihn daran zu erinnern. Fragte sie nun noch mit sonderbarem Lächeln, was denn die kleine Valliere mache, so überzeugte sich die Scuderi, das tief im Innern der stolzen Frau sich ein Verdruss über eine Angelegenheit regte, die den reizbaren König in ein Gebiet locken konnte, auf dessen Zauber sie sich nicht verstand. Von der Maintenon konnte sie daher gar nichts hoffen. Endlich mit d'Andillys Hilfe gelang es der Scuderi, auszukundschaften, dass der König eine lange geheime Unterredung mit dem Grafen Miossens gehabt. Ferner, dass Bontems, des Königs vertrautester Kammerdiener und Geschäftsträger, in der Conciergerie[10] gewesen und mit Brusson gesprochen, dass endlich in einer Nacht ebenderselbe Bontems mit mehreren Leuten in Cardillacs Hause gewesen und sich lange darin aufgehalten. Claude Patru, der Bewohner des untern Stocks, versicherte, die ganze Nacht habe es über seinem Kopfe gepoltert und gewiss sei Olivier dabei gewesen, denn er habe seine Stimme genau erkannt. So viel war also gewiss, dass der König selbst dem wahren Zusammengange der Sache nachforschen ließ, unbegreiflich blieb aber die lange Verzögerung des Beschlusses. La Regnie mochte alles aufbieten, das Opfer, das ihm entrissen werden sollte, zwischen den Zähnen festzuhalten. Das verdarb jede Hoffnung im Aufkeimen.

5 Louvois: Kriegsminister

6 d'Andilly: berühmter Anwalt

7 La Valliere: frühere Geliebte des Königs

8 Supplik: Bittschrift an den Papst

9 Chambre ardente: Sondergerichtshof

10 Conciergerie: Pariser Untersuchungsgefängnis

Beinahe ein Monat war vergangen, da ließ die Maintenon der Scuderi sagen, der König wünsche sie heute Abend in ihren, der Maintenon, Gemächern zu sehen. Das Herz schlug der Scuderi hochauf, sie wusste, dass Brussons Sache sich nun entscheiden würde. Sie sagte es der armen Madelon, die zur Jungfrau, zu allen Heiligen inbrünstig betete, dass sie doch nur in dem König die Überzeugung von Brussons Unschuld erwecken möchten. Und doch schien es, als habe der König die ganze Sache vergessen, denn wie sonst, weilend in anmutigen Gesprächen mit der Maintenon und der Scuderi, gedachte er nicht mit einer Silbe des armen Brussons. Endlich erschien Bontems, näherte sich dem Könige und sprach einige Worte so leise, dass beide Damen nichts davon verstanden. – Die Scuderi erbebte im Innern. Da stand der König auf, schritt auf die Scuderi zu und sprach mit leuchtenden Blicken: „Ich wünsche Euch Glück, mein Fräulein! – Euer Schützling, Olivier Brusson, ist frei!" – Die Scuderi, der die Tränen aus den Augen stürzten, keines Wortes mächtig, wollte sich dem Könige zu Füßen werfen. Der hinderte sie daran, sprechend: „Geht, geht! Fräulein, Ihr solltet Parlamentsadvokat sein und meine Rechtshändel ausfechten, denn, beim heiligen Dionys, Eurer Beredsamkeit widersteht niemand auf Erden. [...]" *

1 **Fasse den Textausschnitt in zwei Aussagen zusammen und ordne sie in den Aufbau der Novelle ein.**

- Auftakt: Ein junger Mann – der Geselle Olivier Brusson – bringt der Scuderi ein Schmuckkästchen mit Schmuck des berühmten Goldschmieds Cardillac.
- Paris ist entsetzt über nächtliche Morde an Menschen.
- Brusson wird wegen angeblichen Mordes an Cardillac verhaftet.
- Brusson – Sohn einer früheren Pflegetochter – darf zur Scuderi und erzählt, dass Cardillac der berüchtigte Mörder war und von einem Bewaffneten in Notwehr erstochen wurde.
- ______________________________

  ____
- Weitere Lebensplanung von Olivier und Madelon

Die **Novelle** (italienisch *novella* = Neuigkeit) ist eine Erzählung, in deren Zentrum eine **ungewöhnliche Begebenheit** steht. Die Novelle unterscheidet sich von anderen Erzählformen durch ihre **strenge Form,** die an das Drama erinnert (mit Exposition, Entwicklung eines Konflikts, ungewöhnlichem Ereignis, Schluss).

2 **a** **Lies den Textausschnitt genau und ordne den Verlauf des Geschehens durch Ziffern richtig zu.**
b **Verfasse eine Inhaltsangabe. Schreibe in dein Heft.**

- [ ] A Die Scuderi erzählt dem König, wie sie in den Fall Brusson einbezogen ist und was sie darüber weiß.
- [ ] B Die Scuderi kleidet sich für den Besuch beim König prächtig und legt Cardillacs Geschmeide an.
- [ ] C Der König möchte Madelon sehen.
- [ ] D Die Scuderi hört eine Weile nichts von der Sache, erfährt aber, dass der König sich genau erkundigt.
- [ ] E Der König kommt der Scuderi verwundert entgegen, als sie eintritt, und erkennt Cardillacs Schmuck.
- [ ] F Die Scuderi wirft sich dem König zu Füßen und bittet um Gnade für Olivier Brusson.
- [ ] G Madelon überreicht dem König weinend eine Bittschrift.
- [ ] H Der König verkündet der Scuderi die Freilassung Brussons.
- [ ] I Der König wird durch Madelon an eine frühere Geliebte erinnert und verabschiedet sie.

Einen kreativen Schreibauftrag bearbeiten

1 **Die Scuderi ist sehr bewegt von ihrem Besuch beim König. Schreibe einen Brief, in dem sie einer Freundin ihren Auftritt beim König schildert. Du kannst dazu die Hinweise im Wortspeicher nutzen. Schreibe in dein Heft.**

Liebste Freundin,

...

Wortspeicher

Prozess gegen Brusson • keine andere Möglichkeit gefunden • König sehr freundlich • von meinen Worten überrascht • wollte Madelon sehen • erinnerte ihn an die Valliere • äußerte sich nicht auf unsere Bitten • bin sehr verunsichert

Eine begründete Stellungnahme verfassen

1 **Prüfe, welche der folgenden Aussagen das Verhalten des Königs während und nach dem Besuch der Scuderi richtig oder falsch wiedergeben. Korrigiere Falschaussagen stichpunktartig in deinem Heft.**

Der König hält nicht viel vom Fräulein von Scuderi.
Er bezeichnet sie scherzhaft als die Braut von Cardillac.
Er ist empfindlich, als er an seine frühere Geliebte erinnert wird.
Madelon wird schroff abgewiesen.
Das Fräulein von Scuderi lässt der König zunächst im Ungewissen.
Der König hat nicht vor, sich um den Fall zu kümmern.

Bei einer **begründeten Stellungnahme** nimmst du zu einer **Aussage** des Textes oder **einer Frage bzw. Problemstellung,** die der Text aufwirft, Stellung. Entscheide dich für eine Position und schreibe ca. 250 Wörter.

2 **Nimm zum Verhalten des Königs in diesem Textausschnitt Stellung. Schreibe in dein Heft.**

Die sprachliche Gestaltung des Textausschnitts

1 **Gefühlvolle Liebe, Fantasie und das Schaurige der menschlichen Psyche spielen bei E. T. A. Hoffmann in dieser Novelle als Motive eine wichtige Rolle. Untersuche diese Merkmale.**

a **Erkläre, wo sich im Textausschnitt Fantasie zeigt. Ergänze dazu die Sätze.**

Die Scuderi zeigt Fantasie für den Besuch beim König, indem sie ______________________

____.

Die Darstellung der jungen Madelon als traurige Schönheit ______________________

____.

b **An welcher Stelle tritt das Motiv der „gefühlvollen Liebe" besonders hervor? Begründe in deinem Heft. Lies dazu noch einmal die Zeilen 93–118.**

2 Der Textausschnitt enthält eine Reihe sprachlicher Mittel, die für die Romantik typisch sind. Zitiere aus dem Inhalt Beispiele für:

treffende Adjektive: ______

Vergleiche: ______

Aufzählungen: ______

Metaphern: ______

Einleitungs- und Schlussmöglichkeiten

Die **Einleitung** zu einer Texterschließung sollte die **Autorin / den Autor** des Textes, den **Titel,** die **Textsorte** und die **Quelle** sowie seine **Kernaussage** enthalten.

1 Erstelle die Einleitung zu einer Texterschließung des vorhergegangenen Textausschnitts mit Hilfe der angegebenen Informationen.

Wortspeicher

aus „Das Fräulein von Scuderi“ • erstmals erschienen 1820 bei G. Reimers in Berlin im 3. Band von „Die Serapionsbrüder“ • E.T.A. Hoffmann • Novelle • Bitte um Begnadigung von Olivier Brusson

______

______

______

______

2 Beurteile die angegebenen Schlussmöglichkeiten. Begründe auf den Linien darunter, welche davon die Texterschließung am besten abrundet.

A Abschließend ist zu sagen, dass der Besuch der Scuderi beim König ein Erfolg ist, denn schließlich kommt Brusson wegen ihres Einsatzes frei und kann seine Madelon heiraten. Ich fand den Ausschnitt aus der Novelle ziemlich interessant.

______

B Der Textausschnitt beweist, dass der mutige und kluge Einsatz eines Menschen auch in der damaligen Zeit zum Erfolg führen konnte. Das Fräulein von Scuderi setzt sich entschlossen für den Sohn ihrer ehemaligen Pflegetochter ein und bewirkt anhand der Tatsachen, die sie beweisen kann, letztendlich die Freiheit für Brusson. So findet eine der ersten Kriminalgeschichten der Literatur ein gutes Ende.

______

C Ich fand den Textausschnitt wegen der altertümlichen Sprache ziemlich schwer zu lesen und habe auch nicht alles verstanden, was der Autor meinte. Das Verhalten der Menschen wirkt auch sehr übertrieben. Heute würde man einen solchen Besuch anders angehen.

______

Kurzgeschichten erschließen

Wissen und Können **Eine Kurzgeschichte erschließen**

Lies dir die Kurzgeschichte sorgfältig durch, bevor du dann den literarischen Text erschließt, indem du mehrere Arbeitsaufträge dazu bearbeitest, z. B.: 1. **Inhaltszusammenfassung,** 2. **Beschreibung sprachlicher Besonderheiten** und ihrer Wirkung, 3. weitere **Besonderheit des Textes** (z. B. Textsortennachweis, Verfasserabsichten oder Figurencharakterisierung), 4. **begründete Stellungnahme,** 5. **kreativer Schreibauftrag** (▶ S. 48–51). Selbstverständlich gehören immer **Einleitung** und **Schluss** dazu.

1 **Lies die Geschichte von Sibylle Berg aufmerksam durch und markiere Schlüsselwörter.**

Sibylle Berg

Hauptsache weit (2001)

Und weg, hatte er gedacht. Die Schule war zu Ende, das Leben noch nicht, hatte noch nicht begonnen, das Leben. Er hatte nicht viel Angst davor, weil er noch keine Enttäuschungen kannte. Er war ein schöner Junge mit langen dunklen Haaren, er spielte Gitarre, komponierte am Computer und dachte, irgendwie werde ich wohl später nach London gehen, was Kreatives machen. Aber das war später.
Und nun?
Warum kommt der Spaß nicht? Der Junge hockt in einem Zimmer, das Zimmer ist grün, wegen der Neonleuchte, es hat kein Fenster und der Ventilator ist sehr laut. Schatten huschen über den Betonboden, das Glück ist das nicht, eine Wolldecke auf dem Bett, auf der schon einige Kriege ausgetragen wurden. Magen gegen Tom Yam[1], Darm gegen Curry. Immer verloren, die Eingeweide. Der Junge ist 18, und jetzt aber Asien, hatte er sich gedacht. Mit 1000 Dollar durch Thailand, Indien, Kambodscha, drei Monate unterwegs und dann wieder heim, nach Deutschland. Das ist so eng, so langweilig, jetzt was erleben und vielleicht nie zurück. Hast du keine Angst, hatten die blassen Freunde zu Hause gefragt, so ganz alleine? Nein, hatte er geantwortet, man lernt ja so viele Leute kennen unterwegs. Bis jetzt hatte er hauptsächlich Mädchen kennen gelernt, nett waren die schon, wenn man Leute mag, die einen bei jedem Satz anfassen. Mädchen, die aussahen wie dreißig und doch so alt waren wie er, seit Monaten unterwegs, die Mädchen, da werden sie komisch. Übermorgen würde er in Laos sein, da mag er jetzt gar nicht dran denken, in seinem hässlichen Pensionszimmer, muss Obacht geben, dass er sich nicht aufs Bett wirft und weint, auf die Decke, wo schon die anderen Dinge drauf sind. In dem kleinen Fernseher kommen nur Leute vor, die ihm völlig fremd sind, das ist das Zeichen, dass man einsam ist, wenn man die Fernsehstars eines Landes nicht kennt und die eigenen keine Bedeutung haben. Der Junge sehnt sich nach Stefan Raab, nach Harald Schmidt[2] und Echt[3]. Er merkt weiter, dass er gar nicht existiert, wenn er nichts hat, was er kennt. Wenn er keine Zeitung in seiner Sprache kaufen kann, keine Klatschgeschichten über einheimische Prominente lesen, wenn keiner anruft und fragt, wie es ihm geht. Dann gibt es ihn nicht. Denkt er. Und ist unterdessen aus seinem heißen Zimmer in die heiße Nacht gegangen, hat fremdes Essen vor sich, von einer fremdsprachigen Serviererin gebracht, die sich nicht für ihn interessiert, wie niemand hier. Das ist wie tot sein, denkt der Junge. Weit weg von zu Hause, um anderen beim Leben zuzusehen, könnte man umfallen und sterben in der tropischen Nacht und niemand würde weinen darum. Jetzt weint er doch, denkt an die lange Zeit, die er noch rumbekommen muss, alleine in heißen Ländern mit seinem Rucksack, und das stimmt so gar nicht mit den Bildern überein, die er zu Hause von sich hatte. Wie er entspannt mit Wasserbüffeln spielen wollte, in Straßencafés sitzen und cool sein. Was ist, ist einer mit Sonnenbrand und Heimweh nach den Stars zu Hause, die sind wie ein Geländer zum Festhalten. Er geht durch die Nacht, selbst die Tiere reden ausländisch, und dann sieht er etwas, sein Herz schlägt schneller. Ein Computer, ein Internetcafé. Und er setzt sich, schaltet den Computer an, liest seine E-Mails. Kleine Sätze von seinen Freunden, und denen antwortet er,

1 Tom Yam: scharfe asiatische Suppe
2 Stefan Raab, Harald Schmidt: deutsche Fernsehmoderatoren und Entertainer
3 Echt: deutsche Popgruppe (1994–2002)

dass es ihm gut gehe und alles großartig sei, und er schreibt und schreibt, und es ist auf einmal völlig egal, dass zu seinen Füßen ausländische Insekten, so groß wie Meerkatzen, herumlaufen, dass das fremde Essen im Magen drückt. Er schreibt seinen Freunden über die kleinen Katastrophen und die fremde Welt um ihn verschwimmt, er ist nicht mehr allein, taucht in den Bildschirm ein, der ist wie ein weiches Bett, er denkt an Bill Gates und Fred Apple, er schickt eine Mail an SAT.1, und für ein paar Stunden ist er wieder am Leben, in der heißen Nacht weit weg von zu Hause.

Aus: Sibylle Berg: Das Unerfreuliche zuerst. Herrengeschichten. Kiepenheuer & Witsch, Köln 2001

Die Einleitung schreiben

1 a **Markiere und korrigiere im ersten Teil der folgenden Einleitung inhaltliche und sprachliche Fehler.**
b **Kreuze die passende Kernaussage an und schreibe eine verbesserte vollständige Einleitung in dein Heft.**

VORSICHT FEHLER!

Der Text Hauptsache weit von Sibylle Berg wurde 2004 in dem Buch „Das Unerfreuliche zuletzt. Herrengeschichten" veröffentlicht. Es handelt um einen Jungen,

A ☐ der in Thailand allein in einem schäbigen, heißen Pensionszimmer sitzt und weint, bis er in einem Internetcafé Mails an Bill Gates und Fred Apple verfasst.

B ☐ der später als Musiker nach London gehen will.

C ☐ der auf einer Reise durch Asien von Heimweh und Einsamkeit geplagt wird und nur durch den Kontakt über das Internet Trost findet.

Den Inhalt der Kurzgeschichte zusammenfassen

1 a **Die folgende Inhaltsangabe ist nicht gut gelungen. Benenne die unterstrichenen Fehler am Rand (A = Ausdruck, Gr = Grammatik, I = Inhalt, Sb = Satzbau, W = Wiederholung, Z = Zeitstufe). Ab Zeile 8 („Als der Junge ...") musst du die Fehler selbst finden, unterstreichen und bestimmen.**
b **Überarbeite den Text. Schreibe eine korrigierte Inhaltszusammenfassung in dein Heft.**

Die **Inhaltszusammenfassung** gibt die wichtigsten Handlungsschritte **knapp** und **sachlich** in der richtigen Abfolge wieder. Zeitform ist das **Präsens,** bei Vorzeitigkeit das Perfekt. Wörtliche Rede umschreibt man oder man verwendet die indirekte Rede. Achte auf **abwechslungsreiche Satzanfänge.**

VORSICHT FEHLER!

Nach dem Abitur hat einen jungen Mann das Fernweh gepackt. Weil er will etwas erleben und neue Menschen kennenlernen, ist er nach Asien geflogen. Dort will der Junge mehrere Monate bleiben und Thailand, Kambodscha und Indien bereisen. Allerdings sitzt der 18-Jährige in Fernost schon bald deprimiert in einem versifften Pensionszimmer, denn seine Erwartungen erfüllten sich nicht. Er leidet unter den Schmutz und den Ungeziefer, die andere Reisende erscheinen ihm aufdringlich. Er sehnt sich nach vertrauten Dingen, wie den heimischen Fernsehstars, seiner Muttersprache und soziale Kontakte. Als der Junge durch die nächtlichen Straßen und in ein Lokal geht, wächst sein Gefühl der Einsamkeit, sodass er sogar beginnt zu weinen. Sein gegenwärtiges Leben passt so gar nicht zu seinen Vorstellungen vor der Abreise. Es geht dem Jungen erst wieder besser, nachdem er auf ein Internetcafé stieß. Sogleich beginnt er, mit seinen Freunden, Bill Gates, Fred Apple und SAT.1 zu kommunizieren. Er lügt sie allerdings an und erzählt, ihm gefällt es in Asien gut.

I (nicht im Text)

Sprachliche Besonderheiten und ihre Wirkung beschreiben

Die **Beschreibung sprachlicher Besonderheiten** geht auf **Satzbau** (z. B. kurze Aussagesätze, Satzgefüge, Ellipsen), **Wortwahl** (z. B. Umgangssprache, Wiederholung bestimmter Wörter) und **Stilmittel** (z. B. Metaphern, Vergleiche ▶ hintere Umschlaginnenseite) ein, erläutert ihre **Wirkung** und belegt alle Aussagen mit **Zitaten.**

1 ●●●
a Ordne Satzbaumerkmale, Textbelege und Wirkungen sinnvoll zu, indem du sie mit derselben Farbe markierst.
b Finde zu A und B jeweils ein weiteres Beispiel. Überprüfe, ob die Wirkung die gleiche ist.

Satzbaumerkmal	Textbeleg	Wirkung
A Ellipse	1 „Dann gibt es ihn nicht" (▶ Z. 45 f.).	a verdeutlichen Verunsicherung; zeigen, dass die Realität nicht mit den Erwartungen an die Reise übereinstimmt
B unvollständiger komplexer Satz mit ungewöhnlicher Stellung/Wiederholung eines Satzglieds	2 „Ein Computer, ein Internetcafé" (▶ Z. 65).	b hebt Inhalt hervor, zeigt Einsamkeit: Ohne Freunde verliert der Mensch seine Identität.
C Fragen	3 „Die Schule war zu Ende, das Leben noch nicht, hatte noch nicht begonnen, das Leben" (▶ Z. 1–3).	c formuliert Wendepunkt, fällt auf, drückt die unverhoffte Freude aus
D kurzer Aussagesatz	4 „Und nun? Warum kommt der Spaß nicht?" (▶ Z. 9 f.).	d fällt auf, verdeutlicht verschlungene Gedankengänge des Jungen, betont das wiederholte Wort

2
a Untersuche die Wortwahl. Kreuze an, was dir in diesem Text auffällt.
b Notiere mindestens vier Beispiele mit Zeilenangabe.
c Mache Notizen zur Wirkung.

☐ Fremdwörter ☐ umgangssprachliche Ausdrücke ☐ Dialektwörter

Beispiele: ______________________________

____

Wirkung: ______________________________

____

3 **Ein Verb wird mehrfach wiederholt. Notiere alle Nennungen (die erste findest du in Z. 1) mit Zeilenangaben und vermerke Stichworte zur Wirkung.**

____

____

____

____

____

____

4 **Fasse deine Ergebnisse zum Satzbau und zur Wortwahl in der Kurzgeschichte zusammen. Schreibe in dein Heft.**

5 **Untersuche nun die Stilmittel, die in der Kurzgeschichte besonders auffallen. Ergänze statt der ? passende Begriffe aus dem Wortspeicher, geeignete Zitate aus der Geschichte oder zutreffende Zeilenangaben. Schreibe den vollständigen Text unter den Anfang der Sprachuntersuchung (▸ Aufg. 4) in dein Heft.**

Wortspeicher

Metapher • Stilmittel • Vergleich • Wiederholungen • Einsamkeit • Ekel • Stimmungsumschwung

Bei den ? fallen vor allem Sprachbilder auf, die die Gefühle des Jungen und seine ? in der Fremde verdeutlichen, zum Beispiel der ? „Das ist wie tot sein“ (Z. ?). Auch die Personifikation „ ? “ (Z. 63) zeigt, dass der Junge niemanden zum Reden hat. Besonders betont wird die Fremdheit auch durch ? wie „aus seinem heißen Zimmer in die heiße Nacht“ (Z. ?) und „ ? “ (Z. 48 f.). Die Metapher, auf der Bettdecke seien „ ? “ (Z. ?) worden, bringt wirkungsvoll den ? des jungen Reisenden vor dem schmutzigen Zimmer zum Ausdruck. Der ? des Achtzehnjährigen nach Entdeckung des Internetcafés wird ebenfalls mit sprachlichen Bildern dargestellt: Die ? „er […] taucht in den Bildschirm ein“ (Z. ?) macht klar, dass er nichts mehr um sich herum wahrnimmt, sondern vollkommen in der Internetwelt verschwindet. Der Vergleich „ ? “ (Z. ?) für den Bildschirm verdeutlicht, wie sehr der Kontakt mit den Freunden dem jungen Mann ein Gefühl der Geborgenheit verschafft.

Die Textsorte bestimmen

Beim **Textsortennachweis** werden typische **Textmerkmale** (z. B. der Kurzgeschichte) beschrieben und mit passenden Textstellen **belegt.**

1 **Kurzgeschichten weisen bestimmte Merkmale auf, doch nicht jede enthält alle typischen Kennzeichen. Kreuze an, welche auf „Hauptsache weit“ zutreffen, und notiere in Stichpunkten Belege (mit Zeilenangaben).**

A ☐ ausschnitthafte Momentaufnahme: ____________________

B ☐ nicht näher charakterisierte Figur(en): ____________________

C ☐ keine genauen Angaben zu Ort und Zeit der Handlung: ____________________

D ☐ Darstellung einer Alltagssituation: ____________________

E ☐ prägendes Erlebnis oder innerer Konflikt der Hauptfigur: ____________________

F ☐ unerwartete Wende: ____________________

G ☐ unmittelbarer Beginn und offener Schluss: ____________________

2 **Fasse deine Ergebnisse zur Textsortenbestimmung in sinnvoll verknüpften Sätzen zusammen. Schreibe in dein Heft. Du kannst die folgenden Bausteine nutzen:**

Der Text weist … Typisch für die Textsorte ist auch … Außerdem … Auch ein innerer Konflikt … Des Weiteren …

Eine Figur charakterisieren

Wissen und Können | **Eine Figur charakterisieren**

In einer Charakterisierung fasst man sowohl alle **äußeren Merkmale** wie Geschlecht, Alter, Aussehen, Lebensumstände und Verhalten als auch **innere Merkmale** wie Gefühle und Gedanken zusammen. Dabei geht man von Textstellen aus, in denen wichtige Eigenschaften von Figuren **direkt** benannt werden oder **indirekt** aus dem Verhalten, der Art zu sprechen usw. abgeleitet werden können.

1 a **Sammle erste Notizen zu der Figur des Jungen. Ergänze in Klammern jeweils die Zeilenangabe.**

Äußeres: Alter: ____________ Aussehen: ______________________________

Lebensumstände: ____

Hobbys/Vorlieben: spielt Gitarre (Z. 5 f.), ______________________________

Innere Vorgänge: Zukunftswünsche: ______________________________

Gründe für / Erwartungen an die Asienreise: ______________________________

b **Untersuche anhand der Textstellen, was den Jungen tatsächlich auf der Asienreise erwartet und was dies über ihn aussagt.**

Textstelle	Aussage über die Figur
A „eine Wolldecke auf dem Bett, auf der schon einige Kriege ausgetragen wurden. Magen gegen Tom Yam, Darm gegen Curry. Immer verloren, die Eingeweide" (▸ Z. 14–17)	
B „Er merkt weiter, dass er gar nicht existiert, wenn er nichts hat, was er kennt" (▸ Z. 41 f.).	
C „hat fremdes Essen vor sich, von einer fremdsprachigen Serviererin gebracht, die sich nicht für ihn interessiert, wie niemand hier" (▸ Z. 48–50)	
D „Weit weg von zu Hause, um anderen beim Leben zuzusehen" (▸ Z. 51 f.)	

c **Als der 18-Jährige ein Internetcafé entdeckt, vergisst er alle Unannehmlichkeiten der Reise. Erkläre, weshalb er seinen Freunden per E-Mail schreibt, dass es ihm gut gehe.**

____

____

2 **Schreibe eine vollständige Charakterisierung in dein Heft. Nutze die Ergebnisse der Aufgaben 9 a–c. Gehe auch auf die Gefühle und Gedanken des Jungen in der Pension, auf der Straße und im Internetcafé ein.**

Eine begründete Stellungnahme schreiben

Wissen und Können **Eine begründete Stellungnahme schreiben**

Bei der begründeten Stellungnahme musst du zu einer **Aussage des Textes** oder einer **Frage- bzw. Problemstellung,** die der Text aufwirft, zwei bis drei **Argumentationen** (jeweils Behauptung, Begründung, Beispiel und eventuell Rückführung) formulieren. Insgesamt sollte die Stellungnahme ca. 250 Wörter bzw. eine DIN-A4-Seite bei normal großer Schrift umfassen.

1 a **Ein Schüler hat das Thema der Stellungnahme und Ideen dazu notiert. Die Punkte müssen noch überprüft und geordnet werden. Markiere ähnliche Aspekte jeweils in der gleichen Farbe, streiche überflüssige.**
b **Fasse zusammengehörige Stichworte jeweils zu einem Gliederungspunkt im Nominalstil (▸ S. 77) zusammen. Formuliere auch die anderen Ideen zu Gliederungspunkten im Nominalstil. Schreibe in dein Heft.**

Warum ist es sinnvoll, als junger Mensch für längere Zeit ins Ausland zu gehen?
- Verantwortungsbewusstsein
- neue Kontakte knüpfen
- als Au-pair arbeiten
- neue Kultur kennenlernen
- Aussprache einer Fremdsprache verbessern
- Man wird selbstständiger.
- den Wortschatz einer Fremdsprache erweitern
- Erholung/Abenteuer vor dem Berufsleben
- mit dem Rucksack unterwegs sein
- Man lernt, mit Problemen umzugehen.

2 **Markiere die Behauptung blau, die Begründung grün, das Beispiel rot und die Rückführung orange.**

Für einen längeren Aufenthalt im Ausland spricht, dass diese Erfahrung der Entwicklung der eigenen Persönlichkeit dient und auf das spätere Leben vorbereitet. Da man während dieser Zeit ohne Eltern und Freunde zurechtkommen muss, also auf sich allein gestellt ist, wird man verantwortungsbewusster, handelt selbstständiger und lernt, Probleme zu bewältigen. So muss man sich beispielsweise selbst um Unterkunft und Verpflegung kümmern, das verfügbare Geld sinnvoll einteilen und sich an fremden Orten zurechtfinden. Folglich wird man also schneller erwachsen, wenn man als junger Mensch für längere Zeit ins Ausland geht.

3 a **Du sollst eine Argumentation zu dem Gliederungspunkt „Kennenlernen einer neuen Kultur“ verfassen. Beantworte zunächst die Frage „Warum/Inwiefern?“ stichpunktartig in deinem Heft.**
b **Formuliere anschließend die Argumentation in deinem Heft aus. Denke an Beispiel und Rückführung.**

4 ●●● **Verfasse in deinem Heft eine Argumentation zu dem Gliederungspunkt „Knüpfen neuer Kontakte“.**

Den Schluss schreiben

1 **Der Protagonist (die Hauptfigur) dieser Geschichte schreibt E-Mails an seine Familie und seine Bekannten. Zähle in deinem Heft auf, wie du mit den Daheimgebliebenen Kontakt halten würdest.**

2 **Verfasse in deinem Heft einen Schluss, in dem du die hier aufgeführten Formulierungshilfen aufgreifst. Nimm außerdem die Ideen aus Aufgabe 1 mit auf.**
Ich träume selbst davon, … Daher habe ich die Kurzgeschichte „Hauptsache weit“ … Allerdings gehe ich nicht so naiv in den Auslandsaufenthalt wie die Figur in der Geschichte, sondern … Außerdem würde ich kein Internetcafé aufsuchen müssen, denn … So wäre es mir möglich, …

Kreative Schreibaufträge bearbeiten

Wissen und Können **Kreative Schreibformen**

Zu den **kreativen Schreibaufträgen** zählen z. B. **Schilderung, Tagebucheintrag, persönlicher Brief, Dialog, innerer Monolog, Perspektivenwechsel** oder die **Fortsetzung der Geschichte.** Sie erfordern, dass du Gefühle und Stimmungen schilderst, dich in die Figuren und in die Handlung hineinversetzt. Dabei musst du stets auf den Bezug zum Ausgangstext (Figuren, Zeit, Orte, Handlung) achten.

Max Bolliger

Sonntag (1985)

„Was möchtest du?", fragte der Vater.

Daniela studierte die Karte und entschied sich für Riz colonial.

„Gern!", sagte der Kellner. Er behandelte Daniela wie eine Dame. Das Restaurant war bis auf den letzten Platz besetzt. Am Nebentisch saß ein Ehepaar mit zwei Kindern. Die beiden stritten sich wegen einer kleinen Puppe aus Plastik. Die Mutter versuchte, den Streit zu schlichten. Daniela sah, wie der Junge seine Schwester unter dem Tisch dauernd mit den Füßen stieß. Das Dessert machte dem Gezank ein Ende.

Daniela erinnerte sich, wie sehnlichst sie sich einmal ein Schwesterchen gewünscht hatte.

„Wie geht es in der Schule?", fragte der Vater.

„Wie immer", antwortete Daniela.

„Wird es fürs Gymnasium reichen?"

„Ja, ich hoffe es."

Daniela wusste genau, dass ihre Noten weder in Mathematik noch in Französisch genügten. Dann eben eine kaufmännische Lehre ... oder Arztgehilfin ... Sie wollte jetzt nicht daran denken.

„Für mich waren Prüfungen nie ein Problem", sagte der Vater.

Daniela war froh, als der Kellner das Essen brachte. Der Reis mit Fleisch und Früchten schmeckte ihr.

„Deine Mutter konnte nie richtig kochen", sagte der Vater.

Daniela gab darauf keine Antwort.

„Ich brauche einen neuen Wintermantel", sagte sie.

„Schon wieder?"

„Ich bin seit dem letzten Jahr zehn Zentimeter gewachsen."

„Wofür bezahl ich eigentlich Alimente?"

„Mutter sagt, das Geld reiche nur für das Nötigste."

„Gut! Aber ich will die Rechnung sehen."

„Wünschen die Herrschaften ein Dessert?"

Der Kellner versuchte, mit Daniela zu flirten.

„Nein danke!", sagte sie, obwohl sie sich heute früh

in der Kirche ausgedacht hatte, Vanilleeis mit heißer Schokoladensoße zu essen.

Nach dem Essen fuhren sie am See entlang.

Der Vater hatte ein neues Auto.

Er sprach über Autos wie die Jungen in der Schule.

Daniela verstand nicht, warum man sich über ein Auto freuen konnte, nur weil es einen starken Motor hatte.

Aus dem Radio erklang Volksmusik. Sie fiel Daniela auf die Nerven. Aber sie stellte sie trotzdem lauter.

„Hast du viel Arbeit?", fragte sie.

„Wir bauen eine neue Fabrik."

Der Vater war Ingenieur. Daniela betrachtete ihn von der Seite, neugierig, wie einen Gegenstand. Sein Gesicht war braun gebrannt, sportlich. Der Schnurrbart stand ihm gut.

Hatte er ihre Gedanken erraten?

„In zwei Wochen werde ich vierzig! Aber alle schätzen mich jünger."

Daniela lachte. Ihr schien er älter.

„Wie alt bist du eigentlich?"

„Hundert!", sagte Daniela.

„Nein, ehrlich ...!"

„Das solltest du doch wissen. Du fragst mich jedes Mal ... Im Februar dreizehn."

„Dreizehn! Hast du einen Freund?"

„Nein!", sagte Daniela.

„Das wundert mich. Du siehst hübsch aus!"

„Findest du?"

„So … erwachsen!"
Auf einer Terrasse am See tranken sie Kaffee.
Daniela beobachtete die Segelschiffe.
Der schöne Herbstsonntag hatte unzählige Boote aufs Wasser hinausgelockt.
Der Vater war verstummt und schaute alle fünf Minuten auf seine Uhr.
„Ich habe um vier Uhr eine Verabredung."
„Also, gehen wir doch", sagte Daniela und erhob sich.
Der Vater schien erleichtert.
„Ich bringe dich nach Hause", sagte er.
„Ach, du bist schon wieder da?", sagte die Mutter.
Sie war noch immer im Morgenrock. Während der Woche arbeitete sie halbtags in einer Modeboutique.
„Sonntags lasse ich mich gehen", sagte sie zu ihren Freunden, „sonntags bin ich nicht zu sprechen."
„Er hatte eine Verabredung", erzählte Daniela.
Die Mutter lachte.
„Ich möchte wissen, warum er eigentlich darauf besteht, dich zu sehen. Im Grunde liegt ihm doch nichts daran. Nur weil es das Gericht so entschieden hat und um mich zu ärgern."
Daniela wurde wütend.
„Es geht ihm ausgezeichnet", sagte sie. „Er hat sich ein neues Auto gekauft und sieht prima aus."
Die Mutter zuckte bei ihren Worten zusammen.
„Und den Wintermantel?", fragte sie.
„Bewilligt!"
Die Mutter griff sich mit der Hand an die Stirne.
„Diese Kopfschmerzen!", stöhnte sie. „Hol mir eine Tablette im Badezimmer!"
Daniela gehorchte.
„Ich gehe jetzt", sagte sie nachher.
„Hast du keine Aufgaben?"
„Nein!"
„Aber komm nicht zu spät zurück!"
„Ich esse bei Brigitte."
„Gut, bis neun Uhr. Ich lege mich wieder hin."
Als Daniela die Tür des Lokals öffnete, schlug ihr eine Welle von Rauch- und Kaffeegeruch entgegen.
An den niederen Tischen saßen junge Leute, die meisten in Gespräche vertieft. Die Wände waren mit Postern tapeziert.
Danielas Augen gewöhnten sich allmählich an das Halbdunkel.
Suchend schaute sie sich um.
Der Discjockey nickte Daniela zu.
„Well, I left my happy home to see what I could find out", sang Cat Stevens.
Ja, er hatte recht. Um herauszufinden, wie die Welt wirklich war, musste man sein Zuhause verlassen.
Heinz hatte Daniela den Text übersetzt. Heinz war schon sechzehn Jahre alt. Sie war stolz darauf.
Er saß in einer Ecke und winkte.
Aufatmend setzte sich Daniela neben ihn. Er legte einen Arm um ihre Schultern.
„Hast du den Sonntag überstanden?", fragte er.
„Ja, Gott sei Dank!"
„War es schlimm?"
„Es geht … wie immer."
„Mach dir nichts draus."
Daniela kuschelte sich an ihn.
„Was meinst du, werden wir es besser machen?", fragte sie. „Wenn wir einmal erwachsen sind?"
In ihrer Stimme klangen Zweifel.
„Natürlich", sagte Heinz, „natürlich werden wir es besser machen."

1 **Lies die Geschichte aufmerksam durch. Kreuze danach für die folgenden Aussagen an, ob sie richtig oder falsch sind. Unterstreiche die Fehlerstellen und verbessere sie in Stichpunkten.**

	richtig	falsch	Verbesserung
A Daniela trifft ihren Vater an einem Sonntag im Herbst in einem Restaurant.	☐	☐	
B Sie bestellt ein vegetarisches Gericht.	☐	☐	
C Daniela erzählt ihrem Vater nichts von ihren schlechten Noten in Mathematik und Englisch.	☐	☐	
D Im Auto stellt Daniela das Radio lauter, weil sie so gerne Volksmusik hört.	☐	☐	
E Das sonntägliche Treffen wird früher beendet, da Daniela noch einen Termin hat.	☐	☐	
F Daniela vertraut weder ihrem Vater noch ihrer Mutter.	☐	☐	
G Danielas Freund Heinz ist zwei Jahre älter als sie.	☐	☐	

Einen inneren Monolog schreiben

Wissen und Können **Einen inneren Monolog schreiben**

In einem **inneren Monolog** spricht eine Figur in der **Ich-Form** zu sich selbst. Ein innerer Monolog kann z. B. **Gedankensprünge, Fragen** (z. B.: *Warum gerade ich?*), **Ausrufe** (z. B.: *Das kann ja wohl nicht wahr sein!*), **Interjektionen** (z. B.: *Oje!*) und **Vermutungen** (z. B.: ... *möglicherweise* ...) enthalten. Der **Schluss** eines inneren Monologs muss **nachvollziehbar** sein und zu diesem passen.

1 **Verfasse einen inneren Monolog aus Danielas Sicht während der Heimfahrt (▸ Z. 80).**

a **Markiere Stellen im Text, die zeigen, dass Daniela kein gutes Verhältnis zu ihrem Vater hat.**

b **Notiere: Wie könnte sie ihren inneren Monolog abschließen (z. B. Entschluss, Wunsch, Fragen)?**

c **Schreibe nun den inneren Monolog in dein Heft. Dieser Anfang kann dir helfen:**

Boah, bin ich froh, dass wir jetzt heimfahren! Jch bin ihm doch völlig egal! Warum sagt er mir nicht gleich, dass er kein Jnteresse an mir hat? ...

2 ●●● **Verfasse einen inneren Monolog aus der Perspektive des Vaters während der gleichen Situation. Schreibe in dein Heft.**

Einen Dialog verfassen

Wissen und Können **Einen Dialog verfassen**

Ein **Gespräch zwischen zwei oder mehr Personen** wird nicht im Fließtext verfasst, sondern wie im Drama mit Nennung der Figuren, wörtlicher Rede ohne Anführungszeichen und eventuell Regieanweisungen in Klammern. Damit der Dialog realistisch wirkt, kann er **Unterbrechungen, Fragen** und **Antworten** enthalten.

1 a **Stell dir vor, zum Schluss betritt Danielas Mutter das Lokal, sieht Daniela und Heinz an einem Tisch sitzen und kommt auf sie zu. Notiere stichpunktartig, welche Gedanken Daniela und ihrer Mutter durch den Kopf schießen.**

Daniela wollte sich doch mit Brigitte treffen!

b **Verfasse in deinem Heft einen Dialog zwischen Daniela und ihrer Mutter. Du kannst so beginnen:**

Danielas Mutter (überrascht): Daniela? Was machst du denn hier? Wolltest du dich nicht mit Brigitte treffen?
Daniela (genauso überrascht): ...

Einen persönlichen Brief schreiben

Wissen und Können | **Einen persönlichen Brief schreiben**

Um einen **persönlichen Brief** aus der **Sicht einer Figur** zu schreiben, musst du dich in deren Situation hineinversetzen und ihre Gefühle, Gedanken und Eindrücke schildern.

- Beginne den Brief mit **Ort, Datum** und einer **passenden Anrede.**
- Die **Einleitung** muss den Schreibanlass enthalten, der in der Regel durch die Themastellung vorgegeben ist.
- Führe dein Anliegen im **Hauptteil** genauer aus und stelle Fragen an die Empfängerin / den Empfänger.
- Überlege dir einen passenden **Schluss.**
- Beende den Brief mit einer geeigneten **Grußformel** und der **Unterschrift der Figur.**

1 **Später am Abend will Daniela einen Brief an ihren Vater schreiben. Darin möchte sie ihm erklären, wie unbefriedigend sie die Situation findet und was sie sich für die Zukunft wünscht.**

a **Auf dem folgenden Notizzettel findest du Textbausteine, die sich Daniela notiert hat. Stell dir vor, du sollst den Brief für sie schreiben. Streiche, was du nicht verwenden möchtest. Ordne die Großbuchstaben vor den übrigen Textbausteinen den Gliederungspunkten zu.**

b **Ergänze eigene Ideen für den Hauptteil und den Schluss.**

Wortspeicher

A Hast du überhaupt noch Interesse daran, mich zu sehen? B Tschüss C Du hast ständig auf die Uhr geschaut D Wünsche für die Zukunft E Lieber Papa F Du bist so ein Spießer! G Du weißt nicht einmal, wie alt ich bin. H Mit freundlichen Grüßen I Aufzeigen, was mich geärgert hat J Mama hatte recht, als sie dich verlassen hat. K Ingolstadt, den 5. Oktober 20.. L Du sollst nicht mehr über Mama schimpfen M Anlass des Briefs: Ärger über den heutigen Tag, bin enttäuscht von dir N Du gönnst mir einfach gar nichts! O Daniela Pfister, Binzenweg 7, 90478 Ingolstadt P deine Daniela

Briefkopf: ______________________

Anrede: ______________________

Einleitung: ______________________

Hauptteil: ______________________

____

____

____

Schluss: ______________________

____

Grußformel/Unterschrift: ______________________

c **Verfasse anstelle von Daniela den vollständigen Brief an ihren Vater. Schreibe in dein Heft.**

Gedichte verschiedener Epochen untersuchen

Wissen und Können **Grundwissen Lyrik**

- Gedichte (Lyrik) werden oft zu **bestimmten Themen** geschrieben, z. B. über die Natur oder die Liebe.
- Das **lyrische Ich** ist ein/-e Sprecher/-in, die/der sich häufig in der Ich-Form mitteilt.
- In Gedichten werden meist **rhetorische Stilmittel** verwendet, z. B. Metapher, Vergleich, Personifikation, Alliteration, Anapher, Enjambement usw. Sie veranschaulichen das Beschriebene für die/den Leser/-in.
- Eine Gedichtzeile heißt **Vers.** Mehrere zusammengehörige Verse bilden eine **Strophe.** Viele Gedichte enthalten einen Reim. Man unterscheidet **verschiedene Reimformen** (Paarreim: aabb, Kreuzreim: abab und umarmender Reim: abba).

Heinrich Heine

Leise zieht durch mein Gemüt

Leise zieht durch mein Gemüt
Liebliches Geläute.
Klinge, kleines Frühlingslied,
Kling hinaus ins Weite.

Kling hinaus bis an das Haus,
Wo die Blumen sprießen,
Wenn du eine Rose schaust,
Sag, ich lass sie grüßen.

Romantik, ca. 1790–1835
wichtige Vertreter/-innen: Clemens Brentano, Joseph von Eichendorff, Bettina von Arnim, E. T. A. Hoffmann

Heinrich Heine (1797–1856), Sohn eines jüdischen Kaufmanns aus Düsseldorf, studierte Jura. Trotz Übertritt zum Christentum und Doktortitel hatte er wegen seiner Herkunft keine Chance auf eine bürgerliche Stellung. Er arbeitete als Journalist und Schriftsteller, wurde aber in der Zeit der Restauration wegen seiner freiheitlichen Gesinnung verfolgt und wanderte nach Paris aus. Wegen einer Nervenlähmung musste Heine bis zu seinem Tod acht Jahre bettlägerig verbringen. Im Ausland galt er neben Goethe als der größte deutsche Dichter, in Deutschland waren seine Werke verboten. Er nutzt oft die Sprache der Romantik, verbindet sie aber häufig mit Ironie.

1 **Lies das Gedicht aufmerksam durch und unterstreiche, welchen Eindruck es auf dich macht. Es sind mehrere Antworten möglich. Begründe deine Antwort in Stichpunkten auf der Linie.**

Wortspeicher
melancholisch • fröhlich • düster • witzig • romantisch • heiter • traurig

---

---

2 **Stelle dar, wie sich der Frühling dem lyrischen Ich in der ersten Strophe zeigt.**

---

3 **Überlege, wohin der Liederklang in der zweiten Strophe gehen soll. Kreuze an.**

Der Liederklang soll …

- [ ] bis an das Haus eines Gärtners gehen.
- [ ] bis an das Haus der Geliebten gehen.

4 Das Gedicht ist als Liebesgedicht gedacht. Begründe das mit der Metapher (▸ vgl. hintere Umschlaginnenseite) der letzten zwei Verszeilen. Schreibe in dein Heft.

5 „Leise zieht durch mein Gemüt“ wurde häufig vertont und sogar durch Liedstrophen erweitert.

a Untersuche die äußere Form des Gedichts (Strophen, Verse, Reimform).

b Stelle Vermutungen darüber an, warum es gern für Kompositionen genutzt wurde. Beachte dabei die Anordnung der Wörter (Alliterationen ▸ hintere Umschlaginnenseite), den Reim und die Betonung. Schreibe in dein Heft.

6 Suche im Internet Kompositionen zum Gedicht, höre sie an und singe/spiele sie oder komponiere selbst eine Melodie für das Gedicht. Neben dem Song ist hier auch ein moderner Rap denkbar. Probiere eines von beiden aus, zeichne deinen Song oder Rap auf und spiele dein Ergebnis vor.

7 Anlässlich eines Besuchs bei Johann Baptist Rousseau trug Heine das Gedicht vor und hängte angeblich noch eine dritte Strophe an: „Frag sie, was es Neues gibt, / Sag' ihr: gutes Wetter. / Fragt sie, wie es mir ergeht, / Sag': ich werde fetter.“ Diese Strophe wurde nie veröffentlicht. Stelle eine Vermutung an, weshalb und was das über den Schriftsteller aussagt. Schreibe in dein Heft.

Conrad Ferdinand Meyer

Der römische Brunnen

Auf steigt der Strahl und fallend gießt
er voll der Marmorschale Rund,
die, sich verschleiernd, überfließt
in einer zweiten Schale Grund;
die zweite gibt, sie wird zu reich,
der dritten wallend ihre Flut,
und jede nimmt und gibt zugleich
und strömt und ruht.

Poetischer Realismus, ca. 1848–1890
wichtige Vertreter/-innen: Theodor Fontane, Gottfried Keller, Marie von Ebner-Eschenbach

Conrad Ferdinand Meyer (1825–1898) stammte aus einem alten Züricher Stadtgeschlecht. Meyer studierte Jura, gab aber bald auf und interessierte sich für spanische und niederländische Malerei. Reisen nach Paris und Rom weckten sein Interesse an der Renaissance. Sein Leben war geprägt von Wahnvorstellungen, sodass er zeitweilig eine Psychiatrie aufsuchen musste. Meyers Werke gehören neben denen von Keller und Fontane zu den wichtigsten der literarischen Epoche des poetischen Realismus.

1 Vorbild für das Gedicht ist ein Brunnen in der Villa Borghese in Rom. Lies das Gedicht laut und fasse in einem Satz zusammen, was dargestellt wird.

2 a Beschreibe die äußere Form des Gedichts (Strophe, Verse, Reimform).

b Stelle dar, warum die Verse das Strömen des Wassers sehr gut wiedergeben. Gib die verwendeten Stilmittel an.

3 **Erkläre, was folgende Verse auf das menschliche Leben übertragen bedeuten könnten. Der Wortspeicher hilft dir.**

a „und jede nimmt und gibt zugleich“ (▸ V. 7)

b „und strömt und ruht“ (▸ V. 8)

Wortspeicher

im Tod Ruhe finden • das menschliche Miteinander • Leben besteht aus Strömen und Fließen • notwendiges Geben und Nehmen

4 **Die Art des Gedichts wird „Dinggedicht“ genannt. Gib an, welche Personifikationen in „Der römische Brunnen“ erkennbar sind.**

Die Inhalte eines **Dinggedichts** können lebendig oder leblos sein, **Dinge, Tiere, Situationen** oder **Vorgänge** darstellen. Das lyrische Ich tritt in den Hintergrund. Den Dingen werden durch Personifikation **menschliche Attribute** verliehen.

Hugo von Hofmannsthal

Die Beiden

Sie trug den Becher in der Hand
– ihr Kinn und Mund glich seinem Rand –,
so leicht und sicher war ihr Gang,
kein Tropfen aus dem Becher sprang.

So leicht und fest war seine Hand.
Er ritt auf einem jungen Pferde,
und mit nachlässiger Gebärde
erzwang er, dass es zitternd stand.

Jedoch wenn er aus ihrer Hand
den leichten Becher nehmen sollte,
so war es beiden allzu schwer:
Denn beide bebten sie so sehr,
dass keine Hand die andre fand
und dunkler Wein am Boden rollte.

Neuromantik, ca. 1890–1915
wichtige Vertreter/-innen: Gerhart Hauptmann, Hermann Hesse, Ricarda Huch

Hugo von Hofmannsthal (1874–1929) war ein österreichischer Schriftsteller. Schon mit sechzehn wurde er durch seine Werke bekannt. Er studierte Jura und Romanistik und war u. a. Direktor einer Bank. Besonders wichtig war ihm der poetische Wert der Sprache. Durch seine Freundschaft mit dem Komponisten Richard Strauss entstanden bekannte Opern, zu denen er die Texte schuf („Der Rosenkavalier“). Sein Drama „Jedermann“, das alljährlich bei den von ihm mitbegründeten Salzburger Festspielen aufgeführt wird, ist weltbekannt. Sein literarisches Werk lässt sich in die frühe Moderne einordnen (Impressionismus, Symbolismus, Neuromantik).

1 **Notiere, wovon die drei Strophen handeln.**

Strophe 1: *Ein hübsches, geschicktes Mädchen …*

Strophe 2: *Ein geübter Mann …*

Strophe 3: *Als der Reiter …*

2 Jede der dargestellten Personen strahlt Sicherheit aus. Erkläre, wodurch diese erkennbar wird.

Sie

Er

3 In der dritten Strophe fällt diese Sicherheit plötzlich von den beiden ab. Stelle dar, wodurch sich das äußert und welchen Grund die plötzliche Betroffenheit hat.

4 Der Autor drückt durch bestimmte Redewendungen seine Botschaft aus. Erkläre folgende Stellen:

„ihr Kinn und Mund glich seinem Rand“ (▸ V. 2)

„leicht und sicher“ (▸ V. 3)

„leicht und fest“ (▸ V. 5)

„in der Hand“ (▸ V. 1), „war seine Hand“ (▸ V. 5), „aus ihrer Hand“ (▸ V. 9), „dass keine Hand die andre fand“(▸ V. 13)

5 Die Gedichtform ist eine besondere, man nennt sie Sonett: Es besteht aus zweimal vier und zweimal drei Verszeilen.

a Gib an, in welcher literarischen Epoche diese Strophenform besonders häufig verwendet wurde.

b Bezeichne neben dem Gedicht die Reimform und benenne sie.

c Überlege, welchen Bezug zum Inhalt die Versform hat.

6 Kannst du dir eine ähnliche Szene in der heutigen Zeit vorstellen, z. B. „Sie hielt 'ne Cola in der Hand ...“? Versuche die Situation durch das Umdichten auf die Gegenwart zu beziehen.

7 Informiere dich im Sprachbuch oder im Internet genauer über die literarischen Epochen Romantik, poetischer Realismus und frühe Moderne (hier: Neuromantik) und finde in den Gedichten einen Textbeleg für die Epoche. Schreibe in dein Heft.

Pragmatische Texte erschließen – Eine Reportage untersuchen

Wissen und Können **Sich mit einem journalistischen Text auseinandersetzen**

Das Erschließen eines pragmatischen Textes verlangt folgenden Aufbau:
Die **Einleitung** nennt Autor/-in, Titel, Textsorte, die genaue Quelle des Textes und die Kernaussage.
Der **Hauptteil** enthält verschiedene Teile:

1 Die **strukturierte Inhaltszusammenfassung** gibt die wichtigsten Textinhalte knapp und verständlich (im Präsens) wieder und gliedert den Text in Sinnabschnitte.
2 Danach wird die **Sprache des Textes** untersucht und reflektiert. Dies kann mit Blick auf den gesamten Text, einen bestimmten Textabschnitt, eine vorgegebene Anzahl sprachlicher Mittel oder ausgehend von einer vorgegebenen These erfolgen.
3 Im Anschluss wird eine **weitere Besonderheit** des Textes erfragt, z. B. die Textsorte, mögliche Absichten der Verfasserin / des Verfassers oder Reaktionen, die der Text bei den Lesenden hervorrufen kann.
4 Des Weiteren wird eine **begründete Stellungnahme** zu einer Aussage des Textes oder einer Frage- bzw. Problemstellung, die der Text aufwirft, verfasst. In diesem Teilbereich werden der Standpunkt bzw. die eigene Meinung durch Argumente dargelegt.
5 Die letzte Aufgabe bildet ein **kreativer Schreibauftrag.** Hier wird ein kreativer Zugang zum Text ermöglicht, z. B. wird ein persönlicher Brief, ein innerer Monolog, ein Dialog, eine Erzählung oder eine Schilderung verfasst.

Der **Schlussteil** rundet die Texterschließung ab.

1 **Lies den folgenden Text. Kläre unbekannte Begriffe und markiere Schlüsselwörter farbig.**

Tierische Stadt

von Verena Mayer

Es wurde wieder eine Luftbrücke[1] errichtet in Berlin. Im Stadtteil Köpenick, in einer holprigen Durchzugsstraße. Rundherum alte Backsteingebäude, viele Bäume, in der Ferne glitzert der Müggelsee. Die Luftbrücke von heute ist ein 21 Meter langes Kunststoffseil, das auf neun Metern Höhe zwischen zwei Bäumen gespannt ist und quer über die Straße führt. Sie ist für die Tiere, die in dieser Gegend leben, aber nicht so einfach über die Straße gehen können. Das Seil ist Berlins erste Eichhörnchen-Luftbrücke.
Die Biologin Ursula Bauer steht am Straßenrand und guckt hoch in die Bäume. Kiefern und Fichten, zusammen mit dem nahe gelegenen Wasser der ideale Eichhörnchen-Lebensraum. Autos fahren vorbei, viel Schwerverkehr. Bauer, die für den Verein „Aktion Tier“ arbeitet und das Seil spannen ließ, erzählt, dass es in der Gegend seit Langem eine große Population des Europäischen Eichhörnchens gebe. Sie zeigt auf die angenagten Zapfen auf der Straße, Eichhörnchen-Überreste. Weil viele der Tiere überfahren wurden, kam man auf das Eichhörnchenseil, das bereits in Städten wie New York im Einsatz ist. Meistens aber nicht zur Verkehrssicherheit, sondern um Populationen zu verbinden, die durch Straßen voneinander getrennt wurden.

Für viele Tiere ist die Stadt der bessere Lebensraum
Berlin, Stadt der Tiere. Hier tanzt der Bär: In keiner anderen Stadt gibt es so viele Tierarten: 20 000 bis 30 000 nämlich. Füchse, Wildschweine, Hasen, Fledermäuse, Biber, Waschbären, Kraniche, Falken und allein 20 Brutpaare Mäusebussarde. In Berlin leben mehr Wildtiere als in der freien Natur rundherum. Was macht gerade die Hauptstadt für Wildtiere so interessant? Anruf bei Katrin Koch vom Naturschutzbund, Landesverband Berlin. Koch beschäftigt sich mit Amphibien, Greifvögeln und Gebäudebrütern, sie wird oft angerufen, wenn Wildtier und Mensch aufeinandertreffen. Koch erzählt von Wildschweinen in Gärten, Turmfalken in Kirchtürmen, Schwalben unter Brücken, Fledermäusen in Zitadellen, Habichten auf Spielplät-

1 Nach dem Zweiten Weltkrieg versorgten die Westalliierten Westberlin mit Hilfe von Flugzeugen mit Lebensmitteln und anderen Gütern, da die Landwege durch die sowjetische Besatzung gesperrt waren (Berlin-Blockade). Insgesamt wurden von Juni 1948 bis Mai 1949 rund 2,34 Millionen Tonnen Fracht eingeflogen.

zen und Nebelkrähenschwärmen auf dem Potsdamer Platz. Nicht zu vergessen der berühmte Fuchs, der zwischen Hauptbahnhof und Bundeskanzleramt unterwegs ist. Er hat wohl auch schon mal bei Angela Merkel auf der Veranda gedöst, dann kam allerdings die Feuerwehr und scheuchte ihn davon.

Berlin sei ein „Biotop-Mosaik“, sagt Koch, voller Felder, Wälder und Gewässer. Es gebe Futter, das es in freier Natur nicht oder wegen intensiver Landwirtschaft nicht mehr gebe. Dazu wenig Feinde. Die Waschbären zum Beispiel, der neueste Zuzug in der Stadt der Zugezogenen. Vermutlich aus Pelztierfarmen stammend, finden sie in Berlin ideale Lebensbedingungen. Schuppen, Bretterverschläge, offene Müllsäcke. Letztens entdeckte man einen Waschbären, der auf ein Fensterbrett im fünften Stock geklettert war.

Wie kommen Wildtiere zurecht in der Großstadt? Gut, sagt Cord Riechelmann. Riechelmann ist Biologe und Publizist und beschäftigt sich seit Langem mit Berliner Wildtieren. Die Vorstellungen, die der Mensch vom natürlichen Lebensraum der Tiere habe, haben „oft wenig mit dem zu tun, was Tiere denken“. Für Tiere kann die Urbanität die bessere Natur sein. In der Stadt ist es wärmer und heller als in freier Wildbahn, was vor allem im Winter von Vorteil ist. Und der Wanderfalke, der im Roten Rathaus brütet, „macht offensichtlich keinen Unterschied zwischen einer Felswand und einem hohen Haus“. Zudem hätten die Tiere gelernt, sich den Gepflogenheiten der Stadt anzupassen.

Füchse zum Beispiel. Als sie vor Jahrzehnten begannen, Städte wie Berlin zu besiedeln, war der Straßenverkehr die häufigste Todesursache. Inzwischen könne davon keine Rede mehr sein. Riechelmann hat in Berlin-Kreuzberg einen Fuchs gesehen, der zwischen den parkenden Autos wartete, nach links und rechts schaute und dann die Straße überquerte. Ein Fuchs, der das erste Lebensjahr in der Stadt überstanden hat, sagt Riechelmann, bleibt bis zu seinem Tod in der Stadt.

Für die zugezogenen Tiere gilt, was auch für Menschen

gilt: Wer erst mal an Berlin Gefallen gefunden hat, bleibt auch hier. Die Biber etwa, vor zehn Jahren wiedergekommen, hätten kein Problem mit „urbanen Störungen“ wie Hunden oder Spaziergängern, sagt Katrin Koch vom Naturschutzbund.

Allerdings gibt es auch Urbanisierungsverlierer. Glasfassaden sind nicht nur eine Gefahr für Vögel, es finden sich darin auch keine Brutplätze mehr, wie in sanierten Häusern. So sehe man in Großstädten wie London oder Paris kaum noch Spatzen, die Ritzen oder Nischen brauchen, in die sie hineinschlüpfen können. Das gleiche Problem haben die Schwalben.

Was rät sie, damit Mensch und Wildtier es in derselben Stadt aushalten? Die Stadt naturnah gestalten, heimische Sträucher pflanzen, Hauskatzen drinnen lassen, wenn Vögel brüten, bei Gebäudesanierungen die Tiere berücksichtigen, sich über die Gewohnheiten der einzelnen Wildtierarten informieren, sagt Koch.

Und was machen die Berliner Eichhörnchen? Das Seil über dem Müggelseedamm vibriert sacht im Wind. Eichhörnchen ist all die Tage noch keines darüber gelaufen. Deswegen hat Biologin Ursula Bauer am Baumstamm einen grünen Kasten mit Futter angebracht. Vorübergehend, Wildtiere soll man ja nicht füttern. Damit die Eichhörnchen zum Seil gelockt werden. Zu einer echten Berliner Luftbrücke gehört nun mal auch die Nahrung, die über sie transportiert wird. *

Quelle: Süddeutsche Zeitung, 15./16. März 2014, S. 12

Die Einleitung formulieren

1 **Die folgende Einleitung zur Texterschließung der Reportage „Tierische Stadt“ ist fehlerhaft und enthält auch unnötige Informationen. Verbessere sie und schreibe eine korrigierte Fassung in dein Heft.**

VORSICHT FEHLER!

Der literarische Text mit dem Titel „Tierische Stadt“ wurde von Verena Mayer verfasst. Darin informiert der Autor seine interessierten Leser/-innen über die tierfreundliche Stadt Berlin und man erfährt, warum sich in den Großstädten immer häufiger Wildtiere ansiedeln. Leider gibt es keine weiteren Jnformationen zur Autorin. Das Erscheinungsdatum ist der 15./16. März 2014 in der Süddeutschen Zeitung.

Den Inhalt strukturiert zusammenfassen

1 **Nummeriere die folgenden Überschriften der Sinnabschnitte in der richtigen Reihenfolge und ergänze die Zeilenangaben. Finde für zwei Sinnabschnitte passende Überschriften.**

- ☐ Aufmerksamkeit für das verschmähte Eichhörnchenseil: Vorübergehende Anlockung durch Futter (Z. ___ - ___)
- ☐ Artenvielfalt in der Großstadt (Z. ___ - ___)
- ☐ Schnelle Anpassung an städtische Lebensumstände (Z. ___ - ___)
- ☐ Eine Luftbrücke für Tiere in Berlin – Das Eichhörnchenseil (Z. ___ - ___)
- ☐ Tipps für das Zusammenleben von Mensch und Wildtier in der Stadt (Z. ___ - ___)
- ☐ ______________________________ (Z. 47–56)
- ☐ ______________________________ (Z. 85–91)
- ☐ Das Eichhörnchenseil – Schutz im Straßenverkehr und Verbindung verschiedener Populationen (Z. ___ - ___)

2 **Die Inhaltszusammenfassung eines Sachtextes muss dessen Aufbau berücksichtigen. Im Wortspeicher findest du Formulierungen, die dabei helfen. Vorsicht: Nicht alle sind geeignet! Streiche ungeeignete.**

Wortspeicher

zunächst • in der Unterüberschrift • daraufhin erläutert die Autorin • anschließend • in den Zeilen ... bis ... • zu Beginn • im Normalfall (Z. ... bis ...) • in der Headline • im weiteren Verlauf • der folgende Sinnabschnitt (Z. ... bis ...) • in der Regel • danach • schließlich • unverständlicherweise • zuletzt • vor der letzten Strophe • im letzten Abschnitt • am Ende greift die Autorin ...

3 **Fasse den Inhalt des Artikels mit Hilfe der Sinnabschnittsüberschriften und deiner markierten Schlüsselwörter strukturiert zusammen.**
Denke an sinnvolle Überleitungen (▸ Aufgabe 2) und Zeilenangaben. Schreibe in dein Heft.

Sprachliche Besonderheiten und ihre Wirkungen beschreiben

1 a **Es ist sinnvoll, wenn du die sprachlichen Besonderheiten nicht durcheinander beschreibst, sondern getrennt nach Satzbau, Wortwahl und Stilmitteln. Benenne die Satzarten der folgenden Textstellen. Der Tipp hilft dir, du benötigst aber nicht alle Begriffe.**

Satzbau
Ellipse • einfacher Aussagesatz • Satzreihe • komplexes Satzgefüge • Frage • Ausruf usw.

b Verbinde die Beispiele A–D durch Linien mit den passenden Wirkungen 1–4.
c Finde jeweils ein weiteres Beispiel mit ähnlicher Wirkung im Text. Notiere die Zeilenangaben.

Beispiele	Wirkungen	
A „Berlin, Stadt der Tiere“ (► Z. 27).	1 Wirkt eindringlich, hebt Aussage besonders hervor, leicht verständlich.	Z. ______
B „Weil viele der Tiere überfahren wurden, kam man auf das Eichhörnchenseil, das bereits in Städten wie New York im Einsatz ist“ (► Z. 20–22).	2 Erklärt Zusammenhänge und Hintergründe, wirkt informativ, Gedankengänge können besser veranschaulicht werden.	Z. ______
C „Was macht gerade die Hauptstadt für Wildtiere so interessant?“ (► Z. 32–34) „Wie kommen Wildtiere zurecht in der Großstadt?“ (► Z. 57)	3 Fasst Inhalt knapp zusammen, erinnert an gesprochene Sprache, wirkt lebendig, bewirkt eine Verstärkung, wobei der Inhalt klar zu verstehen ist.	Z. ______
D „Für Tiere kann die Urbanität die bessere Natur sein“ (► Z. 62 f.).	4 Erinnern an Interview, strukturieren den Artikel, bieten Leseanreiz.	Z. ______

d Formuliere deine Ergebnisse aus. Schreibe den ersten Teil der Sprachuntersuchung in dein Heft.

2 a Untersuche die Wortwahl in dem Artikel. Notiere auf den Linien unten jeweils die in Klammern angegebene Zahl an Textbelegen (mit Zeilenangabe).
b Ordne den Zitaten geeignete Ideen zur Wirkung aus dem Wortspeicher zu. Dabei kannst du A–C zusammenfassen.
c Formuliere deine Ergebnisse zur Wortwahl im Heft aus. Vergiss Zitate und Zeilenangaben nicht.

Wortwahl
anschauliche Adjektive und Partizipien • ausdrucksstarke Verben • Redewendung • Fremdwörter und Fachbegriffe usw.

Wortspeicher

a vermitteln den Lesenden den Eindruck, vor Ort dabei zu sein • b belegen, dass die Verfasserin recherchiert hat • c wirken sachlich und informativ • d wirkt witzig • e wirken anschaulich • f zeigen Fach- und Sachkenntnis • g erscheint unangemessen • h machen den Text lebendig • i führen die Situation unmittelbar vor Augen

A Anschauliche Adjektive und Partizipien (2): ______

B Ausdrucksstarke Verben (2): ______

C Redewendung (1): ______

D Fremdwörter und Fachbegriffe (3): ______

Wirkung A–C: ______ Wirkung D: ______

3 **Schreibe als Abschluss der Sprachuntersuchung den folgenden Text in dein Heft. Ergänze statt der ? passende Begriffe aus dem Tipp, Zeilennachweise und Zitate.**

Stilmittel
Alliteration • Aufzählung • Metapher • Neologismus • Personifikation • Vergleich • Wortspiel • Wortwiederholung usw. (► hintere Umschlaginnenseite)

Mit dem ? „Eichhörnchen-Luftbrücke" (► Z. ?) spielt die Autorin gleich zu Beginn auf die historische Luftbrücke an, über die die Westberliner Bevölkerung in den Jahren 1948/49 mit Nahrungsmitteln versorgt wurde. So gelingt es, das Leseinteresse zu wecken. Dies gilt auch für weitere Wortneuschöpfungen: „Biotop-Mosaik" (► Z. ?) und „ ? " (► Z. 85). Außerdem fallen bei den rhetorischen Mitteln besonders ? ins Auge, z. B.: „Füchse, Wildschweine, Hasen, Fledermäuse, Biber, Waschbären, Kraniche, Falken und allein 20 Brutpaare Mäusebussarde" (► Z. ? , vgl. auch Z. 38–44). Diese verdeutlichen, wie viele verschiedene Wildtierarten es in Berlin gibt. Auch ihre unterschiedlichen städtischen Lebensräume werden mit zwei ? anschaulich gemacht: „Felder, Wälder und Gewässer" (► Z. ?) sowie „ ? " (► Z. 53 f.). Das Wortspiel „der neueste Zuzug in der Stadt der ? " (► Z. ?) wirkt witzig und lockert den Text auf.

Textsortenmerkmale benennen und ihre Wirkung beschreiben

Wissen und Können **Die Reportage**

Im Mittelpunkt einer **Reportage** steht die **anschauliche Darstellung** eines **Sachverhalts, der auf allgemeines Interesse stößt.** Die Autorin / Der Autor lässt die Leserinnen und Leser wie durch das Auge einer Kamera unmittelbar an ihrem/seinem **subjektiv** gefärbten **Erlebnisbericht** teilhaben. Eigene Recherche, Interviews mit Augenzeugen oder Fachleuten sowie Fotos ergänzen die Berichterstattung. Reportagen sind oft nach folgendem Muster aufgebaut:

- **szenischer Einstieg (Zoomtechnik),**
- Wechsel zwischen **sachlichen Hintergrundinformationen, persönlichen Aussagen von Betroffenen** und auch **Kommentaren** der Verfasserin / des Verfassers,
- **Fazit, Abrundung, Pointe** (= überraschende Wendung) oder Wiederaufgreifen der Eingangsszene am Schluss (Zooming-out).

Durch den Wechsel von **subjektiven Schilderungen** und **objektiven Darstellungen,** also dem Wechsel der Perspektive (Personen, Schauplätze, Tempus, Stil), wird die Reportage abwechslungsreich und interessant.

1 a **Lies den *Wissen und Können*-Kasten und streiche bei den farbig hervorgehobenen Begriffen in der folgenden Textsortenbestimmung durch, was nicht zutrifft.**
b **Schreibe die richtige Textsortenbestimmung in dein Heft.**

Verschiedene Merkmale verdeutlichen, dass es sich bei dem journalistischen / ~~literarischen~~ Text um eine Reportage handelt. So steigt der Autor / die Autorin mit einem Detail (Luftbrücke / Eichhörnchen-Brücke in Berlin) direkt in das Geschehen ein (Perspektivenwechsel/Zoomtechnik), um das Interesse der Leser/-innen zu wecken und sie in die Situation hineinzuversetzen. Das aktuelle/historische Ereignis (die Eichhörnchen-Brücke) bietet den Anlass für das Thema „Wildtiere in Berlin". Darüber hinaus ist erkennbar, dass Verena Mayer vor Ort / am Computer recherchiert hat. Dies zeigen die genauen Schilderungen der Umgebung (► Z. 1–7). Die Reportage wirkt dadurch und durch die ausdrucksstarke Sprache anschaulicher und lebendiger/informativer als ein Bericht. Für die Textsorte ist weiterhin typisch, dass sich Schilderungen der Atmosphäre vor Ort und sachliche Informationen, hier zum Leben der Wildtiere in der Großstadt / auf dem Land (► Z. 38–56), abwechseln.

2 **Schreibe die Fortsetzung der Textsortenbestimmung in dein Heft. Ergänze dabei die ? . Der Wortspeicher hilft dir.**

Wortspeicher

Zwischenüberschrift • Schlagzeile • Informationen • Fotos • Layout • Perspektivenwechsel • Zooming-out

Kennzeichen der Reportage ist außerdem der ? , denn es kommen verschiedene Personen zu Wort (Ursula Bauer, Z. 16–18, Cord Riechelmann, Z. 60–78, und Katrin Koch, Z. 47–50, 81–97). Auch der Schluss ist charakteristisch: Mit der erneuten Anspielung auf die Berliner Luftbrücke (Z. 105) wird die Eingangsszene noch einmal aufgegriffen (?). Zudem belegt das ansprechend gestaltete ? , dass es sich um eine Reportage handelt. Typisch sind die ? , die die Berichterstattung ergänzen und einen Leseanreiz bieten. Neugier weckt die fett gedruckte ? „Tierische Stadt", die auf den ersten Blick keine ? bietet. Sie klingt eher rätselhaft und regt zur Lektüre an. Aufklärung über den Inhalt des Artikels gibt allerdings die ? , die den relativ langen Text strukturiert.

Eine begründete Stellungnahme zum Text schreiben

1 **Wichtig ist, zu Textaussage, Problem oder Fragestellung des Textes eine begründete Stellungnahme zu schreiben (eine DIN-A4-Seite).**

a **In der Reportage steht: „Für viele Tiere ist die Stadt der bessere Lebensraum" (▸ Z. 26).**
Wie denkst du darüber? Sammle stichpunktartig Vor- und Nachteile für Tiere in der Stadt. Führe dazu die folgenden Aufzählungen in deinem Heft weiter:

Vorteile: wärmer und heller als in der freien Wildbahn, …
Nachteile: Straßenverkehr: häufiger Unfälle, …

Wenn du **begründet Stellung nehmen** sollst, musst du **Position beziehen** (pro oder kontra) und deinen **Standpunkt** mit mindestens zwei **schlüssigen und inhaltlich vollständigen Argumentationen** vertreten. Du darfst dabei Aspekte aus dem Text aufgreifen, aber achte darauf, dass du sie nicht einfach nur wiederholst.

b **Entscheide, welchen Standpunkt du vertreten willst: Sollten Wildtiere in der Großstadt leben oder nicht? Schreibe eine begründete Stellungnahme mit zwei Argumenten in dein Heft.**

Einen kreativen Schreibauftrag bearbeiten

1 **Entscheide dich für den kreativen Schreibauftrag a oder b und schreibe den Text in dein Heft.**

a **Stell dir vor, du bist in den Ferien in Berlin und „freundest" dich mit einem Eichhörnchen an, das es sich auf dem Balkon eurer Unterkunft heimisch gemacht hat. Verfasse einen inneren Monolog (▸ S. 27), in dem du schilderst, wie sehr du das Eichhörnchen lieb gewonnen hast.**

b **Deine Tante aus Berlin schreibt dir in einem Brief, dass ihr Auto zum wiederholten Male zur Reparatur musste, weil ein Marder Kabel zerbissen hat. Antworte ihr und gehe dabei darauf ein, wie sie den Vorfall hätte vermeiden können und warum du die Wut deiner Tante auf das Tier nicht verstehst.**

Den Schluss schreiben

1 **Schreibe einen Schluss in dein Heft. Beginne so:**

Für die Zukunft würde ich mir wünschen, dass die Tipps von Katrin Koch …

Im **Schlussteil** sollte immer deine **eigene Meinung** zum Ausdruck kommen. Da du diese ausführlich in der begründeten Stellungnahme dargelegt hast, kannst du **weitere Aspekte** ergänzen, einen **Ausblick** geben oder **Kritik** üben.

Einen Kommentar kriteriengeleitet erschließen

Wissen und Können **Der Kommentar**

Ein Kommentar ist ein wertender Text, in dem eine Autorin / ein Autor zu einem aktuellen Thema Stellung bezieht und die persönliche Meinung äußert.
Ziel des Kommentars ist es, die Leserinnen und Leser zur **Meinungsbildung** anzuregen.

- In der **Einleitung** wird der Bezug zum aktuellen Thema, das kommentiert werden soll, hergestellt. Auch hier kann die Autorin / der Autor schon Stellung beziehen.
- Im **Hauptteil** werden aus der Sicht der Schreibenden Zusammenhänge dargestellt, Hintergründe erläutert und zusätzliche Informationen, z. B. ein geschichtlicher Rückblick, statistische Daten oder weitere Beispiele, gegeben sowie Verbesserungen oder Lösungen angeboten.
- Der **Schluss** fasst die Gedanken zusammen, zieht Schlussfolgerungen, bewertet, stellt eine Prognose oder enthält einen Aufruf oder Appell.

1 **Lies die Nachricht aufmerksam und benenne das Thema in einem Satz.**

Nachricht

DOSB veröffentlicht Gutachten zum E-Sport

Der DOSB[1] hat gemeinsam mit seinen Mitgliedsorganisationen eine Positionierung zum sogenannten „E-Sport" verabschiedet, um einen strategischen Umgang mit dem Thema zu definieren. Kernfrage für die Positionierung war, ob und wie der „E-Sport" zum organisierten, gemeinnützigen Sport passt, den der DOSB als Dachverband vertritt. Der gemeinsame Beschluss im DOSB zu dieser Frage war eindeutig: „E-Sport" in seiner Gesamtheit passt nicht unter das Dach des DOSB. Für die Entscheidung wurden mehrere Prüfkriterien angelegt und sehr bewusst nicht nur auf die Frage fokussiert, ob „E-Sport" Sport ist. *

1 DOSB: Deutscher Olympischer Sportbund

Die Nachricht handelt von der Organisation ____________, die ______________________

____

____

____.

M1

Paul Lambertz

Nachgehakt

Die deutschen Sportverbände tun sich weiter schwer, E-Sport anzuerkennen. Andere Nationen sind da viel weiter. Ein schnelles Umdenken ist vonnöten.

Ihnen sagt E-Sport nichts? Das wird sich schon bald ändern. Das Phänomen E-Sport ist nicht mehr aufzuhalten. Milliarden Spieler weltweit, Millionen, die die Übertragung von E-Sport-Turnieren im Internet und im Fernsehen verfolgen, und Tausende Zuschauer in ausverkauften Hallen sprechen eine eindeutige Sprache. Selbst Fußballbundesligisten unterhalten E-Sport-Teams, und auch der Deutsche

Fußball-Bund verfolgt interessiert die Entwicklung. Experten rechnen sogar damit, dass E-Sport in absehbarer Zeit zur größten Sportart überhaupt aufsteigen könnte. Doch ist Computerspielen tatsächlich Sport oder ist dieser Namensbestandteil nicht vielleicht bloßes Marketing? Nicht nur die E-Sportler selbst, auch die etablierten Sportverbände diskutieren dies derzeit. Während die E-Sportler selbst die Frage für sich eindeutig mit „Ja" beantworten, scheint bei manch einem etablierten Sportverband derzeit noch eine gewisse Skepsis zu herrschen. Zu fern scheint für einige Funktionäre möglicherweise die Vorstellung, die Interaktion mit einem Computer in Zusammenhang mit sportlichen Aktivitäten zu bringen. Doch diese Skepsis ist nicht angebracht, denn E-Sport ist Sport.

Der Deutsche Olympische Sportbund (DOSB) bestimmt in seiner Aufnahmeordnung, dass Sport folgende Kriterien erfüllen muss: 1. Die Ausübung der Sportart muss eine eigene, sportartbestimmende motorische Aktivität eines jeden Betreibers zum Ziel haben, 2. die Ausübung der eigenmotorischen Aktivitäten muss Selbstzweck der Betätigung sein und 3. die ethischen Werte müssen eingehalten werden. Hinter dieser sperrigen Definition steckt Folgendes: Der Sportler muss sich irgendwie bewegen, um den Sport auszuüben. Dass aber zum E-Sport zwingend Bewegung gehört, wird man nicht in Abrede stellen können. Es bedarf einer außerordentlichen Hand-Augen-Koordination, um diesen Sport auszuüben. Taktisches Geschick, Spielübersicht, Durchhaltevermögen, vorausschauendes Denken und räumliches Orientierungsvermögen sind ebenfalls Voraussetzungen. Messungen haben ergeben, dass E-Sportler bis zu 400-mal in der Minute auf ihre Maus klicken oder dass sie Herzfrequenzbereiche erreichen, als ob sie einen Marathon laufen würden. Anstrengungen, die von außen kaum wahrnehmbar sind, sind auch bei so manchen anerkannten Sportarten keine Seltenheit, man denke nur an Schießen, Schach, Dart oder Motorsport.

Warum also die Skepsis gegenüber E-Sport? Etwa nur, weil er vor einem Bildschirm ausgeübt wird? E-Sport verlangt den Spielern nicht mehr, aber auch nicht weniger ab als andere Sportarten ihren Spielern. Ein Blick in andere Länder zeigt übrigens, dass dort die Frage nach dem Status schon seit Langem geklärt ist. So ist E-Sport in Südkorea oder Finnland als Sport anerkannt, 2022 wird er auch offizielle Sportart bei den Asian Games. Es wird Zeit, den E-Sportlern auch in Deutschland ihren verdienten Platz in der Sportlerfamilie einzuräumen. Die Verbände, allen voran der DOSB, werden nicht umhinkommen, dem E-Sport mit offenen Armen entgegenzutreten, wollen sie nicht den Anschluss an die Jugend verlieren. *

M2

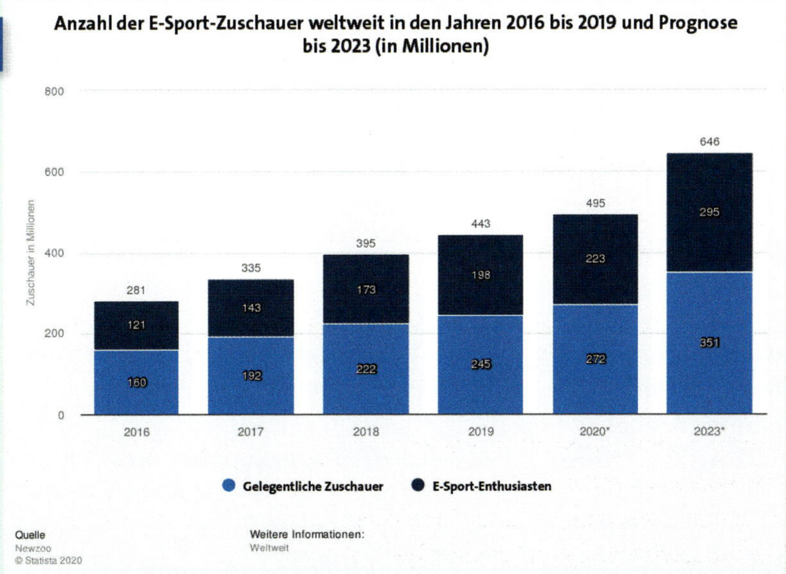

Hinweis: „E-Sport-Enthusiasten" sind sportbegeisterte Menschen.

Quelle: https://rp-online.de/sport/andere/esport-sport-ist-sport-auch-am-computer_aid-19031103 vom 14.10.2017, abgerufen am 11.09.2020.

Den Text erschließen

1 a **Lies den Text aufmerksam durch und kreuze an, worum es in dem Kommentar geht.**

- ☐ Es geht um den Computerspiele-Markt für unterschiedliche Typen von E-Sportlern.
- ☐ Er handelt von berechtigten Einwänden gegen die Ausübung von E-Sport in Vereinen.
- ☐ Es geht um eine Argumentation für die Anerkennung von E-Sport als Sportart.
- ☐ Er handelt von Gefahren und Problemen, denen Gamer beim E-Sport ausgesetzt sind.

b **Die Bedeutung unbekannter Fremdwörter kann man oft mit Hilfe des Textzusammenhangs erklären. Lies die folgenden Sätze/Satzteile. Kreuze die Erklärung des markierten Wortes an, die am besten passt.**

1 „Nicht nur die E-Sportler selbst, auch die etablierten Sportverbände diskutieren dies derzeit" (▸ Z. 11 f.).

☐ bekannten ☐ herkömmlichen, traditionellen ☐ wichtigsten

2 „Zu fern scheint für einige Funktionäre möglicherweise die Vorstellung, die Interaktion mit einem Computer [...]" (▸ Z. 14 ff.).

☐ Journalisten ☐ Spitzensportler ☐ führende Personen eines Verbands

3 „[...] die ethischen Werte müssen eingehalten werden" (▸ Z. 22 f.).

☐ religiösen Verhaltensnormen ☐ sittlichen Verhaltensnormen ☐ ungewöhnlichen Verhaltensnormen

4 „Taktisches Geschick, Spielübersicht, Durchhaltevermögen, vorausschauendes Denken [...]" (▸ Z. 26 f.).

☐ planvolles, berechnendes ☐ hinterhältiges ☐ verbergendes, verheimlichendes

c **Beschreibe das Diagramm am Ende des Artikels, das auch Bestandteil des Kommentars ist. Fülle dazu die Lücken in den folgenden Sätzen.**

– Die in der Grafik verwendeten Farben stehen für ...

Hellblau = ______________________________ und

Dunkelblau = ______________________________.

– Verglichen werden die Jahre ______________________________.

– Sowohl die Zahl der ____________________ beim E-Sport als auch die Zahl der weltweiten

____________________ ist zwischen ____________________ und 2020 stetig gewachsen und wird

____________________ wohl noch weiter ____________________.

2 a **Ein Kommentar ist ein wertender Text zu einer Nachricht. Benenne Textstellen des Artikels, bei denen die subjektive Meinung des Autors zu erkennen ist. Notiere die Zeilenangaben. Schreibe in dein Heft.**

b **Ein Kommentar folgt meist einem bestimmten Aufbau (▸ S. 62). Ordne dem Text die typischen Bestandteile aus dem Wortspeicher auf den Linien neben dem Artikel zu.**

Wortspeicher

Fazit • Stellungnahme • Argumentation • Gegenargument • Entkräftung / neues Argument • aktuelles Ereignis • Appell

Die Einleitung schreiben

1 **Vervollständige den Einleitungssatz zum Kommentar „Nachgehakt“. Nutze für den Kernsatz deine Antwort von Aufgabe 1a auf S. 64.**

Der Kommentar ______________________ von

______________________ erschien ______________ auf der Internetseite ______________________.

In ihm geht es um ____

____.

> Beim **kriteriengeleiteten Erschließen** werden in der **Einleitung** die **wichtigsten Basisdaten** des Kommentars genannt und ein **Kernsatz** zum Inhalt geschrieben – genau wie bei den anderen journalistischen Textsorten.

Den Inhalt strukturiert zusammenfassen

1 **Ein Kommentar weist meist eine bestimmte Struktur auf (▸ S. 62). Einige Bausteine hast du bereits in Aufgabe 2 auf S. 64 zugeordnet. Ordne die passenden Überschriften durch Linien zu und ergänze daneben die Zeilenangaben.**

Baustein des Kommentars	Zusammenfassende Überschrift	Zeilen
aktuelles Ereignis	Blick in andere Länder	
Stellungnahme	Skepsis wegen der Ausübung vor dem Bildschirm	
Argumentation	Anschluss an die Jugend könnte verloren gehen	
Gegenargument / Entkräftung	Popularität des E-Sports wächst, aber deutsche Sportverbände wollen E-Sport nicht als Sport anerkennen	
Beispiel	E-Sportler auch in Deutschland würdigen	
Appell	Definition von Sport nach DOSB wird erfüllt	
Fazit	Diskussionen um den Charakter, aber E-Sport ist auch Sport	
Mahnung/Warnung	Verbände werden E-Sport akzeptieren müssen	

2 **Schreibe eine strukturierte Inhaltszusammenfassung in dein Heft. Nutze dazu die Ergebnisse aus Aufgabe 1, formuliere im Präsens und verknüpfe deine Sätze durch Konjunktionen und Adverbien, sodass ein flüssig zu lesender Text entsteht. Der Tippkasten hilft dir. So kannst du beginnen:**

Einleitend stellt Paul Lambertz in den Zeilen …–… den Anlass seines Kommentars vor, die fehlende Anerkennung von … Direkt im Anschluss (Z. …) nimmt er …

> Folgende Formulierungen können dir helfen, in der Inhaltszusammenfassung die **Textstruktur** wiederzugeben:
> *(für den Beginn)* anfangs • einleitend • zu Beginn
> *(für den Mittelteil)* ab Zeile … • anschließend … • im folgenden Abschnitt … • im zweiten/dritten/nächsten Absatz
> *(für den Schluss)* abschließend … • am Schluss … • das Fazit … • als Resümee der Überlegungen …

Die Sprache analysieren

Wissen und Können — **Die Sprache eines Kommentars analysieren**

Bei der Analyse der Sprache achtest du auf den Satzbau, die Wortwahl und die verwendeten Stilmittel (▶ hintere Umschlaginnenseite). Wichtig ist, **besonders auffällige sprachliche Mittel** und deren **Funktion im Text** zu benennen. Manchmal ist in der Aufgabenstellung sogar ein Schwerpunkt angegeben, z. B. der **besondere Satzbau.** Bei der Analyse des Satzbaus untersuchst du beispielsweise, ob bestimmte Satzarten häufig verwendet werden oder welche die Autorin / der Autor nutzt, um die Aufmerksamkeit der Leser/-innen zu lenken.
Bei der **Wortwahl** fallen häufig Fremdwörter und Fachbegriffe auf, mit denen die Verfasserin / der Verfasser ihre/seine Kompetenz unterstreichen will. Zur Verdeutlichung des Inhalts und der Meinung werden meist **Stilmittel** eingesetzt, z. B. Alliterationen, Aufzählungen, Vergleiche, Wortwiederholungen. Auch ironische Darstellungen sind möglich, indem das Gegenteil dessen behauptet wird, was eigentlich gemeint ist.

1 **Der zweite Analyseschritt beim kriteriengeleiteten Erschließen ist die Betrachtung der sprachlichen Besonderheiten. Untersuche zunächst den Satzbau. Schreibe den folgenden Text in dein Heft und ersetze die ? durch passende Begriffe, Zitate und Zeilenangaben.**

Im Bereich des Satzbaus fallen den Lesenden eine ganze Reihe von ? auf, z. B.: „Ihnen sagt E-Sport nichts?" (▶ Z. 3) oder: „Doch ist Computerspielen […]?" (▶ Z. 10 f.). Auffällig ist auch die doppelte Verwendung dieser ? direkt hintereinander in den Zeilen ?, wodurch der Autor unterstreichen möchte, dass man endlich ? auf die Frage nach dem Sportcharakter des E-Sports braucht. Außerdem ist ab Z. ? eine auffällige Konstruktion mit einer Nummerierung im fortlaufenden Text verwendet worden. Damit wird das Argument ? und die Lesenden können diese Inhalte ?.

2 **Im Kommentar werden verschiedene sprachliche Mittel verwendet, die eine bestimmte Wirkung haben.**
- a **Finde die Textzitate und ergänze die Zeilenangaben in der folgenden Tabelle.**
- b **Ordne Stilmittel, Textzitate und Aussagen zur Wirkung richtig zu, indem du Zusammengehöriges in der gleichen Farbe markierst.**
- c **Formuliere die Ergebnisse in vollständigen Sätzen in dein Heft.**
- d **Markiere im Text je ein weiteres Beispiel für die Stilmittel.**

„Schießen, Schach, Dart oder Motorsport" (Z. ___)	Wortwiederholung	stärkere Veranschaulichung einer Sache, verleiht der Aussage mehr Gewicht
„Marketing" (Z. ___) „E-Sport-Teams" (Z. ___)	Aufzählung	Glaubwürdigkeit durch Verwendung von Begrifflichkeiten, zeigt Kompetenz in der Sache
„Warum also die Skepsis gegenüber E-Sport?" (Z. ___)	Anglizismus/ Anglizismen	nachdrückliches Einprägen eines wichtigen Begriffs durch konstantes Wiederholen
„Skepsis" (3 x) Z. ___, ___, ___	Fachsprache	(Scheinfrage ohne Antwort) → Interesse wecken, die Lesenden dazu anregen, selbst Antworten zu geben, und damit Lenkung in eine gedankliche Richtung
„E-Sport-Turniere" (Z. ___ f.) „Hand-Augen-Koordination" (Z. ___) „Herzfrequenzbereiche" (Z. ___ f.)	rhetorische Frage	Aktualität und Einsatz moderner, frischer Sprache

Merkmale der Textsorte „Kommentar“ erkennen und belegen

Wissen und Können **Den Kommentar am Layout erkennen**

Das **Layout** eines Kommentars **setzt sich deutlich** von anderen Artikeln in der Zeitung **ab,** z. B. durch Linien, Rahmen, farbige Hinterlegung oder ein anderes Schriftbild. Es soll zu erkennen sein, dass es sich beim Kommentar um eine **subjektive Meinung** handelt. So ist **der Name der Verfasserin / des Verfassers** immer angegeben, manchmal auch mit einem **Foto.** Häufig verweisen Überschriften auf die Textsorte, z. B.: *Meine Meinung, Kommentar.*

1 **Ordne die unvollständige Liste von Merkmalen aus dem Wortspeicher den Textsorten zu. Übertrage dazu die Tabelle in dein Heft. ACHTUNG: Manche Merkmale passen zu Kommentar und Reportage und manche zu keiner dieser beiden Textsorten.**

Nicht jeder Text weist **alle Merkmale** der Textsorte auf. Manche Merkmale treffen auch auf mehrere Textsorten zu.

Wortspeicher

anschauliche Darstellung eines Themas am konkreten Beispiel • Headline informiert über Kern der Nachricht • dient der Meinungsbildung • wichtigste Informationen am Anfang • Bezug zu einer aktuellen Nachricht • Bilder als Leseanreiz • Leadstil • Foto der Autorin / des Autors • deutlich subjektive Meinungsäußerung • enthält ausschließlich sachliche Informationen • Beteiligte und Fachleute kommen zu Wort • im Mittelteil argumentativ • persönliche Meinung der Autorin / des Autors wird deutlich • Autor/-in wird stets genannt • szenischer Einstieg • ausdrucksstarke Sprache • Zoomtechnik (Beginn mit einem Detail) • enthält auch sachliche Informationen • erlebnishafter Schreibstil • zieht häufig ein Fazit • Tempuswechsel (Wechsel der Zeitstufen) • endet oft mit einem Appell • Verfasser/-in hat vor Ort recherchiert • Hintergrundwissen am Ende • Headline weckt Neugier

Kommentar	Beide Textsorten	Reportage
…	…	…

2 **Besonders am Layout ist der Kommentar als Textsorte erkennbar. Begründe anhand der Textgestaltung, weshalb es sich bei „Nachgehakt“ um einen Kommentar handelt.**

a **Vervollständige den Lückentext mit Hilfe des Wortspeichers.**

Wortspeicher

grafische Elemente • des Autorennamens Paul Lambertz • eingerahmt • persönliche Meinungsäußerung • „Nachgehakt“ • Textsorte „Kommentar“

Bereits durch die konkrete Nennung ______________________ noch vor der Schlagzeile weist das Layout auf die ______________________ hin. Damit wird deutlich, dass es sich um die ______________________ des Verfassers handelt. Außerdem ist auch der Titel ______________________ deutlich als Überschrift des Textes dargestellt. Des Weiteren weist der Artikel ______________________ auf. Außerdem ist der Kommentar ______________________.

b **Setze deine Textsortenbestimmung fort, indem du inhaltliche Aspekte und sprachliche Besonderheiten der Textsorte kurz zusammenfasst (▶ S. 62 und S. 66). Schreibe in dein Heft.**

Die mögliche Absicht des Autors beschreiben

1 **Man kann die Absichten einer Autorin / eines Autors nicht immer eindeutig bestimmen, aber jeder Text bietet Anhaltspunkte, welche Ziele und Wirkungen die Verfasserin / der Verfasser erreichen wollte.**

a **Kreuze die Absichten an, die für den vorliegenden Kommentar am ehesten zutreffen.**

b **Notiere bei den passenden Absichten die Zeilenangaben.**

c **Schreibe einen Absatz zu den möglichen Absichten des Autors in dein Heft. Begründe deine Aussagen mit Textzitaten.**

Bei subjektiv wertenden journalistischen Textsorten wie dem Kommentar ist die Absicht der Autorin / des Autors in der Regel gut zu erkennen. Meist wollen die Verfasser/-innen durch ihre Meinungsäußerung die Leser/-innen zur eigenen Meinungsbildung herausfordern und dabei die eigene Meinung als Grundlage anbieten.

Mögliche Absichten des Autors:

- ☐ die Leserinnen und Leser zum Nachdenken und zur eigenen Meinungsbildung anregen (vgl. Z. ____________)
- ☐ wertfreie Informationen und objektives Hintergrundwissen über E-Sport bieten (vgl. Z. ____________)
- ☐ durch die Darstellung der Diskussion unterhalten und zum Schmunzeln anregen (vgl. Z. ____________)
- ☐ von der Bedeutung des E-Sports auch als Sportart überzeugen (vgl. Z. ____________)
- ☐ aufzeigen, dass die Anerkennung von E-Sport als Sportart unerlässlich ist (vgl. Z. ____________)
- ☐ genauere Berichterstattung über E-Sport fordern (vgl. Z. ____________)

Eine begründete Stellungnahme verfassen

1 **Der Verfasser fordert in seinem letzten Satz, dass man dem E-Sport offen begegnen sollte, um den „Anschluss an die Jugend“ nicht zu verlieren. Wie stehst du zu dieser Aussage?**

a **Überlege, ob du die Entwicklung des E-Sports genauso positiv siehst oder der Meinung bist, dass E-Sport eigentlich nur Computerspielen ist.**

☐ positiv ☐ skeptisch

b **Übertrage folgende Pro-und-Kontra-Tabelle in dein Heft und ergänze sie mit Thesen, die du auch aus dem Text herauslesen kannst. Nutze deine Ergebnisse aus Aufgabe 1 von Seite 65.**

Bei der begründeten Stellungnahme wird von dir eine Argumentation zu einer Aussage oder Fragestellung des Textes verlangt. Dabei ist es wichtig, sich an den Argumentaufbau B–B–B zu halten und nicht abzuwägen, sondern klar die persönliche Meinung zu äußern und zu begründen. Schreibe mindestens eine DIN-A4-Seite bei normal großer Schrift bzw. mindestens 250 Wörter.

offene Arme (positiv)	hat wenig mit Sport zu tun (skeptisch)
– *fördert Koordination*	– *nur auf den Bildschirm schauen*
– *bereits viele Anhänger / „E-Sportler“*	– ...
...	...

c **Formuliere aus den Thesen eine begründete Stellungnahme von ca. 250 Wörtern in dein Heft. So kannst du beginnen:**

Meiner persönlichen Meinung nach sollte E-Sport ...

Kreativer Schreibauftrag: Einen Leserbrief verfassen

Wissen und Können | **Kreativer Schreibauftrag: Einen Leserbrief verfassen**

In einem **Leserbrief** an eine Zeitung oder Zeitschrift nimmt man Stellung zu einem Thema oder Artikel und stimmt dessen Argumentation zu oder entwickelt Gegenargumente.

- Der **Briefkopf** entspricht dem des sachlichen Briefs mit Absender/-in, Empfänger/-in, Ort und Datum.
- In der **Betreffzeile** nennt man Titel, Erscheinungsort und -datum des Artikels, auf den sich der Leserbrief bezieht.
- Namentlich bekannte Autorinnen und Autoren können in der Anrede persönlich angesprochen werden.
- In der **Einleitung** wiederholt man Titel, Erscheinungsort und -datum des Artikels und nennt den Anlass und das Anliegen des Leserbriefs. Die eigene Meinung sollte schon hier deutlich werden.
- Im **Hauptteil** begründet man seine Position mit aussagekräftigen Argumentationen.
- Im **Schlussteil** stellt man noch einmal seine eigene Meinung dar. Außerdem kann man ein Fazit ziehen und Vorschläge, Wünsche oder Forderungen formulieren.
- Der Leserbrief endet mit der Grußformel „Mit freundlichen Grüßen" und der handschriftlichen Unterschrift.

1 Du sollst einen Leserbrief zu dem Kommentar von Paul Lambertz schreiben.

a Lies zunächst den *Wissen und Können*-Kasten und schreibe den Briefkopf und die Betreffzeile in dein Heft.

b Plane den Inhalt deines Leserbriefs. Kreuze an, ob du folgenden Aussagen zustimmst oder nicht.

		stimme zu	stimme nicht zu
1	Computerprägung schreitet immer weiter voran, also auch im Sport.	☐	☐
2	Die deutschen Sportverbände sind zu „verstaubt" und wenig innovationsfreudig.	☐	☐
3	E-Sport ist nur ein kurzfristiges Phänomen.	☐	☐
4	E-Sport steckt noch in den Kinderschuhen und sollte erst noch eine Zeit lang beobachtet werden.	☐	☐
5	Besonders Jugendliche begeistern sich für E-Sport und finden darin ein wichtiges Hobby.	☐	☐
6	E-Sport ist mit hohen Kosten für die technische Ausstattung verbunden – dadurch entstehen Wettbewerbsverzerrungen.	☐	☐
7	E-Sport fordert den Körper ähnlich wie normaler Sport.	☐	☐
8	Ältere Menschen werden zu wenig einbezogen, dadurch fehlen Unterstützer.	☐	☐

c Verfasse nun den restlichen Leserbrief in deinem Heft. Nutze dazu die Aussagen aus Aufgabe 1b und beachte die Merkmale eines Leserbriefs aus dem *Wissen und Können*-Kasten.

Den Schluss der kriteriengeleiteten Erschließung schreiben

1 Im Schlussteil sollte immer die eigene Meinung zum Inhalt des Artikels genannt werden. Nachdem du diese jedoch im Leserbrief schon ausführlich dargelegt hast, genügt nach diesem kreativen Schreibauftrag eine knappe Abrundung oder ein Ausblick in die Zukunft. Nutze die folgenden Satzanfänge für deinen eigenen Schlussteil zum Kommentar zum „E-Sport". Schreibe in dein Heft.

Wie ich in meinem Leserbrief bereits ausgeführt habe, …
Für die Zukunft würde ich mir wünschen, dass E-Sport …
Vielleicht würde es helfen, wenn …

Grammatiktraining – Sprache überlegt verwenden

Die Wirkung von Aktiv und Passiv erkennen

Wissen und Können **Aktiv und Passiv gezielt verwenden**

Mit Aktiv- und Passivsätzen lassen sich Texte abwechslungsreich gestalten und Wirkungen erzielen.

- Im **Aktivsatz** wird die/der Handelnde im Subjekt genannt und dadurch hervorgehoben.
- Im **Passivsatz** stehen das Geschehen oder die Person bzw. das Objekt, mit der/dem etwas geschieht, im Vordergrund. Oft wird die/der Handelnde nicht erwähnt, weil sie/er nicht wichtig bzw. nicht bekannt ist oder verschwiegen werden soll. Durch das Passiv lassen sich Sätze mit „man" und die Wiederholung desselben Subjekts vermeiden.

1 **Markiere im folgenden Text die Passivsätze.**

„Little Women" – die Verfilmung eines Literaturklassikers

Literaturverfilmung und noch dazu ein Historiendrama – das klingt nach staubigem Kino der Vergangenheit. Eine 150 Jahre alte Geschichte wird jedoch Anfang 2020 beim Start im Kino lebendig, nämlich in Greta Gerwigs Bearbeitung von ***Little Women,*** eines Mitte des 19. Jahrhunderts veröffentlichten Romans von Louisa May Alcott. Der Jugendromanklassiker erschien in Deutschland unter dem Titel *„Betty und ihre Schwestern"*. Handlung und Thematik dieses Buches sind stark autobiografisch: Alcotts Familie war sehr arm, daher musste Louisa früh finanziell unabhängig werden und wurde später Schriftstellerin.
Roman und Film handeln von den vier Schwestern Jo, Meg, Beth und Amy March. Da der Vater in der Armee dient, zieht die Mutter die Töchter allein groß. Sie werden von ihr ermutigt, ihren eigenen Vorstellungen zu folgen: Meg will eine Familie gründen, Amy möchte eine große Malerin werden, Beth betreut aufopferungsvoll Familie und Nachbarn. Jo, die von klein auf Geschichten geschrieben hat, strebt eine Karriere als Schriftstellerin an. Sie hofft, damit reich und unabhängig zu werden, zumal sie in einer Zeit lebt, in der Frauen nur wenige Möglichkeiten offenstanden. Von ihnen wurde lediglich erwartet, dass sie heiraten. Eine Szene im Film ist dafür bezeichnend, als Amy erklärt wird, wie das Leben selbst einer reichen Frau aussieht: Wählen darf sie sowieso nicht, aber wenn sie heiratet, geht all ihr Besitz auf ihren Mann über. Sogar die gemeinsamen Kinder werden dem Vater unterstellt, während die Frau von ihm abhängig ist. Diese Szene findet sich zwar nicht im Buch, aber so wird den Zuschauern verdeutlicht, was es damals hieß, eine Frau zu sein.
Im Gegensatz zum Buch geht die Regisseurin Gerwig beim Erzählen im Film nicht geradlinig vor, sondern startet in der Mitte des Romans, als Jo bereits in New York ist und dort als Schriftstellerin bekannt wird. In Rückblicken erzählt Gerwig dann immer wieder, wie die Jugend der Mädchen war und wie sie vom Schicksal hart mitgenommen wurden. Durch dieses Gegenüberstellen von Ereignissen arbeitet die Regisseurin starke Emotionen heraus, sodass dieser Film die Kinobesucher sehr berührt. Am Ende von *Little Women* wird ihnen bewusst, dass die Töchter der Familie March – jede auf ihre Art – ihren Weg gefunden haben, den Konventionen zu trotzen.

2 **a** **Untersuche die Wirkung der Aktiv- und Passivsätze A–E. Ordne sie den Aussagen 1–4 durch einen Pfeil zu.**

A „Eine 150 Jahre alte Geschichte wird jedoch Anfang 2020 [...] beim Start im Kino lebendig [...]" (Z. 3–4)
B „Da der Vater in der Armee dient, zieht die Mutter die Töchter allein groß." (Z. 14–15)
C „Beth betreut aufopferungsvoll Familie und Nachbarn." (Z. 19–20)
D „Von ihnen wurde lediglich erwartet, dass sie heiraten." (Z. 24–25)
E „Sogar die gemeinsamen Kinder werden dem Vater unterstellt, während die Frau von ihm abhängig ist." (Z. 29–31)

1 Die Allmacht des Vaters und die Abhängigkeit der Ehefrau werden betont.
2 Die/Der Handelnde steht im Vordergrund.
3 Die/Der, mit der/dem etwas geschieht, steht im Vordergrund.
4 Die/Der Handelnde wird nicht erwähnt, sie/er ist nicht wichtig oder bekannt.

b Der Wechsel zwischen Aktiv und Passiv kann im Textzusammenhang noch weitere Funktionen haben. Lies den *Wissen und Können*-Kasten und den Text noch einmal sorgfältig und kreuze zutreffende Wirkungen an.

- ☐ Beschreibungen wirken im Passiv fesselnder.
- ☐ Der Passivsatz betont, was mit Personen oder Sachen geschieht.
- ☐ Beschreibungen im Aktiv wirken lebendiger.
- ☐ Die Spannung wird gesteigert.
- ☐ Die Ausdrucksweise wirkt abwechslungsreich.
- ☐ Das immer gleiche Subjekt wird vermieden.

3 Formuliere den folgenden Satz in deinem Heft ins Passiv um und beschreibe, welche Wirkung das hat.

Das Schicksal nahm die vier Mädchen hart mit.
Umformulierung: ...
Wirkung: ...

Wörtliche Rede wiedergeben

Wissen und Können | **Formen der Redewiedergabe**

Es gibt verschiedene Möglichkeiten, **Aussagen Dritter wiederzugeben:**

- **wörtliche Rede:** *Amy stellte fest: „Ich bin doch kein Kind mehr!"*
- **indirekte Rede mit Konjunktiv I:** *Amy erklärte, sie sei doch kein Kind mehr.*
- **indirekte Rede mit Konjunktiv II** (wenn der Konjunktiv I genauso lautet wie der Indikativ) oder **Umschreibung mit „würde":** *Jo erklärte, sie wünsche sich einen Mann und Kinder wie Engel / sie würde sich einen Mann und Kinder wie Engel wünschen.*
- ***dass*-Satz mit Konjunktiv oder Indikativ:** *Meg behauptet, dass sie es sich wünsche/wünscht.*
- **Infinitivsatz:** *Meg erklärt, es sich zu wünschen.*
- **Redebericht:** *Meg informiert über ihren Wunsch für die Zukunft.*

1 a Markiere in dem Romanauszug Formulierungen, die Aussagen indirekt wiedergeben. Überlege, um welche Art der Redewiedergabe (► Wissen und Können) es sich handelt.
b Formuliere sie in direkte Rede um. Schreibe in dein Heft.

Louisa May Alcott

Ein Telegramm (Auszug aus: Betty und ihre Schwestern)

Mrs. March hat die Nachricht von einer schweren Erkrankung ihres Mannes bekommen und beschließt, trotz der finanziellen Nöte zu ihm zu reisen. Der Nachbar, Mr. Laurence, ist ihr behilflich.

Schreiben, denken, anordnen, alles auf einmal, mochte wohl die arme Frau verwirren, und Meg bat sie, sich still hinzusetzen. [...] Mr. Laurence [...] bot nicht nur seinen eigenen Schlafrock für den Kranken, sondern sogar sich selbst als Begleiter für Mrs. March an. [...] „Es tut mir sehr leid, Mrs. March, von Ihren Sorgen zu hören." [...] Ein Brief von Tante March [...] brachte eine Wiederholung des früher schon oft Gesagten, dass es absurd von March gewesen sei, mit ins Feld (= Krieg) zu gehen, dass nichts Gutes daraus habe entstehen können. [...] Nur Jo war noch nicht zurück. Sie fingen an, besorgt zu werden, [...] da trat sie mit einem ganz eigentümlichen Gesichtsausdruck ins Zimmer. Ein Gemisch von Furcht und Schalkhaftigkeit, Befriedigung und Reue in ihrer Miene setzte die Familie ebenso in Erstaunen wie ein Päckchen Banknoten, das sie vor ihrer Mutter auf den Tisch legte und mit einem kleinen Schluchzen in der Stimme sagte: „Das ist mein Beitrag, um den Vater gesund machen und heimbringen zu können." *

2 **a Ergänze in dem Romanauszug die korrekte Form des Konjunktivs.**
Denke daran, dass der Konjunktiv II verwendet wird, wenn Konjunktiv I und Indikativ gleich lauten.

Und indem Jo sprach, nahm sie ihren Hut ab, und ein allgemeiner Aufschrei erfolgte, denn ihr üppiges Haar war abgeschnitten. [...] Sie sagte zu Betty, davon ____________ (hängen) des Vaterlandes Wohl nicht ab, also ____________ (sollen) sie nicht darum winseln. Das ____________ (sein) ein gutes Mittel gegen ihre Eitelkeit, denn sie ____________ (haben) angefangen, auf ihre Mähne stolz zu werden. [...] Der Haarschneider ____________ (meinen), sie ____________ (werden) bald wieder einen Lockenkopf haben, der ihr recht jungenhaft nett stehen und leicht frisiert sein ____________ (werden). [...] Sie ____________ (hassen) das Borgen ebenso, wie es die Mama ____________ (hassen), außerdem ____________ (sein) sie ganz darauf versessen gewesen, ihrem Vater zu helfen.

(Am Abend liegen Meg und Jo in ihren Betten. Meg glaubt, Jo sei eingeschlafen, bis sie merkt, dass Jo weint.)

[...] Meg fragt, ob Jo wegen ihres Haares ____________ (weinen). Sie ____________ (sein) nicht betrübt, versichert Jo mit einem Seufzer. Es ____________ (sein) nur ihre selbstische, törichte Eitelkeit, die aus ihr ____________ (weinen). Sie ____________ (sollen) es niemandem sagen, es ____________ (sein) nun schon überwunden. Sie ____________ (stöhnen) ganz für sich allein um ihre verlorene Schönheit.

b Setze Jos Rede zur Verteidigung ihres Handelns in die indirekte Rede. Schreibe in dein Heft.

Jo erklärte: „Ich habe am Anfang nicht im Entferntesten daran gedacht, mein Haar zu verkaufen. [In einem Warenhausfenster] sah ich lange Haarflechten mit einem Preis darauf verzeichnet hängen, und ein schwarzer Zopf, länger, aber nicht so stark wie der meine, war mit vierzig Dollar ausgezeichnet. Da kam das Bewusstsein mit einem Male über mich, dass ich doch etwas hatte, was ich in Geld verwandeln konnte."

3 **Formuliere den folgenden Satz um. Nutze dazu die angegebenen Formen der Redewiedergabe.**
Variiere den Redebegleitsatz.

Jo bemerkte: „Ich liebe mein kurzes Haar!"

A Indirekte Rede mit Konjunktiv I: ________________________________

____

B *dass*-Satz mit Konjunktiv I: ________________________________

____

C *dass*-Satz mit Indikativ: ________________________________

D Infinitivsatz: ________________________________

E Redebericht: Jo äußert ihren Gefallen an ________________

Wiederholungen vermeiden

Wissen und Können **Wortwiederholungen vermeiden: Pronomen benutzen**

Bestimmte **Pronomen** können vorher genannte Pronomen ersetzen. Dadurch lassen sich Wiederholungen vermeiden und Verknüpfungen im Satz herstellen. Um Texte abwechslungsreich zu gestalten, kann man **Personalpronomen** (z. B. *er, sie, es*), **Demonstrativpronomen** (z. B. *dieser, jenes*), **Possessivpronomen** (z. B. *mein, dein, euer*) und **Relativpronomen** (*der, die, das*) stellvertretend für ein Nomen oder eine Nomengruppe verwenden, z. B.: *Berkhan hat sich ein neues Smartphone gekauft, das sehr teuer war. Meins war billiger.*

1 **In einer Schülerzeitung erschien dieser Artikel, dessen Anfang sprachlich nicht sehr gelungen ist.**

a Unterstreiche sich wiederholende Nomen.

b Schreibe als Stellvertreter geeignete Pronomen auf die Linien am Rand. Manchmal passen mehrere.

●●● **c Erkläre, wofür die drei markierten Personalpronomen stehen.**

VORSICHT FEHLER!

„Jetzt leg das blöde Ding doch mal weg!“

Geben wir es zu: Ständig fummeln wir an unserem Smartphone herum, checken, daddeln. Das Smartphone ist immer dabei, wo du gehst, stehst oder liegst. Vorsicht: Wann wird aus dieser Gewohnheit Sucht? Ein Anzeichen für die Sucht ist es, wenn wir die Kontrolle über den Gebrauch verlieren. Wenn der Gebrauch des Handys fast alle eure anderen Interessen in den Hintergrund drängt, ist ein wichtiges Kriterium für eine Sucht erfüllt. Wir müssen lernen, mit dem Gerät richtig umzugehen. Das heißt: die Nutzung des Geräts bewusst reduzieren!

d Markiere in der Fortsetzung des Artikels die Pronomen, die als Stellvertreter eingesetzt wurden. Kennzeichne die Verknüpfungen und notiere am Rand, welche Art von Pronomen verwendet wurden: *P* **(Personalpronomen),** *Poss* **(Possessivpronomen) oder** *Dem* **(Demonstrativpronomen).**

Es sind sogar Entzugserscheinungen möglich. Diese können sich zeigen, wenn man das Smartphone mal ausschaltet. Einer Umfrage zufolge wird dann jeder Zehnte unruhig. Er leidet unter Unruhe, Nervosität und Schweißausbrüchen. Mit einfachen Tricks lässt sich jedoch die Handynutzung reduzieren: Sie nimmt sofort ab, wenn ihr den Klingelton deaktiviert oder Apps löscht. Ihr könnt auch den Bildschirm auf Grau stellen, was das Handy unattraktiver macht. Meins stecke ich bisweilen in den Schrank unter die Pullis. Das verhindert den bekannten Spruch: „Jetzt leg doch mal das blöde Ding weg!“

e Verknüpfe die Sätze 1 und 2 (Z. 9–10) sowie die Sätze 3 und 4 (Z. 10–12) des zweiten Teils mit Hilfe eines Relativpronomens oder einer Konjunktion. Schreibe in dein Heft.

Wissen und Können **Wortwiederholungen vermeiden: Synonyme finden, „man“ ersetzen**

Die ständige Wiederholung bestimmter Wörter wirkt langweilig und schwerfällig.
Du kannst Wiederholungen vermeiden, indem du
- **Synonyme** oder Umschreibungen findest (z. B. für Fernsehgerät: [Fernseh-]Apparat, Fernseher, Bildschirm, TV),
- **„man“ ersetzt:** durch ein anderes Pronomen (z. B. *jemand, einer, wir*), ein Nomen oder eine andere Satzkonstruktion, z. B. einen Passivsatz oder einen Infinitivsatz.

2 **a Markiere in dem Text das Wort „rauchen“ (Verb, Nominalisierungen und Wortverbindungen).**
b Überarbeite den Auszug aus einer materialgestützten Erörterung in deinem Heft, indem du die ständige Wiederholung des Worts „rauchen“ vermeidest. Der Wortspeicher bietet dir Möglichkeiten an. Finde auch selbst Umschreibungen.

Wortspeicher

zur Zigarette greifen • eine Zigarette anstecken • Tabak konsumieren • Zigaretten konsumieren • Nikotin konsumieren • Nikotin inhalieren

VORSICHT FEHLER!

Insgesamt ging der Anteil rauchender Jugendlicher und junger Erwachsener in den letzten 17 Jahren zurück, zudem stieg die Zahl derer, die noch nie geraucht haben, kontinuierlich an. Bei Jugendlichen verringerte sich der Anteil von Raucherinnen und Rauchern zwischen 2001 und 2019 sogar um drei Viertel. Zudem war die Zahl der Jugendlichen, die noch nie geraucht haben, 2018 so hoch wie in keiner Untersuchung zuvor. Jedoch stieg das Rauchen von Wasserpfeifen [...] und von E-Zigaretten unter Jugendlichen und jungen Erwachsenen in den letzten Jahren an. Der insgesamt erfreuliche Trend geht also auch mit einer Negativentwicklung einher, nicht zu vergessen für die vielen Passivraucher.

3 **a Mache dir klar, wie oft das Pronomen „man“ im folgenden Erörterungstext auftaucht, indem du es markierst.**
b Ersetze „man“ durch abwechslungsreichere Formulierungen. Schreibe in dein Heft.
Ein Beispiel: *... raucht man ... → werden geraucht*

VORSICHT FEHLER!

Beim derzeitigen „Shisha-Trend“ raucht man vor allem aromatisierte Fruchttabake, die nach Apfel oder Wassermelone schmecken. Man vertritt oft die Meinung, dass man Wasserpfeife bedenkenlos konsumieren könnte. Da jedoch das Wasser in der Shisha den Qualm nicht filtert, sondern nur einen kühlenden Effekt hat, kann man den Rauch leichter und tiefer inhalieren. Dadurch schädigt man auch entferntere Lungenbereiche. Beim Shisha-Rauchen nimmt man daher eine deutlich höhere Menge an Nikotin auf als beim Konsum von Zigaretten. Wenn man Wasserpfeifen gemeinsam benutzt, kann man zudem ansteckende Krankheiten wie Hepatitis, Herpes oder das Coronavirus bekommen.

4 **Markiere in folgendem Text alle Pronomen, Synonyme und Umschreibungen, die für „E-Zigarette“ und ihre Konsumierenden verwendet werden.**

Seit etwa einem Jahrzehnt ist es in Deutschland populär, dass man mit der E-Zigarette dampft. Viele Vapers meinen, dass diese weniger schädlichen Qualm als die herkömmliche Zigarette enthalten. Experten der Mayo Clinic in den USA warnen jedoch, dass elektronische Glimmstängel bei Weitem weniger unbedenklich sind, als man bisher dachte. Besonders hoch werden die Risiken für Jugendliche durch das Dampfen eingeschätzt. Eine Untersuchung in Florida konnte belegen, dass es sogar schon durch Passivrauch aus Vaping-Produkten zu mehr Asthmaanfällen bei Kindern und Jugendlichen kommt, denn der Dampf enthalte Tausende kleiner Partikel, die inhaliert werden und die Lunge reizen. Wenn man als Jugendlicher mit elektrischen Zigaretten anfange, rauche man auch später häufiger Tabakwaren.

Sätze abwechslungsreich gestalten

Wissen und Können **Satzreihe und Satzgefüge**

Mit **Satzverknüpfungen** kann man Zusammenhänge verdeutlichen und Texte abwechslungsreich formulieren.

- **Nebenordnende Konjunktionen** (z. B. *und, oder, denn, aber, doch*) verbinden zwei oder mehr Hauptsätze zu **Satzreihen.** Vor der Konjunktion steht ein Komma, nur vor den Konjunktionen *und* bzw. *oder* kann es entfallen.
- **Unterordnende Konjunktionen** (z. B. *als, weil, damit*) und **Relativpronomen** (*der, die, das*) verknüpfen selbstständige Hauptsätze und abhängige Nebensätze zu **Satzgefügen.** Haupt- und Nebensatz werden durch ein Komma getrennt. Nebensätze (außer Relativsätze) können vor oder nach dem Hauptsatz stehen oder in ihn eingeschoben werden.

1 a **Markiere in folgendem Reisebericht alle Satzreihen und unterstreiche alle Satzgefüge.**
b **Umkreise alle Konjunktionen und Relativpronomen.**

Ausgesetzt auf den Bahamas: Schwein gehabt!

Nachdem unser Touristenboot auf der von Menschen unbewohnten Karibik-Insel Big Major Cay gelandet ist, werden wir von rund zwanzig Schweinen und Ferkeln empfangen, die sich gierig auf unsere mitgebrachten Toastbrote stürzen. Einige Tiere sind richtig schweinchenrosa, andere sind gescheckt oder schwarz. Obwohl die ehemaligen Hausschweine hier wild leben, schwimmen sie zutraulich mit uns und lassen sich gern streicheln.
Unser Reiseleiter informiert uns über die unterschiedlichen Gerüchte, mit denen die Herkunft der Tiere erklärt wird. Die einen sagen, dass die Schweine als Fracht auf einem untergegangenen Schiff gewesen seien und sich auf die Insel hätten retten können. Sie könnten aber auch von Piraten der Karibik quasi als lebendige Speisekammern angesiedelt worden sein, damit man bei Bedarf einen schönen Braten aus ihnen machen konnte. Heute droht den Schweinen dieses Schicksal natürlich nicht mehr, denn die vierbeinigen Attraktionen lassen bei den Bewohnern der Nachbarinseln die Kassen klingeln. Die Hauptstadt der Bahamas ist übrigens Nassau, deren Name vom deutschen Adelshaus im heutigen Hessen stammt.

2 **Der folgende Text klingt eintönig. Gestalte ihn abwechslungsreicher und stelle Zusammenhänge her, indem du jeweils zwei Sätze sinnvoll zu einer Satzreihe oder einem Satzgefüge umformulierst. Nutze die Verknüpfungswörter aus dem Wortspeicher.**

VORSICHT FEHLER!

Die Inselgruppe erhielt ihren Namen durch die spanischen Konquistadoren. Sie nannten die Gewässer um die Inseln Baja Mar (spanisch für „flaches Meer"). Heute sind die Bahamas als Steuerparadies bekannt. Es gibt hier keine Kapitalertrags- und Vermögenssteuer.
Die 700 Inseln der Bahamas gehören zum Traumziel für Touristen aus aller Welt. Es sind nur dreißig Inseln bewohnt. Man hat auch auf anderen Inseln Schweine ausgesetzt. Die Einheimischen wollen vom Besucherstrom profitieren. Die süßen Tiere sind sehr friedlich. Es kommen ihnen sehr viele Touristen ganz nah. Die Rüsseltiere fühlen sich unter der karibischen Sonne sauwohl. Sie haben jede Scheu vor den Menschen verloren. Die etwa zwanzig Schweine und Schweinchen leben auf Big Major wie im Paradies. Ihre Herkunft bleibt ungewiss.

Wortspeicher

weil
denn
obwohl
von
denen
die
auch
wenn
und

Wissen und Können | **Nebensätze erkennen und gezielt verwenden**

Nebensätze helfen, sich eindeutig und genau auszudrücken und abwechslungsreich zu formulieren.

- **Adverbialsätze** nehmen die Stelle eines Adverbials ein, machen also genauere Angaben zu den Umständen eines Geschehens und stellen Zusammenhänge her, z. B.: *Während die Sendung lief, beantwortete die Band Fragen im Chat.*
- **Relativsätze** (Attributsätze) erfüllen die Rolle eines Attributs, erläutern also ein Nomen oder Pronomen näher. Sie werden durch ein Relativpronomen *(der, die, das)* eingeleitet, vor dem eine Präposition stehen kann, z. B.: *Das Zimmer, in das sich der Künstler zurückzog, wurde von Fans belagert.*
- **indirekte Fragesätze** werden durch Fragewörter (z. B. *wer, was, wann, wo, warum*) eingeleitet, z. B.: *Niemand wusste, wie viele Konzertkarten schon verkauft worden waren.*
- **Infinitivsätze** bestehen aus einem Infinitiv mit „zu" und mindestens einem weiteren Wort. Mit ihnen kann man Zusammenhänge verdeutlichen, Sätze verkürzen und *dass*-Sätze vermeiden, z. B.: *Dem Team gelang es, Ersatz für den erkrankten Gitarristen zu finden.*

In umfangreichen Satzgefügen kann ein Nebensatz von einem übergeordneten Nebensatz abhängen.

3 **Unterstreiche in dem folgenden Informationsblatt die Nebensätze und benenne sie in deinem Heft.**

Berufswahl – je früher, desto besser

Spätestens im vorletzten Jahr vor dem Schulabschluss solltest du beginnen, dich um das Thema Berufswahl zu kümmern. Wenn man sich rechtzeitig damit befasst, hat man am Ende die Nase vorn! Zuallererst solltest du herausfinden, welche Berufe zu deinen Stärken und Interessen passen. Eine wichtige Anlaufstelle, die dir dabei helfen kann, ist das Berufsausbildungszentrum. Bevor du dort einen Termin ausmachst, kannst du Familie, Freunde oder Bekannte um Einschätzung deiner eigenen Leistungen und Stärken bitten. Mit dem Absolvieren eines Praktikums sollte es dir schon früh gelingen, Einblick in die Berufspraxis zu erhalten.

4 **Bilde jeweils ein Satzgefüge mit der angegebenen Art von Nebensatz. Schreibe in dein Heft.**

A Du hast nach dem Schulabschluss keine Ausbildungsstelle gefunden.
Es bieten sich Alternativen an. .... (Adverbialsatz)

B Neben den betrieblichen Ausbildungen gibt es zahlreiche andere Berufe. Sie können nur an einer Schule, z. B. einer Berufsfachschule oder Fachakademie, erlernt werden. .... (Relativsatz)

C Du kannst aber auch ein Auslandsjahr anschließen.
Du vertiefst deine Kenntnisse in einer Fremdsprache. .... (Infinitivsatz)

D Wer will sich nach der Schule für das Allgemeinwohl engagieren?
Der kann als „Bufdi" ein Jahr Bundesfreiwilligendienst absolvieren. .... (indirekter Fragesatz)

5 **Im folgenden Text sind Fehler und ungeschickte Formulierungen unterstrichen: Formuliere die *dass*-Sätze um (zwei in Infinitivsätze, einen in einen indirekten Fragesatz) und korrigiere die Relativsätze. Schreibe die verbesserten Sätze in dein Heft.**

VORSICHT FEHLER!

Wer sich für den Bundesfreiwilligendienst (BFD) interessiert, hat die Möglichkeit, dass er sich auf einer Website des Bundesamts für Familie und zivilgesellschaftliche Aufgaben (BaFzA) informiert. Dort erfährt man, dass die Einsatzbereiche vielfältig sind. Dazu zählen Kinder- und Jugendarbeit, Gesundheits- und Altenpflege, Behindertenhilfe, Umwelt- und Naturschutz, Flüchtlingshilfe, Sport, Integration, Kultur- und Denkmalpflege, Bildung, Zivil- und Katastrophenschutz. Alle Bürgerinnen und Bürger, wo ihre Pflichtschulzeit absolviert haben, können Bundesfreiwilligendienst leisten. Das Taschengeld, wo man bekommt, beträgt maximal 414 € monatlich (Stand: 2020). Ein BFD hat keine Altersgrenze, kann mehrmals im Abstand von fünf Jahren geleistet werden, die Dauer umfasst 6–18 Monate. Für alle Schulabgänger, die keine Lust haben, dass sie direkt nach der Abschlussprüfung die Ausbildungsbank drücken, ist der BFD sicher eine interessante Alternative.

Wissen und Können **Nominalstil und Verbalstil**

- Der **Nominalstil** verwendet vor allem **Nomen und Nominalisierungen.** Mit Hilfe dieses Stils lassen sich **viele Informationen** in einem Satz wiedergeben, z. B.: *Das Betreten des Rasens ist verboten.* Er wird vor allem in wissenschaftlichen, Behörden- und Gesetzestexten eingesetzt.
- Der **Verbalstil** bevorzugt dagegen **Verben.** Dadurch wirken Texte **lebendiger** und **leichter verständlich,** z. B.: *Es ist verboten, den Rasen zu betreten.* Dieser Stil wird oft in umgangssprachlichen oder erzählenden Texten angewendet.

6 **a Unterstreiche in der Stellenanzeige alle Nominalisierungen und Nomen, die in Verben umgewandelt werden können.**
b Schreibe die Anzeige in einen lebendigen Verbalstil um, behalte Nominalisierungen bei, wenn es dir sinnvoll erscheint. Schreibe in dein Heft. Du kannst so beginnen:

Um unser Team zu unterstützen, suchen wir so bald wie möglich ... Zu Ihren Aufgaben gehört es, dabei zu helfen, unsere Patienten zu pflegen und ...

Zur Unterstützung unseres Teams suchen wir zum nächstmöglichen Zeitpunkt für eine Tierklinik in Wasserburg einen **Tierpfleger (m/w/d)** in Vollzeit/Teilzeit.
Sie unterstützen uns bei der Pflege und der Betreuung unserer Patientinnen und Patienten:
- Halten der Tiere bei Fiebermessen oder Medikamentengabe
- Versorgung mit Futter, Führen von Futterprotokollen
- Gassigehen mit Hunden
- Reinigung/Desinfektion der Boxen

Wissen und Können **Mit Adverbialsätzen und Adverbialien Sätze erweitern und verkürzen**

Adverbialsätze nehmen im Satz die Stelle von **Adverbialien** (adverbialen Bestimmungen) ein. Oft können die beiden Formen alternativ verwendet werden, z. B.: *Wegen seines Freiwilligendienstes verschob Christoph den Beginn seiner Ausbildung.*
Oder: *Weil er Freiwilligendienst leistete, verschob Christoph den Beginn seiner Ausbildung.*
Indem man sie variiert, gestaltet man Texte abwechslungsreicher. Die beiden Möglichkeiten, die Umstände eines Geschehens näher zu bestimmen, lassen sich auch zielgerichtet einsetzen: Mit Adverbialien formuliert man knapper (→ Nominalstil), mit Adverbialsätzen oft flüssiger und manchmal eindeutiger.

7 **a Markiere die Adverbialien orange und die Adverbialsätze grün.**
b Formuliere die Adverbialien in Adverbialsätze um und umgekehrt. Schreibe in dein Heft.

A Nachdem er als Behindertenbegleitperson gearbeitet hatte, konnte Ben viele Vorurteile über Menschen mit Behinderung widerlegen.
B Die endgültige Entscheidung für den zukünftigen Beruf treffen viele junge Menschen aufgrund der positiven Erfahrungen während des Bundesfreiwilligendienstes (BFD).
C Trotz geringer Entlohnung und anspruchsvoller Aufgaben sind die meisten von diesem Dienst begeistert.

8 **Texte, die mit vielen Adverbialien im Nominalstil verfasst sind, wirken oft umständlich.**
a Markiere im folgenden Text die Adverbialien orange und formuliere sie in Adverbialsätze um. Beachte: Manchmal gibt es mehrere Möglichkeiten. Schreibe den gesamten Text in dein Heft.
b Unterstreiche im Text die Sätze, in denen sich die Adverbialien besser als oder zumindest genauso gut wie die Adverbialsätze eignen.

Wegen des Erwerbs von vielerlei neuen Kompetenzen kann eine Tätigkeit im BFD nach dem Schulabschluss von persönlichem Vorteil sein. Durch die Wahl des Dienstes in einem Kindergarten schult man Geduld und Einfühlungsvermögen. Beim Einsatz in einem Altenheim muss man sich an die strikt geregelten Zeitabläufe anpassen. Aufgrund regelmäßiger Absprachen der Termine mit den Verantwortlichen stärkt man sein Zeitmanagement. Trotz der großen Herausforderungen gewinnt man als Bundesfreiwilliger viele wertvolle soziale Schlüsselqualifikationen hinzu.

Wissen und Können | **Attributsätze und andere Attribute sinnvoll verwenden**

Relativsätze (Attributsätze) haben im Satz die gleiche Funktion wie andere **Attribute** (z. B. Adjektivattribut: *der schöne Urlaub;* Genitivattribut: *die Dauer des Urlaubs;* partizipiales Attribut: *der gelungene Urlaub, das staunende Kind;* präpositionales Attribut: *der Termin am Montag;* Apposition: *Elsa, die Tochter meiner Schwester).* Sie alle erläutern ein Nomen oder ein Pronomen näher.
Um **Sätze zu verkürzen und zu vereinfachen,** kann man anstelle von Relativsätzen andere Attribute benutzen. In anderen Fällen kann man **umständliche Formulierungen vermeiden,** indem man einen Relativsatz bildet.

9 **a** **Eine Stellenanzeige enthält viele Informationen in wenigen Zeilen. Das folgende Angebot hat ein Praktikant formuliert – und zwar nicht optimal. Unterstreiche die Attributsätze und wandle sie in andere Attribute um. Schreibe in dein Heft. Notiere hinter jedem Attribut, um welche Art es sich handelt (z. B. präpositionales Attribut).**

b **Einige Attribute hat der Praktikant angemessen verwendet. Markiere sie.**

VORSICHT FEHLER!

Renommiertes Unternehmen sucht für Vier- und Fünfsternehotels, die attraktiv sind und im Schwarzwald und im Allgäu liegen, Hotelfachleute. Das Profil, das gewünscht wird:
- Sie haben Spaß an der Arbeit und am Umgang mit Gästen, die anspruchsvoll sind.
- Sie verfügen über eine Berufsausbildung als Hotelfachfrau/-mann, die Sie abgeschlossen haben.
- Sie besitzen ein Wesen, welches aufgeschlossen und kommunikativ ist.
- Sie haben Kenntnisse, die grundlegend sind, der gängigen MS-Office-Anwendungen.
- Sie sind an ein Arbeiten gewöhnt, das selbstständig, verantwortungsbewusst und zuverlässig ist.
- Sie haben eine freundliche Ausstrahlung und ein Erscheinungsbild, das gepflegt wirkt.

10 **Im folgenden Text findest du die Anleitung für eine Stadtrallye, die ein Erlebnispädagoge anbietet.**

a **Unterstreiche alle Attribute, die du in dem Text findest.**

b **Setze passende Attribute aus dem Wortspeicher in die Lücken ein. Schreibe in dein Heft.**

Wortspeicher

äußerst große • mit Hut • lustigen • auf dem Foto • eines Lokals • an Teamfähigkeit, Kreativität und Selbstsicherheit • mit einem Handy ausgerüstete • neutrale • bestimmte • essbaren blauen • mit Wasser • möglichst originelle

Drei bis fünf ? Jugendliche bilden jeweils eine Gruppe und starten an einem festgelegten Punkt der Stadt. Eine ? Begleitperson stellt die zu erfüllenden Aufgaben und überwacht die Lösungen. An jeder Station ist eine ? Aufgabe zu erledigen. Das kann sein: eine leere Flasche ? zu füllen oder sechs Leute zu finden, die bereit sind, einen ? Kanon zu singen.
Es können auch ? Fotos verlangt werden, z. B. von der Speisekarte ?, einem Hund ? oder einem Stern: Diese schwierige Aufgabe hat die Gruppe ? sehr einfallsreich gelöst! Nicht leicht ist es, wenn nach einem ? Gegenstand gesucht oder einer Schaufensterpuppe die Hand gegeben werden soll. Auch das Bilden einer Polonaise mit möglichst vielen Passanten stellt die Gruppenmitglieder vor ? Probleme. Je nach Lösung der Aufgabe werden wichtige Punkte vergeben. Die Gruppe, die als erste am Ziel ist und die meisten Punkte gesammelt hat, hat gewonnen. Aber: Keiner verliert, denn alle Teilnehmer können einen Gewinn ? verbuchen!

Teste dich!

Grammatische Strukturen kennen

1 **In diesem Test geht es um das Thema Berufswahl. Familienministerin Franziska Giffey stellt hier die Ergebnisse der Jugendbefragung zur Attraktivität sozialer Berufe vor. Setze den Text in die indirekte Rede. Benutze den Konjunktiv I oder wo nötig den Konjunktiv II oder die Ersatzform mit „würde". Schreibe in dein Heft, beginne so:** *Franziska Giffey erklärt, soziale Berufe seien …*

☐ **Fehler**

Soziale Berufe sind für Jugendliche grundsätzlich attraktiv. Knapp ein Viertel kann sich vorstellen, in der Kindertagesbetreuung (24 Prozent) beziehungsweise Pflege (21 Prozent) zu arbeiten. Beide Berufe werden als anspruchsvoll und abwechslungsreich betrachtet. [...] Sie bewerten aber die Weiterentwicklungs- und Karrierechancen kritisch und nehmen das Gehalt als zu gering wahr. [...] Gerade die vergangenen Monate haben uns gezeigt, dass Pflegefachkräfte und Erzieher*innen für unsere Gesellschaft doppelt systemrelevant sind. Sie leisten nicht nur hochqualifizierte Arbeit, sondern sichern zusätzlich die Vereinbarkeit von Familie und Beruf [...].*

2 **In diesem Text findest du ein besonderes Flüchtlingsschicksal.**

☐ **Fehler**

a **Unterstreiche die Attribut- und Adverbialsätze.**

b **Kürze den Text, indem du sie in Attribute bzw. Adverbien umwandelst. Schreibe in dein Heft.**

Die Syrerin Rama Abdulhadi, die heute 20 Jahre alt ist, floh 2015 vor den Bomben aus Syrien, das vom Bürgerkrieg geschüttelt war. Sie gelangte nach Neubiberg (Landkreis München) und bestand im Juli 2020 das Abitur, das sie am dortigen Gymnasium ablegte. Als sie ankam, konnte sie keinerlei Deutsch und war von den Erlebnissen des Bürgerkriegs in Syrien, die grauenvoll waren, gezeichnet. Sie erschrak, als an Silvester Raketen knallten, die wie Bomben des Krieges klangen. Heute fühlt sie sich hier sicher und beherrscht die deutsche Sprache, die sie fließend spricht. Nachdem sie ihr Berufsziel, Chirurgin zu werden, erreicht hat, will sie später in Syrien eine Klinik eröffnen.

3 **Forme Satzteile entsprechend den Vorgaben um.**

☐ **Fehler**

A Bei der Berufswahl ist es besonders wichtig, dass man sich seine Stärken und Schwächen bewusst macht. ______ (*dass*-Satz → Infinitivsatz)

______

B Auch wenn ihre Schullaufbahn schon am Ende ist, haben viele Schüler/-innen noch keine konkreten Vorstellungen vom Berufsleben. ______ (Adverbialsatz → Adverbial)

______

______

C Man sollte auf jeden Fall die von Bund, Ländern und Arbeitsagenturen angebotenen Informationen, Materialien und Tools in Anspruch nehmen. ______ (Attribut → Attributsatz)

______

______

4 **Vergleiche deine Ergebnisse mit dem Lösungsheft. Zähle deine Fehler:**

0–5 Fehler	6–10 Fehler	mehr als 10 Fehler
Gut gemacht!	Gar nicht schlecht, aber wiederhole noch einmal in den Bereichen, in denen du unsicher bist.	Arbeite die Seiten 70 bis 78 noch einmal durch.

Rechtschreibung trainieren

Regeln der Groß- und Kleinschreibung beherrschen

Wissen und Können **Großschreibung**

Eigennamen, Nomen und als Nomen verwendete Wörter **(Nominalisierungen)** schreibt man groß.
Die Großschreibung überprüfst du mit folgenden **Signalwörtern:**

1 **Artikel,** der auch ergänzt werden kann, etwa durch ein Adjektiv (z. B.: *der Schnellste, das leichte Lernen*)
2 **Präposition,** die mit einem Artikel verschmolzen sein kann (z. B.: *beim Überholen*)
3 **Adjektiv** (z. B.: *genaues Hinsehen*)
4 **Pronomen** (z. B.: *mein Ein und Alles*)
5 **Mengenangabe** (z. B.: *etwas Gutes*)
6 Wenn ein Signalwort fehlt, hilft die **Artikelprobe** (z. B.: *Er hörte draußen Gekrächze – das Gekrächze*).

1 **Überarbeite den folgenden Referatstext. Überschreibe bei Wörtern, die großgeschrieben werden müssen, den Anfangsbuchstaben. Unterstreiche die Signalwörter und ordne den Nomen oder Nominalisierungen jeweils die Nummer der passenden Regel zu.**

VORSICHT FEHLER!

Der alkoholkonsum von jugendlichen ist immer wieder ein thema, das in den medien diskutiert wird. Das verzehren von wein, bier oder anderen alkoholischen getränken ist nicht grundsätzlich mit einem verbot belegt. Jedoch gibt es regeln, an die sich junge menschen zu halten haben. So müssen sie bedenken, dass der genuss von alkohol erst ab einem bestimmten alter erlaubt ist. Sollte ein 15-jähriger dennoch versuchen, alkohol käuflich zu erwerben, so wäre es aus erzieherischen gründen sinnvoll, dass der verkäufer die eltern davon in kenntnis setzt. Das informieren der eltern mag den jungen menschen unnötig erscheinen, doch wird es, wenn die erziehungsberechtigten verantwortungsbewusst sind, unkontrollierten verzehr der getränke verhindern. Es versteht sich von selbst, dass es für einzelhändler erheblichen aufwand bedeutet, sich mit den eltern auseinanderzusetzen. Im zweifelsfall muss natürlich jeder verkäufer sein gewissen befragen, ob er sich so engagieren möchte oder nicht.

2 **a Kreuze an: Welcher Satz ist richtig geschrieben?**
b Unterstreiche die Fehler. Schreibe die Sätze korrekt in dein Heft. Markiere die Signalwörter.

A ☐ Es hat keinen Sinn, sorgen in Alkohol ertränken zu wollen, denn sorgen sind gute schwimmer. (Robert Musil)
B ☐ Wer nicht jeden Tag etwas Zeit für seine Gesundheit aufbringt, muss eines Tages sehr viel Zeit für die Krankheit opfern. (Sebastian Kneipp)
C ☐ Arm ist nicht, wer wenig hat, sondern wer Viel braucht. (Peter Rosegger)
D ☐ Nichts in der Welt wirkt so ansteckend wie lachen und gute laune. (Charles Dickens)

Besondere Rechtschreibfälle

Wissen und Können **Wie Adjektive oder Präpositionen verwendete Nomen**

- Wenn vor Begriffen wie **Angst, Pleite, Schuld, Recht, Ernst** und **Leid** die typischen Signalwörter (► S. 80) für Nomen stehen, werden sie **großgeschrieben.** Tauchen sie in Verbindung mit dem Verb *sein* auf, werden sie **als Adjektiv** verwendet und **kleingeschrieben.**
- Werden die Nomen **Dank, Kraft, Zeit, Trotz, Wille(n)** und **Laut wie eine Präposition** gebraucht, dann schreibt man sie **klein.** Als Präpositionen stehen sie immer mit einem Nomen im Genitiv oder Dativ (z. B. *dank seines Mutes).*

1 **Entscheide dich bei den folgenden Empfehlungen für Azubis für die richtige Schreibung, indem du Falsches durchstreichst. Bestimme die Art, wie das Wort verwendet wird (als Nomen, Adjektiv oder Präposition), und trage den entsprechenden Buchstaben (N, A oder P) in das nebenstehende Kästchen ein.**

A Du bist d/Dank deines Ausbildungsvertrags vor der Willkür des Arbeitgebers gut geschützt. ☐

B So ist es beispielsweise dein gutes r/Recht, für den Berufsschulunterricht freigestellt zu werden. ☐

C Dennoch sollte es dir mit der Erfüllung deiner Pflichten e/Ernst sein. ☐

D Auch wenn du das Lernen l/Leid bist, musst du Lernwillen zeigen. ☐

E Außerdem ist es nicht ratsam, Firmengeheimnisse zu verraten, denn infolgedessen könnte dein Betrieb eine p/Pleite erleben. ☐

F Um deiner Zukunft w/Willen solltest du auch sorgfältig mit Betriebseigentum umgehen. ☐

Wissen und Können **Steigerungsformen von Adjektiven**

- Alle Steigerungsformen von Adjektiven **(Komparativ, Superlativ)** werden **großgeschrieben,** wenn Signalwörter die **Nominalisierung** anzeigen (z. B.: *Sie ist die Kreativste von allen. Der Mutigere macht den Anfang).*
- Wenn sich das gesteigerte Adjektiv **auf ein** vorhergehendes oder nachstehendes **Nomen bezieht,** wird es **kleingeschrieben** (z. B.: *Von allen Teilnehmenden war sie die jüngste).*
- **Nach** dem Steigerungswort **am** schreibt man den **Superlativ klein** (z. B.: *Das erste Bild gefällt mir am besten).*

2 **Füge die Adjektive in Klammern in der richtigen Schreibung ein. Beachte den Hinweis zur Steigerungsform.**

Die ____________ (gut, Superlativ) Tipps für den Handykauf lauten: Es muss nicht immer das ____________ (neu, Superlativ) oder ____________ (teuer, Superlativ) sein. Ein ____________ (alt, Komparativ) Smartphone kann deinen Bedürfnissen genauso gerecht werden wie das ____________ (modern, Superlativ). Am ____________ (klug, Superlativ) ist es, Wiederverkaufsdienste zu nutzen. Diese sind ____________ (vertrauenswürdig, Komparativ) als private Anbieter, da sie nur zuvor geprüfte Geräte anbieten.

3 **Formuliere einen weiteren Tipp für den Handykauf. Verwende dabei jede der drei Schreibweisen mindestens einmal (► *Wissen und Können*-Kasten). Schreibe in dein Heft.**

Anredepronomen richtig schreiben, *das* und *dass* unterscheiden

Wissen und Können | **Anredepronomen und Höflichkeitsformen**

In Briefen werden **Personalpronomen** oder **Possessivpronomen** in der **Höflichkeitsform** (z. B. *Sie, Ihr, Ihre*) immer **großgeschrieben.** Das persönliche **Anredepronomen *du*** und seine deklinierten Formen können sowohl **klein- als auch großgeschrieben** werden. Man muss sich jedoch für eine einheitliche Variante entscheiden.

1 **a Setze in dem – nicht ganz ernst gemeinten – Brief die Pronomen ein.**
b Ergänze bei *das/dass* die fehlenden Buchstaben.

***das* oder *dass*? – Die Ersatzprobe anwenden**
Das Demonstrativ- bzw. Relativpronomen *das* kann durch *dieses, jenes* oder *welches* ersetzt werden. Die Konjunktion *dass* ist nicht durch ein anderes Wort ersetzbar.

Sehr geehrter Herr Handytarif XXS,

da ich meiner Tochter Freda ein Handy kaufen möchte, weil _____ leider _____ altes in die Badewanne geworfen hat, verfolge ich seit einiger Zeit die Angebote. Meiner Frau muss ich dann natürlich auch eines kaufen, sonst macht _____ mir die Hölle heiß. Da__ ist aber ein anderes Thema, da__ _____ sicher auch kennen. Ich begegne immer wieder Werbeanzeigen _____ Firma, in denen _____ schreiben, ich solle zugreifen. Da__ mache ich jetzt, denn ich möchte _____ Handy gerne haben, schließlich kostet es nur einen Euro! Aber ich verstehe ein Detail _____ Textes nicht und frage _____ jetzt einmal direkt. Es heißt in _____ Text, da__ da__ Gerät ein Top-Handy mit Geldauszahlung sei. Da__ ist schon bemerkenswert, bei dem Preis von nur einem Euro! Ich möchte aber, da__ Freda vernünftig mit Geld umgeht und _____ das Geld nicht hinterhergeworfen wird. Das würde _____ zwar sicher gefallen. Sicherlich verstehen _____ aber, da__ ich diese Geldabhebefunktion für Freda einschränken möchte, sodass _____ monatlich nur 500 Euro von _____ bekommt. Für meine Frau werde ich auf alle Fälle die volle Funktion bestellen, dann kann _____ sich nicht immer beschweren, dass ich _____ zu selten Geschenke mache. In _____ Annonce schreiben _____ auch, da__ das Handy 100 neue Funktionen hat. Telefone sind zum Kommunizieren, Fotografieren und Musikhören da, da stimmen _____ mir sicher zu. Welche Funktionen sollen _____ denn sonst noch haben? So weit kommt es noch, da__ man damit Essen kochen und Hausaufgaben machen kann. Wie dem auch sei. Ich hoffe, _____ antworten mir bald, damit ich meiner Familie eine Freude machen kann. Da__ ist mir doch zwei Euro wert! Vielen Dank für _____ Antwort schon im Voraus.

Es grüßt _____ herzlich

_____ XXX

Getrennt- und Zusammenschreibung üben

Wissen und Können | **Getrennt- und Zusammenschreibung**

Getrennt schreibt man **Bestandteile von Wortgruppen,** in denen ein **Verb** beteiligt ist, z. B. bei:

- **Verbindungen** aus **Nomen und Verb,** z. B. *Pizza essen, Handball spielen*
- **Verbindungen** aus dem **Verb und Verb,** z. B. *schreiben lernen, einkaufen gehen*
- **Verbindungen** aus **Adjektiv und Verb,** z. B. *gut argumentieren, schnell reden*

Zusammen schreibt man **Verbindungen von Wörtern** mit **neuer bzw. übertragener Bedeutung:**

- aus **Nomen und Nomen,** z. B. *der Mittagsschlaf*
- aus **verblasstem Nomen und Verb,** z. B. *heimkehren, teilnehmen*
- mit **Adjektiven,** z. B. *eiskalt, taghell*
- aus **Adjektiv und Verb,** z. B. *schwerfallen* (= sich mühen)
- aus **betontem Adverb oder betonter Präposition und Verb,** z. B. *hinfallen, ausbleiben*
- **Verbindungen mit „irgend“,** z. B. *irgendein, irgendwer*

Als **Nominalisierung** schreibt man alle diese Wortgruppen **zusammen und groß** (z. B. *beim Pizzaessen).*

1 **a** **Übertrage den folgenden Text in dein Heft. Entscheide, ob die markierten Ausdrücke getrennt- oder zusammengeschrieben werden. Beachte, dass Nominalisierungen großgeschrieben werden.**

b **Markiere die Zusammenschreibungen in deinem Heft und schreibe sie unten im Infinitiv passend auf die Linien. Ergänze bei Nomen den bestimmten Artikel.**

Woran denkst du, wenn du an Italien denkst? An Urlaub, habe ich recht? Wie war das bei eurer letzten Reise? Wurdest du vorher schutz/geimpft? Hast du dich vor dem schlafen/gehen zwar auf den Strand, nicht aber auf das ewig/lange auto/fahren gefreut? Wenn du jetzt los/ziehen dürftest – wohin würdest du auf/brechen? Würdest du sonnen/baden und später dann über einen Sonnenbrand klagen? Oder würdest du zum segel/fliegen gehen? Oder hättest du Angst davor, not/landen zu müssen? Würdest du lieber im Winter Ski/fahren? Oder magst du lieber eis/laufen? Irgend/ein Reiseziel würde dir sicher ein/fallen. Es gibt aber angeblich auch Menschen, die im Urlaub nur fern/sehen. Daraus kann man dann schluss/folgern, dass die Leute nur ihre Zeit tot/schlagen wollen. Sie möchten nicht herum/reisen und irgend/welche neuen Orte aus/kundschaften. Es ist erstaunlich, dass sich bei diesen Menschen keine Langeweile breit/macht. Angeblich gibt es auch Leute, die sich damit schwer/tun, wenn sie im Urlaub weg/fahren müssen. Sie wollen lieber daheim auf ihrem Balkon oder ihrer Terrasse herum/liegen. Angeblich gibt es aber sogar bienenfleißige Menschen, die gar nicht müßig/gehen mögen. Ihnen ist jede Art von Urlaub unangenehm. Das kann man sich gar nicht vor/stellen!

nominalisierte Wortgruppe: das Schlafengehen, ______

verblasstes Nomen + Verb: schutzimpfen, ______

Adjektiv + Verb mit übertragener Bedeutung: ______

betontes Adverb / betonte Präposition + Verb: ______

______

Verbindung mit *irgend*-: ______

2 **Schreibe möglichst viele Beispiele für Verbindungen aus verblasstem Nomen und Verb in dein Heft.**

Fremdwörter verstehen und richtig schreiben

Wissen und Können **Fremdwörter aus dem Englischen und Französischen**

Im Deutschen stammen sehr viele Fremdwörter aus dem Englischen oder aus dem Französischen. Ihre **Aussprache** und **Schreibung orientiert sich** meist **an der Herkunftssprache:**

- **Fremdwörter aus dem Französischen** haben oft typische Endungen, z. B. *-age* ([ɑːʒə] wie in *Courage*), *-ment* ([mɑ̃ː] wie in *Engagement*) oder *-eur* ([iøːɐ̯] wie in *Ingenieur*).
- **Wörter aus dem Englischen** findet man vor allem in der Jugendsprache, der Werbesprache und in Fachsprachen. Typische Buchstabenverbindungen oder Wortendungen sind z. B. *-ea* ([iː] wie in *Freak*), *-oo-* ([uː] wie in *cool*), *-ing* ([ɪŋ] wie in *Casting*), *-ity* ([ɪti] wie in *Publicity*) oder *-y* ([i] wie in *Baby*).

1 **a Markiere die Fremdwörter im Text farbig.**
b Unten findest du einige Übersetzungen. Ergänze die passenden Fremdwörter mit dem bestimmten Artikel.

Um das Jahr 1900 lebten die Menschen trotz beginnender Technisierung unter ganz anderen Voraussetzungen als wir heutzutage. Dennoch konnten es sich die reichen Leute leisten, im Sommer Urlaub zu machen. Sie mieteten Appartements in den Bergen oder an der See, reisten mit ihrem Chauffeur in großen Limousinen an, zeigten ihre neue Garderobe auf den Promenaden der Seebäder und präsentierten dabei eine große Auswahl legerer und nobler Kleidung. Krumme Beine kaschierten die Damen mit ihren langen Röcken, die Männer ließen sich die Bärte täglich von einem Barbier pflegen. Bei Liederabenden wurden Chansons vorgetragen und man kam zwischen Bouillon und Dessert ins Gespräch. Nicht selten wurden bei solchen Gelegenheiten Kontakte geknüpft und Ehen arrangiert. Hatte ein junger Mann Courage bewiesen, eine charmante Frau um einen Tanz gebeten und einen Korb erhalten, so galt dies als Affront. Manch ein junger Galan erhielt aber auch eine Chance und es kam zu einem Rendezvous. Dann stellten die Eltern Recherchen an, ob der junge Mann oder die junge Frau auch aus gutem Hause und eine gute Partie war. War dem so, machte sich die Familie mit Engagement daran, das junge Glück in den Ehestand zu manövrieren. Uns kommt dies heute alles ganz unwirklich vor. Dennoch lebt die alte Zeit in Romanen und Erzählungen von Theodor Fontane oder Arthur Schnitzler wieder auf. Obwohl die Menschen in ganz anderen Verhältnissen lebten, ist das Repertoire ihrer Verhaltensweisen kaum verändert: Es geht um Liebe, Eifersucht, Hass, Rache, Sehnsucht, Neid und Enttäuschungen.

____________	Wohnung	____________	Einsatz
____________	Fahrer	____________	Lied
____________	großes, komfortables Auto	____________	Fleischbrühe
____________	repräsentativer Spazierweg	____________	Nachspeise
____________	Auswahl, Bestand	____________	Treffen zwischen Liebenden
____________	Möglichkeit, Gelegenheit	____________	Mut
____________	Nachforschung	____________	Beleidigung, Kränkung

c Finde deutsche Erklärungen für die folgenden Wörter.
d Bilde zu den letzten drei Wörtern ein passendes Nomen.

leger ______

nobel ______

kaschieren ______

arrangieren ______ ______

charmant ______ ______

manövrieren ______ ______

2 a Löse das Silbenrätsel. Es ergeben sich Begriffe aus dem Englischen.
b Schreibe drei Sätze in dein Heft, in denen jeweils mindestens zwei dieser Fremdwörter vorkommen.

Silben

AC • BACK • E-BOOK • CO • CO • DER • DOWN • ER • FLY • GER • GROUND • HEAD • IN • KE • LEI • LINE • LINE • LOAD • MA • MAR • MENT • MI • MIC • NA • NAL • PIPE • PY • REA • RIGHT • RY • SHOP • SOFT • STATE • STO • TEAM • TER • TER • TER • TING • TION • VIEW • WARE • WORK

Computerprogramm ______

Herunterladen von Daten ______

Urheberrecht ______

Führungskraft ______

Maßnahmen zur Absatzförderung ______

Rohrleitung für Gas ______

öffentliche Erklärung ______

Kopf einer Arbeitsgruppe ______

Abfertigungshalle ______

Seminar ______

spannende Handlung ______

Hintergrund ______

digitales Lesegerät ______

Bildergeschichte ______

Handzettel ______

Hauptüberschrift ______

Befragung durch Reporter ______

(kurze) Geschichte ______

3 Im Jahr 2020 wurden in den „Duden" zahlreiche neue Wörter aufgenommen. Finde für die folgenden Beispiele passende deutsche Umschreibungen oder Ersatzbegriffe.

Uploadfilter ______

Craftbeer ______

Influencer ______

genderneutral ______

Fridays for Future ______

Wissen und Können **Fremdwörter aus dem Griechischen und Lateinischen**

Wörter aus dem Griechischen erkennt man oft an den Buchstabenverbindungen *th* (wie in *Athlet*), *ph* (wie in *Physik*), *rh* (wie in *Rhythmus*), *ik* (wie in *Optik*) oder auch an dem Buchstaben *y* (wie in *System*).
Wörter aus dem Lateinischen haben häufig typische Endungen, nämlich *-ieren* (wie in *reagieren*), *-ismus* (wie in *Realismus*), *-iv* (wie in *aktiv*) oder *-tion* (wie in *Reaktion*).

4 ●●●
a **Löse das Kreuzworträtsel.**
b **Finde zu den einzelnen Begriffen (ausgenommen 4 und 10) andere Wörter aus der Wortfamilie. Die Wortart steht in Klammern (A = Adjektiv, V = Verb, N = Nomen). Schreibe in dein Heft.**

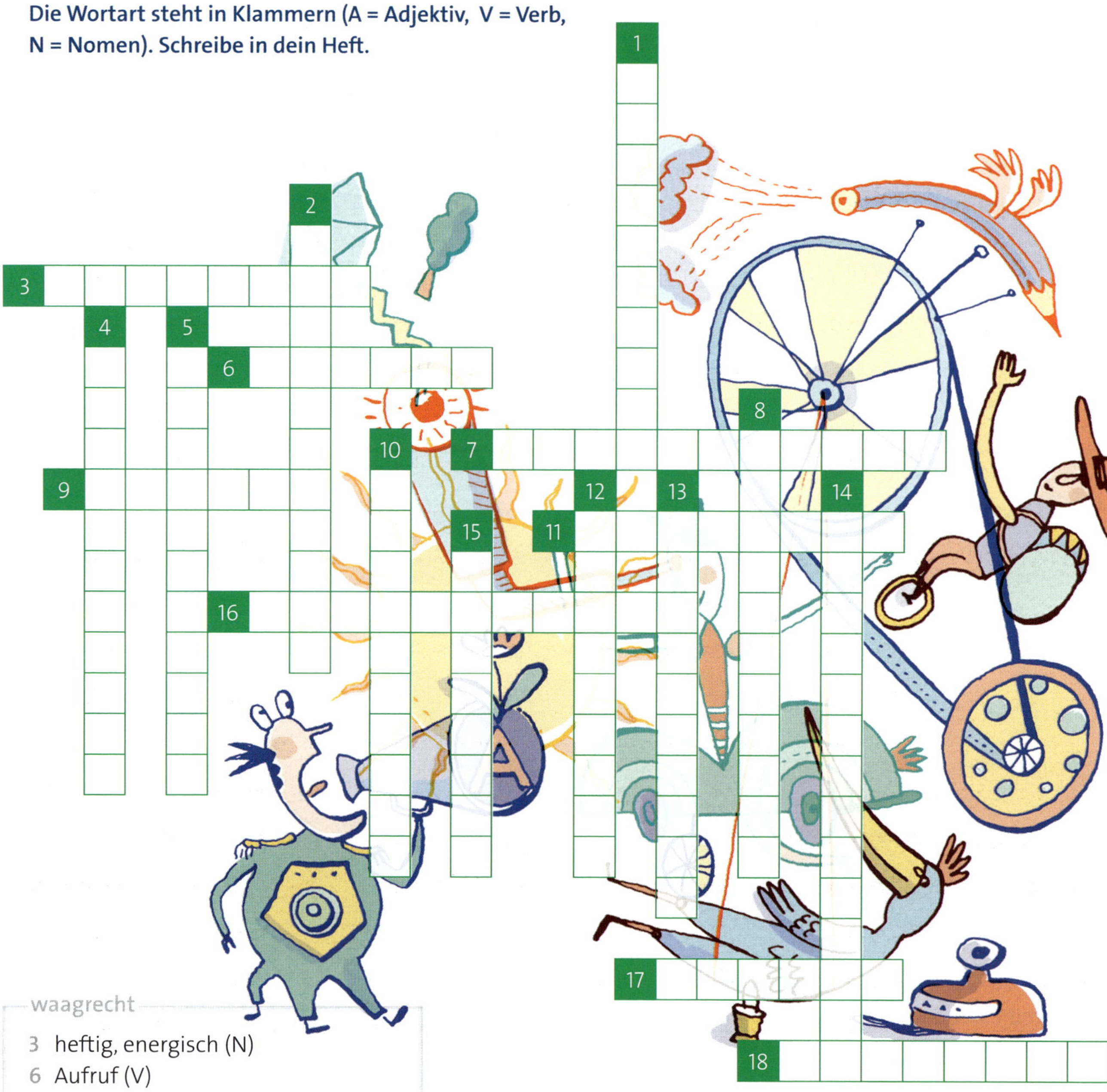

waagrecht
- 3 heftig, energisch (N)
- 6 Aufruf (V)
- 7 grundsätzlich (N)
- 9 chronische Gelenkerkrankung (A)
- 11 Gegenteil von konkret (V)
- 16 Zusammenarbeit (V)
- 17 fieberhafte Eile (A)
- 18 Heilbehandlung (N)

senkrecht
- 1 Neuerung (A)
- 2 Eingebung, erhellende Idee (V)
- 4 Gerät zum Ermitteln von Wärme und Kälte
- 5 eine andere Möglichkeit (A)
- 8 Zukunftsaussicht (A)
- 10 Übereinkunft
- 12 ermuntern, anregen (N)
- 13 Bestrafungen (V)
- 14 fortwährend, beständig (N)
- 15 zeichnerisch (N)

Rechtschreibung überprüfen – Texte überarbeiten

Wissen und Können | **Rechtschreibtests**

Ob deine **Rechtschreibung** stimmt, kannst du mit Hilfe verschiedener **Tests** überprüfen:

- **Silbenprobe** (z. B. *Semmelbrösel – Sem-mel-brö-sel*)
- **Verlängerungsprobe** (z. B. *bunt – bunter, Hund – Hunde*)
- **Ableitungsprobe** (z. B. *Schräubchen – Schraube*)
- **Signalwörter** vor Nomen und Nominalisierungen prüfen (▶ S. 80)
- **Regeln für Getrennt- und Zusammenschreibung** anwenden (▶ S. 83)
- **Ersatzprobe** für die Unterscheidung von *das* (→ *dieses, welches*) und *dass* (nicht ersetzbar) (▶ S. 82)
- In Zweifelsfällen ins **Wörterbuch** schauen (und nicht dem Rechtschreibprogramm des PCs vertrauen).

1 **a Unterstreiche alle falsch geschriebenen Wörter. Übertrage den Text danach richtig in dein Heft.**
b Notiere dabei in Klammern, mit welchem Test (▶ *Wissen und Können*-Kasten) du bei den markierten Wörtern herausfinden kannst, wie man das entsprechende Wort schreibt.

VORSICHT FEHLER!

Viele Schülerinnen und Schüler haben im allgemeinen keine große Freude an Dicktaten und anderen Rechtschreibübungen. Warscheinlich halten manche die ensprechenden Regeln für überflüssig. Wenn man aber alte Texte aus vergangenen Jahrhunderten ließt, dann fält einem das garnicht so leicht, auch desshalb, weil man die Wörter heufig nicht widererkennen kann. Es gibt nähmlich erst seit 1901 einheitliche regeln für die Rechtschreibung. Die Wissenschaftler hatten lange disskutiert und dannach erschien das erste verbintliche Wörterbuch. Nicht alles darin war logisch. Dass konnte man beispielsweiße an dem sogenannten Kosog'schen Diktat erkennen, das schon 1912 niemand richtig schreiben konnte. Es stelt sich dann schon die frage, wie sinnvoll die Regeln waren. 1996 kam es zu einer großen Rechtschreibreform, die aufsehenerregte. Die Aufregung war rießengroß. Zahlreiche Veranstalltungen sollten den Menschen erklähren, nach welchen Prinziepien nun geschrieben wurde. Viele Neuerungen fanden bei den Schülerinnen und Schülern großen zuspruch, beispielsweiße bei der Kommasetzung. In anderen Bereichen waren viele Menschen entäuscht, weil Ihnen ein Paar Regeln unverständlich erschienen, unteranderem bei der Zusammen- und Getrenntschreibung. Viele Ältere Menschen lehnten die Neuerungen strickt ab. Inzwischen wurde noch etwas nachgebesert und die derzeitigen Rechtschreibregeln sind weithin akzeptiert. Dennoch ist das Verhältniss der Jugent zu dem Tema Rechtschreibung nicht unbedingd besser geworden. Vieleicht gibt es irgentwann eine weitere Rehform. Wir dürfen aber nicht so blaueugig sein zu glauben, das dann alle Propleme beseitigt sind.

2 **Streiche Falsches durch.**

Wenn / Wen man in der Rechtschreibung sicher ist, kann man selbstbewusst / selbstbewust daran gehen / darangehen, Bewerbungsbriefe zu schreiben. Beim Verfassen / verfassen der Texte braucht man sich keine Sorgen darüber / darrüber zu machen, dass / das man durch Fehler negativ auffällt / auffält. Vielleicht / Vieleicht wird man auch zu einem Bewerbungsgespräch eingeladen und kann an einen / einem Probearbeitstag beweisen / beweißen, welche Talente / Tallente man besizt / besitzt.

Zeichensetzung beherrschen

Wissen und Können | **Kommasetzung**

Kommas verwendet man bei:

1 **Aufzählungen** gleichwertiger Wörter bzw. Wortgruppen, wenn diese nicht durch *und, oder, sowie* verbunden sind
2 **Hauptsätzen** in Satzreihen, außer bei Verbindungen durch *und* bzw. *oder*
3 **Haupt- und Nebensätzen** in Satzgefügen
4 ergänzenden bzw. erklärenden **Einschüben** im Inneren eines Satzes
5 **nachgestellten Erläuterungen** (z. B. *und zwar ..., nämlich ..., zum Beispiel ...*) am Ende eines Satzes
6 **einschränkenden Bemerkungen,** die durch Konjunktionen wie *aber, sondern, einerseits ... andererseits ...* eingeleitet werden
7 **Infinitivsätzen,** die mit *als, anstatt, außer, ohne, statt, um* beginnen
8 **Infinitivsätzen,** die von einem Nomen oder einem hinweisenden Wort (z. B. *dafür, damit, daran, dazu, es*) im Hauptsatz abhängen

1 **a Unterstreiche alle Personalformen des Verbs.**
b Erkläre, nach welcher Regel (► *Wissen und Können*-Kasten) das Komma jeweils gesetzt wurde. Trage die entsprechende Ziffer in die Klammer ein, und umkreise in dem Satz, auf den Regel 8 zutrifft, das hinweisende Wort.

Wenn dich jemand fragt, (___) was du unter dem Begriff „Sprache“ verstehst, (___) wirst du vielleicht grinsen, (___) denn wir verwenden sie schließlich jeden Tag, (___) zum Beispiel auch jetzt. Auch in diesem Moment, (___) du liest ja gerade diesen Text, hast du mit Sprache zu tun, (___) nämlich mit der deutschen. Natürlich weißt du, (___) dass es auch andere Sprachen gibt, (___) zum Beispiel das Englische, (___) das Spanische und das Französische. Es gibt aber auch Sprachen, (___) die nicht aus Buchstaben und Wörtern bestehen. So hilft die Gebärdensprache gehörlosen Menschen dabei, (___) sich mit anderen zu verständigen. Nicht nur Gehörlose erlernen sie, (___) auch ihre Verwandten und Freunde nutzen sie, (___) um mit ihnen zu kommunizieren. Es existiert allerdings nicht nur eine Variante, (___) sondern es gibt viele verschiedene.

2 **Streiche in dem Text die sechs falsch gesetzten Kommas durch und setze vier notwendige Kommas.**

VORSICHT FEHLER!

Auf den Kanarischen Inseln gab es früher Pfeifsprachen. Mit der Tonhöhe, und der Länge der Töne, wurden zwei Vokale, und vier Konsonanten erzeugt. Damit konnte man ausdrücken was über eine Distanz übermittelt werden sollte. Die Sprache drohte auszusterben, deshalb setzte die UNESCO sie auf die Liste der Weltkulturgüter. Seit 1999 ist die Pfeifsprache auf La Gomera, in der Grundschule ein Pflichtfach.
Verwandt damit ist die Sprache „Solresol“. Man kann sich dabei sprechend, singend, oder auf der Grundlage von Noten verständigen, allerdings ist die Grammatik schwer zu erlernen. Die Grundsilben werden miteinander kombiniert das Gegenteil wird einfach dadurch ausgedrückt, dass man die Silben umdreht. „Fala“ heißt zum Beispiel „gut“ „lafa“ heißt „schlecht“. Durch das Internet, können die Menschen, die diese Sprache beherrschen miteinander in Verbindung treten. Es ist eine Freude, ihnen beim „Sprechen“ zuzuhören.

3 **Setze in der Kurzbiografie eines deutschen Dichters die Kommas. Die Buchstaben hinter den korrekt gesetzten Kommas ergeben – richtig zusammengefügt – seinen Namen.**

VORSICHT FEHLER!

Der bedeutende Schriftsteller (R) um den es hier geht (E) wurde 1813 (A) als ältestes Kind eines Arztes (L) in Darmstadt geboren. Fünf seiner Geschwister wurden älter als 50 Jahre. Er selbst (D) starb jedoch mit 23. Wie kann es sein (O) dass jemand so jung stirbt – und wir uns heute doch noch über ihn unterhalten? Zunächst verließ der junge Mann die Heimat (G) um Medizin (F) zu studieren. Die politischen und sozialen Missstände erzürnten ihn sehr. Er gründete deshalb zusammen mit anderen die „Gesellschaft für Menschenrechte" (Z) und verfasste den „Hessischen Landboten" (C) eine kämpferische Flugschrift (H) die unter der Parole „Friede den Hütten (R) Krieg den Palästen" zum Umsturz aufrief. Weil er daraufhin (M) steckbrieflich (A) gesucht wurde (N) musste er fliehen (W) und ging nach Straßburg. Bald schloss er sein Studium (K) sowie die Ausarbeitung seiner Doktorarbeit ab. Der ausgebildete Mediziner (J) und Doktor der Philosophie verfasste einige Dramen (Ü) zum Beispiel das Stück „Dantons Tod" (E) in dem er sich mit der Französischen Revolution auseinandersetzte (B) und die Erzählung „Lenz". Das heute noch oft aufgeführte Drama „Woyzeck" (I) blieb unvollendet. Der junge Dichter hatte noch viel vor (G) aber er starb bereits 1837 an Typhus. Seine Werke haben sowohl die Naturalisten (L) als auch später Bertolt Brecht beeinflusst.

Name des Dichters: ______________________

4 ●●●
a Setze die notwendigen Kommas. Berücksichtige die Regeln (▶ *Wissen und Können*-Kasten S. 88).
b Ergänze am Rand die Ziffern der entsprechenden Regeln.
c Wenn du die Sätze chronologisch und thematisch sinnvoll anordnest, ergeben die Buchstaben den Nachnamen der Autorin. Achte dabei auf Konjunktionen, Pronomen und Adverbiale.

VORSICHT FEHLER!

D ☐ Die Autorin die als eine der bedeutendsten deutschen Dichterinnen gilt stammte aus dem katholischen Adel Westfalens.

E ☐ Dabei war sie aber nicht einsam denn sie war sowohl mit Philosophen als auch mit Schriftstellern befreundet.

F ☐ Ein Porträt der Dichterin die 1848 gestorben ist schmückte früher den Zwanzigmarkschein.

F ☐ Ihre wichtigsten Werke sind das Gedicht „Der Knabe im Moor" und die Erzählung „Die Judenbuche".

S ☐ Nach dem Tod des Vaters sie war damals fast 30 Jahre alt siedelte sie mit ihrer Mutter in deren Witwensitz um.

H ☐ Sie schrieb ihnen viele Briefe aber sie betätigte sich auch oft als Krankenpflegerin für ihre Familienangehörigen.

L ☐ Es war zu dieser Zeit ausgeschlossen sich als Frau von der Schriftstellerei zu ernähren.

Ü ☐ Einer Einladung der Brüder Grimm folgte sie beispielsweise nicht weil es ihrer Mutter nicht gut ging.

O ☐ Berühmt ist die Schriftstellerin dafür bedeutende Balladen und Novellen geschaffen zu haben.

O ☐ In ihrer Kindheit war sie oft krank da sie vorzeitig zur Welt gekommen und schwächlich war.

S ☐ Die Dichterin verzweifelte trotzdem nicht sondern widmete ihre ganze Kraft der Kunst.

R ☐ Sie wurde als zweites von vier Kindern am 12. Januar 1797 geboren.

T ☐ Sie führte mit ihr ein zurückgezogenes sehr eingeschränktes Leben.

H ☐ Sie scheute keine Mühe um ihre künstlerischen Ziele zu erreichen.

Sinnvolle Abfolge der Sätze / Name der Dichterin: *Annette von* ______________________

Teste dich!

1 Entscheide dich für die richtige Schreibung und streiche alle falsch gesetzten Buchstaben durch. Erinnere dich an die Tests, die dir bei der Rechtschreibung helfen.

Fehler

„Benimm ist in!“

Mit diesem Mott / to werden häufig Jugend / tliche in Seminaren und Worksh / schops konfrontiert. Viele f / Fragen sich jedoch wä / äh / erend der Veranstall / l-tungen immer wi / ieder, ob es überhaub / pt sinnvoll ist, sich an R / regeln zu halten. Kann sich nicht jeder so verhalten, das/ss es ihr/ihm selbst gefällt? Wer hat das r / Recht, jemandem vorzuschreiben, wie man sich zu benehmen hat? Darf in einem de-mock / kratischen Staa / at nicht jeder tun, was er möchte? Andererseits / Anderer seits finden wir es manchmal durchaus anstrengend, wie sich andere Menschen verhalten. Viel / lleicht sollte man sich erst einmal überlegen, was man unter gutem / n B / benehmen zu verstehen hat.

2 Setze die fehlenden Satzzeichen.

VORSICHT FEHLER!

Fehler

Im Zusammenhang mit Benimmregeln denken viele Menschen sofort an Adolph Knigge der im 18. Jahrhundert ein Buch „Über den Umgang mit Menschen“ verfasst hat. Darin beschreibt er wie man taktvoll und höflich mit verschiedenen Generationen Berufen sowie Charakteren umgehen soll um sich und anderen Enttäuschungen zu ersparen. Sein Buch das heute als „Der Knigge“ berühmt ist hat er in viele Kapitel eingeteilt zum Beispiel „Über den Umgang mit Kindern“ „Über den Umgang mit Ärzten“ „Über den Umgang mit Jähzornigen“ oder „Über den Umgang mit Schurken“. Das Werk wurde später als reines Benimmbuch und Anweisung dafür welche Gläser für welches Getränk zu verwenden sind missverstanden. Knigges Ziel war es jedoch nicht solche Äußerlichkeiten darzustellen sondern es ging ihm darum das menschliche Miteinander angenehmer zu gestalten.

3 Zusammen oder getrennt? Groß oder klein? Streiche die falsche Schreibweise durch.

Fehler

Was wir als höflich und unhöflich empfinden, hängt von der Gesellschaft ab, in der wir leben. Wer sich bei einer Firma vor stellen / vorstellen möchte, dem dürfen die wichtigsten Regeln jedoch nicht schwer fallen / schwerfallen. Auch wenn man Butter weiche / butterweiche Knie hat, sollte man nicht vergessen, beim Betreten / betreten des Raumes zu klopfen / zuklopfen. Nach der Begrüßung darf man nicht zu groß spurig / großspurig auftreten. Muss man noch Warten/warten und sind nicht genug Stühle im Raum, sollte man älteren Menschen einen platz/Platz anbieten. Personen, die man nicht kennt, muss man mit „Sie“/„sie“ ansprechen. Beim Gespräch selbst sollte man unbedingt frei sprechen / freisprechen und nicht von einem Blatt ablesen. Stehen auf dem Tisch ein Paar/paar Süßigkeiten bereit, sollte man diese lieber liegen lassen / liegenlassen. Es macht keinen guten Eindruck, wenn man die ganzen Vorräte des künftigen Vorgesetzten auf isst / aufisst. Wer sicher gehen / sichergehen möchte, dass er einen positiven Eindruck hinter lässt / hinterlässt, sollte peinliche Situationen vermeiden. Man sollte den Gesprächspartner zum Beispiel nicht darauf hinweisen, dass sein Hemd Marmeladenflecken aufweist. Am Ende / Am ende muss man sich höflich verabschieden. Man darf bei solchen Gesprächen nicht vergessen, dass man manche Chancen nicht wieder bekommt / wiederbekommt. Trotzdem darf man keine Angst/angst haben.

Auch wenn man mal einen Misserfolg erlebt, kann es bald schon aufwärts gehen / aufwärtsgehen.

4 **Schreibe die Sätze nach den Regeln der Rechtschreibung und Zeichensetzung richtig in dein Heft.** Fehler

Entschuldigensiebittedassichsiestöre. Ichbraucheihrehilfe.
ManhatmichzueinemvorstellungsgesprächeingeladenunddaraufverzichtetmirdiegenaueAdressemitzuteilen.
Könnensiesiemirfreundlicherweisezukommenlassen? Vielendankschonimvoraus.

5 **Markiere die Rechtschreibfehler und schreibe die Wörter richtig an den Rand.** Fehler

Andere Länder, andere Sitten

VORSICHT FEHLER!

Ein europäischer Politiker reiste in einen Staat im nahen Osten, um diplomatische Verhandlungen zu führen. Plötzlich verliess der dortige Staatspräsident abrupt den Raum und beendete damit die Unterredung. Was war pasiert? Beim sitzen hatte der Europäer seine Beine überkreutzt, sodass der Gastgeber seine Schuhsolen sehen konnte. In Arabischen Kulturen gilt die Schuhsohle jedoch als der schmutzigste Teil des Menschen, desshalb ist es eine grobe Beleidigung, sie jemanden sehen zu laßen.
Ein amerikanischer Rechtsanwalt hielt eine Ansprache vor japanischen Beamten, Politikern und Wissenschaftlern. Nach der Rede war er ganz depriemiert, da alle Zuhöhrer wärend seiner rede offensichtlich geschlafen hatten. Tatsächlich aber ist es in Japan ein Zeichen höchster Konzentration sowie ungeteilter Aufmerksamkeit, bei einer Rede die Augen zu schliessen und leicht zu nieken. Ein anderer Referend trat vor einer indischen Gruppe auf, ohne sich vorher über die Breuche des Landes zu informieren. Er wurde immer nervöser, denn seine Zuhörer schüttelten ständig den Kopf, alsob sie ganz anderer Meinung währen. In Wirklichkeit zeigen Inder ihre Zustimmung, indem sie ihren Kopf ähnlich schütteln, wie es Mitteleuropäer tun, um etwas zu verneinen.

6 **Vergleiche deine Ergebnisse mit dem Lösungsheft. Zähle deine Fehler.** Insgesamt Fehler

☺ 0–6 Fehler	☺ 7–13 Fehler	☹ mehr als 14 Fehler
Gut gemacht!	Gar nicht schlecht, aber wiederhole noch einmal in den Bereichen, in denen du unsicher bist.	Arbeite die Seiten 80 bis 89 noch einmal konzentriert durch.

Die Projektpräsentation dokumentieren

Wissen und Können **Im Portfolio Arbeitsprozesse dokumentieren**

Ein **Portfolio** (ital. für *Aktenmappe*) ist eine **Arbeitsmappe,** in der man zielgerichtet **Lern- und Arbeitsprozesse** sowie **Ergebnisse** dokumentiert. Das Portfolio der Projektpräsentation hält die Arbeitsabläufe, den Lernfortschritt und die Resultate fest. Die Anforderungen an seinen Umfang und Inhalt können unterschiedlich sein – je nachdem, welche Fächer beteiligt sind und ob das Portfolio eine Schulaufgabe ersetzt. Aber immer wird der **Arbeitsprozess** und nicht nur das Ergebnis bewertet. Meistens ist ein Portfolio so aufgebaut:

- **individuell gestaltetes Deckblatt** (Angabe des Themas, Name der Verfasserin / des Verfassers und der Gruppenmitglieder, Klasse, Name der Schule, Präsentationstermin/-zeitraum, evtl. Fotos oder Zeichnungen)
- **Inhaltsverzeichnis** (übersichtlich und logisch strukturiert)
- **Arbeitspläne mit Zwischenzielen** (individueller Arbeitsplan oder/und Gruppenarbeitsplan)
- **Projekttagebuch** (Niederschrift über den Arbeitsfortschritt) oder **Reflexion** (kritische Auseinandersetzung mit dem Projekt, der eigenen Arbeit, der Zusammenarbeit in der Gruppe, Schlussfolgerungen für Projekte)
- **Material** (mit Quellenangaben) und **Materialauswertung** (mit Auswahlkriterien)
- **Zusammenstellung der Präsentationsunterlagen:** Vortragstexte, Statistiken, Umfrageergebnisse, Schaubilder, Niederschriften von Interviews, Ausdrucke von Plakaten, digitalen Folien usw.

1 **Vor Beginn der eigentlichen Projektarbeitsphase sollten einige Festlegungen getroffen werden, die Start und Ablauf des Projekts erleichtern. Fülle mit Hilfe des Wortspeichers die Lücken des folgenden Textes.**

Wortspeicher

Absprachen • Arbeits- und Terminplan • Aufgabenverteilung • „Binationale Ehen“ • ergänzt • Zwischenziele • Planungsänderungen • Rahmenthema

Normalerweise bekommt deine Klasse ein ____________________ für die Projektpräsentation, z. B. „Zusammenleben mit ausländischen Mitbürgern“. Nach der Einteilung in Gruppen muss dann jede Gruppe ein Unterthema festlegen, beispielsweise ____________________ oder „Kulturelle Vielfalt am Arbeitsplatz“. Nun müsst ihr in der Gruppe einen ____________________ erstellen. Dieser sollte unbedingt ____________________, sogenannte Meilensteine, enthalten. Außerdem sollte die ____________________ festgelegt werden. Beachte, dass diese Planung eventuell im Lauf der Arbeit verändert, auf jeden Fall aber immer wieder ____________________ werden muss. Auf Probleme oder Störungen muss man mit ____________________ reagieren. Von Anfang an solltest du alle ____________________ und Arbeitsschritte dokumentieren.

2 **Unterstreiche Methoden, die du bei der Erarbeitung des Themas anwendest, blau und Darstellungsformen, die bei der Projektpräsentation nützlich sind, grün.**

Ausstellung • Film • Interview • Fragebogen • Prospekt/Flyer • Recherche • Plakat • schriftliche Anfrage • Rollenspiel • Folienpräsentation am PC • telefonische/mündliche Anfrage • interaktive Landkarte • Musik-/Tanzeinlage • Schaubilder

Gezielt recherchieren

Wissen und Können **Gezielt recherchieren**

Bei der Recherche kann man auf **unterschiedliche Quellen** zurückgreifen, z. B. Internet, Sachbücher, Zeitungen, Zeitschriften, Expertenbefragung. Je nach Thema und Möglichkeiten vor Ort kann man **Informationen nachlesen oder erfragen.**

1 Ordne durch Pfeile zu, welche Recherchemöglichkeit für welchen Zweck besonders gut geeignet ist.

Internet	gezielte Informationen durch Betroffene/Fachleute
Sachbücher	Meinung verschiedener Personen zu einem Thema
Interview	fachlich fundierte Informationen
Umfrage	schneller Überblick, aktueller Informationsstand, verschiedene Quellen

2 a Erläutere, mit welchen Schwierigkeiten bzw. Nachteilen man bei den unterschiedlichen Recherchemöglichkeiten rechnen muss. Der Wortspeicher hilft dir dabei.

●●● b Ergänze weitere Schwierigkeiten und Nachteile.

Wortspeicher

Ausleihe häufig aufwendig oder eingeschränkt • Ergebnisse nicht repräsentativ • unübersichtliche Vielfalt • Seiten ändern sich oft schnell • häufig sehr umfangreich • Schwierigkeit, die richtigen Gesprächspartner und Termine zu finden • Probleme bei der Auswertung • technische Schwierigkeiten • teilweise nur wenige genau zum Thema passende Informationen • unzuverlässige Quellen (z. B. freie Internetlexika) • zeitaufwendig

Internet: ______________________________

____

____

Sachbücher: ______________________________

____

____

Interview: ______________________________

____

____

Umfrage: ______________________________

____

____

Den Arbeitsplan erstellen

Wissen und Können | **Einen Arbeitsplan erstellen**

Zu Beginn der Projektarbeit musst du **mit deiner Gruppe** einen **Arbeitsplan** erstellen. Dieser enthält in übersichtlicher Form Angaben zu folgenden Fragen: **Wer** muss **was** bis **wann** erledigen? Ist alles **wie geplant** verlaufen oder gab es **Schwierigkeiten?** Dafür empfiehlt sich eine Tabelle (►Aufgabe 1). Die Spalte „Anmerkungen" kann erst im Nachhinein ausgefüllt werden. Ein Arbeitsplan sollte immer wieder hinterfragt werden. Eventuell sind neue Absprachen sowie Änderungen nötig. Neben dem Gruppenarbeitsplan solltest du einen **persönlichen Arbeitsplan** für deine Projektaufgaben erstellen.

1 **In den folgenden Arbeitsplan sind viele Aufgaben und eine Anmerkung noch nicht eingetragen. Du findest sie im Wortspeicher, aber nicht in der richtigen Reihenfolge. Trage hinter jedem ? im Arbeitsplan den Buchstaben der passenden Aufgabe und der geeigneten Anmerkung ein.**

Wortspeicher

A geschlossene Fragen mussten noch abgeändert werden • B allgemeine Informationen über binationale Ehen zusammenstellen: Definition • C Ideensammlung • D Aufgabenverteilung • E E-Mail an Standesamt • F Fragen für Interview mit Ausländerbehörde erstellen • G Recherche • H Material sammeln • I weitere Mail nötig

Arbeitsplan: Projektpräsentation „Binationale Ehen"

Datum	Zeit/Dauer	Arbeitsschritte	Wer?	Anmerkungen (Erledigt? / Warum nicht?)
22.01.	45 Min.	erstes Treffen, ?	alle	✓
23.01.	bis 29.01.	?, ?	alle	Hakan hat angeblich nichts gefunden.
29.01.	60 Min.	Besprechung, Materialauswahl, ?	alle	Ayca krank, hatte aber ihr Material Sonja mitgegeben
31.01.	bis 05.02.	?	Felix	Probleme mit der Fragetechnik
		?	Ayca	E-Mail gesendet, der Standesbeamte ist aber in Urlaub, wartet auf Antwort
		telefonische Anfrage für das Interview	Hakan	✓
		?	Sonja	✓
05.02.	45 Min.	Besprechung der Interviewfragen	Felix, Hakan, Fr. Mai	?
07.02.	14:30–15:00 Uhr	Interview mit Herrn Metzger von der Ausländerbehörde	Felix, Hakan	Interview: Felix; Hakan, der den Termin vereinbart hatte, führte das Protokoll, viele Informationen
07.02		?	Ayca	endlich Antwort auf die E-Mail, weitere Fragen

2 **Bringe die weiteren Arbeitsschritte in eine sinnvolle zeitliche Reihenfolge, indem du sie entsprechend nummerierst.**

- ☐ Präsentation vorbereiten
- ☐ Ablauf üben
- ☐ Ablauf besprechen
- ☐ gegenseitige Information
- ☐ Besprechung über das weitere Vorgehen
- ☐ Informationen auswerten
- ☐ Schwerpunkte festlegen
- ☐ Präsentationsform(en) besprechen und festlegen

Ein Projekttagebuch führen, Arbeitsprozesse reflektieren

Wissen und Können **Im Projekttagebuch den persönlichen Lernfortschritt dokumentieren**

Das **Projekttagebuch** kann das Portfolio ergänzen. Im Projekttagebuch dokumentiert jede Schülerin / jeder Schüler ihren/seinen **individuellen Arbeits- und Lernfortschritt.** Hier werden die **eigenen** und die **gemeinsamen Arbeitszeiten** und der **Arbeitsverlauf aufgezeichnet und bewertet** (z. B.: Was hast du / habt ihr konkret gemacht? Was hat gut geklappt? Hattest du / Hattet ihr bei dieser Aufgabe Probleme? Wie habt ihr sie bewältigt? Welche positiven, welche negativen Erlebnisse gab es? Welche Konsequenzen habt ihr gezogen?). Das Projekttagebuch regt zum **Nachdenken über den Arbeitsprozess** an und gibt später Auskunft über gelungene Arbeitsschritte, Fehler und Stärken im Vorgehen (z. B. beim Zeitmanagement), Probleme und ihre Bewältigung.

1 **Streiche die falschen Aussagen über den Inhalt und die Funktion eines Projekttagebuchs durch.**

- Wie jedes Tagebuch enthält das Projekttagebuch deine persönlichen Eindrücke während der Arbeit, die niemanden etwas angehen.
- Mit Hilfe des Projekttagebuchs sollen Außenstehende den Prozess und die Ergebnisse deiner Arbeit besser nachvollziehen können.
- In einem Projekttagebuch werden die eigenen und die gemeinsamen Arbeitszeiten der Gruppe aufgezeichnet.
- In einem Projekttagebuch schreibst du nur über deine eigenen Arbeitsschritte.
- Dein Projekttagebuch dokumentiert nur gelungene Arbeitsschritte, deine Stärken und guten Ergebnisse.
- Dein Projekttagebuch enthält alle Fehler und Stärken, dokumentiert alle Probleme und zeigt, wie diese bewältigt wurden.
- Das Projekttagebuch beschränkt sich auf Aussagen rund um die Arbeit am Projekt.
- Das Projekttagebuch enthält auch Einträge über dein Umfeld, wenn sie die Arbeit beeinflussen, z. B. außerschulische Aktivitäten, Krankheit, technische Defekte.

2 **a** **Lies den *Wissen und Können*-Kasten und kreuze an, welcher der Einträge in Felix' Projekttagebuch gelungen ist.**
b **Notiere für die anderen beiden Einträge jeweils drei Ergänzungsvorschläge.**

A ☐ *Ich habe die Fragen für das Interview zusammengestellt.*

B ☐ *05.02.20XX, 3. Stunde*
Mit Frau Mais Hilfe habe ich die Fragen für das Interview verbessert. Sie erklärte mir, dass ich genauer überlegen muss, was ich eigentlich erfahren will. Außerdem habe ich gelernt, die geschlossenen in offene Fragen umzuändern. Teilweise hat mir Hakan dabei geholfen, der auch zum Interview mitgehen wird. Darüber bin ich sehr froh, das gibt mir etwas Sicherheit.

C ☐ *60 Min.*
Hakan und ich haben uns endlich getroffen, um das Interview auszuwerten und für die Präsentation aufzubereiten. Zweimal war ihm das Fußballtraining wichtiger.

Manchmal wird statt eines Projekttagebuchs am Ende des Portfolios eine **Reflexion** verlangt. Das ist eine **kritische Auseinandersetzung** mit dem Projekt. Sie soll die **eigene Meinung** zum Ablauf, zur Rolle in der Gruppe, zum Arbeitsergebnis sowie **Schlussfolgerungen** enthalten. Die Reflexion wird in einer sachlichen Sprache verfasst.

3 **Felix hat in seiner Reflexion (▶ Tippkasten) den folgenden Text geschrieben. Verbessere den Auszug inhaltlich und sprachlich mit Hilfe der Korrekturanmerkungen. Berücksichtige den Arbeitsplan (▶ S. 94) sowie den Auszug aus seinem Projekttagebuch (▶ Aufgabe 2 auf S. 95). Schreibe in dein Heft.**

VORSICHT FEHLER!

Meiner Meinung nach haben wir immer prima	J, Widerspruch zum Arbeitsplan
zusammengearbeitet. Alles ging zügig und problemlos.	J, Widerspruch zum Arbeitsplan
Blöd war, dass wir nicht immer wie geplant weiterarbeiten	A, V vgl. Tagebucheintrag C
konnten. Hakan ohne Material beim 2. Treffen	A/Sb
Zeitproblem: Standesbeamter in Urlaub	A/Sb/Stil
Außerdem musste sie 2. Mail, da noch Fragen waren, das	Sb, A
wurde mit der Präsentation echt eng am Ende.	Stil, V weiteres Problem
Bei Diskussionen konnte jeder super seine Meinung sagen.	A
Hakan war ganz schön sauer, dass Sonja die Folien für die	A
Präsentation allein erstellt hat.	

Das Deckblatt des Portfolios gestalten

1 **Welches Deckblatt enthält alle notwendigen Informationen (▶ *Wissen und Können*-Kasten S. 92)? Kreuze es an.**

A ☐

Portfolio zum Thema:
Binationale Ehen

Verfasserin: Ayca Atas

Präsentationstermin: 17. 03. 20XX

B ☐

Städtische Realschule Kempten
Portfolio zum Thema:

Binationale Ehen

Verfasserin: Ayca Atas
Weitere Gruppenmitglieder:
Sonja Müller, Hakan Yildirim, Felix Baur
Klasse 9 c
Präsentationszeitraum: 15. 03. – 17. 03. 20XX

2 **a** **Kreuze an, welche gestalterischen Mittel für ein gutes Deckblatt geeignet sind.**

A ☐ viele verschiedene Schrifttypen
B ☐ zwei, max. drei verschiedene Schriftgrößen
C ☐ möglichst viele passende Abbildungen
D ☐ Schulname oder Schullogo
E ☐ möglichst viele Farben
F ☐ klare Struktur
G ☐ wenige, aber aussagekräftige Bilder
H ☐ individuelle Gestaltung

b **Formuliere die unpassenden Angaben in korrekte Tipps zur Gestaltung um. Schreibe in dein Heft.**